ゼロからやりなおし！

日本史 見るだけノート

監修
小和田哲男
Tetsuo Owada

宝島社

ゼロからやりなおし!

日本史
見るだけ
ノート

監修
小和田哲男
Tetsuo Owada

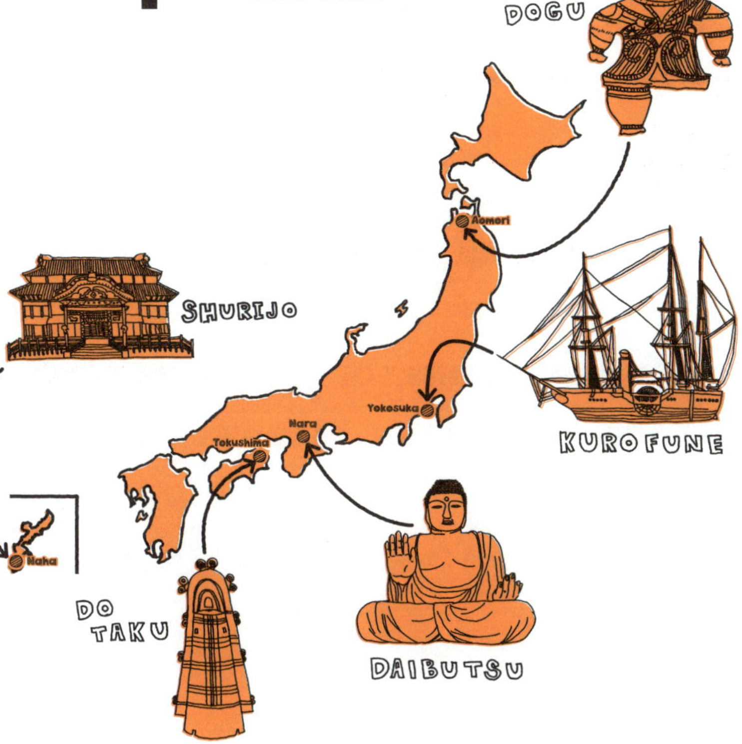
DOGU
Aomori
SHURIJO
KURO FUNE
Yokosuka
Nara
Tokushima
Naha
DO TAKU
DAIBUTSU

はじめに

日本史の流れをイラストでつかめ！

大河ドラマや時代劇を見ていて、ふと疑問に思ったことはないだろうか？**「天皇や将軍、殿様はなぜ偉いのか？」**「彼らの言うことに、なぜ人々は従うのか？」……天皇や将軍、ほかにも藤原氏《ふじわらし》、平氏《へいし》、明治《めいじ》政府など、歴史を動かした者たちに、なぜ人々は従い、時に反乱したのか。**これらの疑問は、日本史の流れを理解すれば、ちゃんと説明できる。**

ただ、**日本史の流れを理解するのに、学校の授業は最適とはいえない。**流れを理解するには、その大まかなところを短い時間で一気に読み通し、感得することが重要である。しかし学校の授業は週に何時間かで、細切れに日本史を教えていく。一時間ごとに流れがぶつりぶつりと切れてしまい、「前の

時間は何をやったかな?」という認識になってしまって、私たちは切られた流れのなか、せいぜい記憶に残りやすい断片しか日本史のことを覚えていないまま、学校を卒業してしまう。ドラマなどのコンテンツで日本史が取り上げられるとき、特定の時代ばかりが表に出てくるのも、そのような学校の歴史の授業が原因ではないだろうか。

本書は、難関大学の受験生が覚えているような歴史用語・語句の扱いは必要最低限にとどめている。その代わり、**日本史の流れを大まかに分かりやすく一気に学びなおす**ため、人類の日本上陸からTPPまでの日本史をイラストで視覚的・直感的に理解できるよう構成した。読者諸兄が日本史の流れを理解するため、そしてこれからどう生きるかについても、本書は大きく役立つだろう。というのも、**日本史の流れとは、これから日本がどの方向に流れていくかの手がかりでもあるのだから……。**

ゼロからやりなおし！
日本史見るだけノート
contents

chapter 06 戦国《せんごく》・安土桃山《あづちももやま》時代

chapter 07 江戸《えど》時代

chapter 08 明治時代

chapter 09 大正・昭和初期（戦中）時代

chapter 10 昭和中期以降（戦後）・現代

ファッション CHECK

Column

chapter 01

「先土器《せんどき》・縄文《じょうもん》・弥生《やよい》時代」

僕らの生きたこの時代のことがよく分かってきたのは、20 世紀も半ばを過ぎてから。つまり、日本史のトップバッターにして最大のフロンティアとも言えるんだよ

section

01 日本人はどこからきたのか？

日本人のルーツは、東南アジアから日本列島へ上陸したグループと、北東アジアから上陸したグループの**混血と推定**されている。当時は海面が低く、日本列島とユーラシア大陸の距離は今より狭いもので、現在の海岸線に近い地形となるのは約１万年前であった。

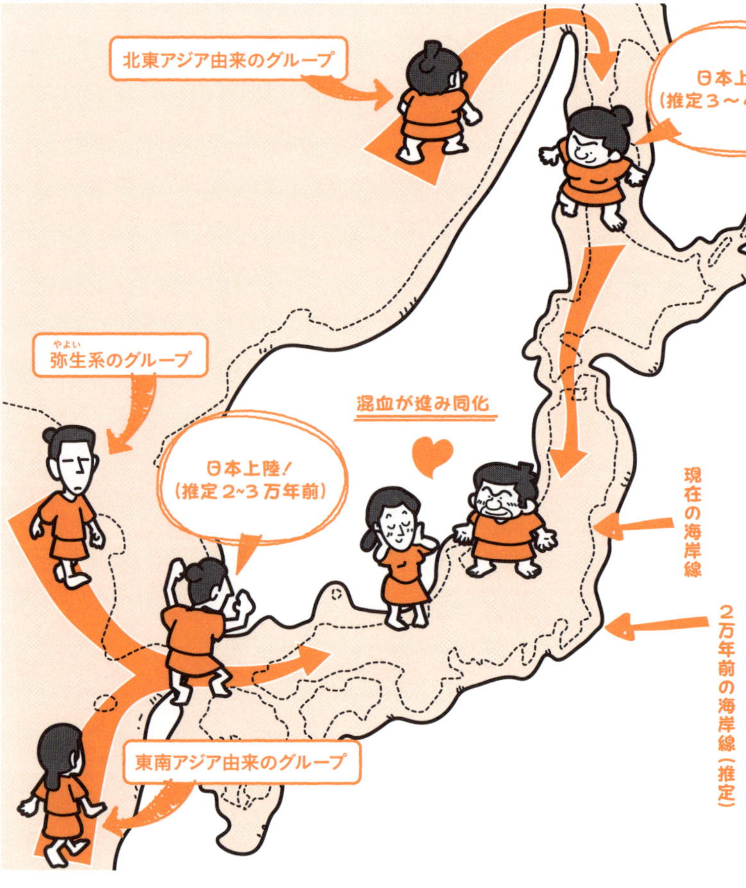
北東アジア由来のグループ
日本上陸！
（推定３〜４万年前）
弥生《やよい》系のグループ
混血が進み同化
日本上陸！
（推定 2~3 万年前）
現在の海岸線
２万年前の海岸線（推定）
東南アジア由来のグループ

この顔にピンときたら縄文人《じょうもんじん》!

頭蓋が大きい
鼻が高く
彫りが深い

縄文人《じょうもんじん》の顔の特徴

日本で発掘された古い化石人骨は、おおむね縄文人《じょうもんじん》の特徴を備えているので、縄文人《じょうもんじん》のほうが先に日本へ渡来したと考えられている。

縄文人《じょうもんじん》の顔立ちはオーストラリア先住民と似ている。そのため、途中で枝分かれしたという説もある。

この顔にピンときたら弥生人《やよいじん》!

鼻が低く
彫りが浅い
顔が面長

弥生人《やよいじん》の顔の特徴

弥生人《やよいじん》の特徴を持つ化石人骨は、比較的新しい時代の遺跡で発見される。このグループは朝鮮《ちょうせん》半島から九州へ上陸したとされる。

弥生人《やよいじん》の人骨は九州北部、中国・近畿地方を中心に発掘されている。既に住んでいた縄文人《じょうもんじん》と混血・同化した。

遺伝的特徴から、**東南アジア・北東アジア由来**のグループを縄文人《じょうもんじん》、それ以降朝鮮《ちょうせん》半島方面から渡来したグループを弥生人《やよいじん》と分けているが、住む人間が入れ替わったわけではなく、これらは**混血を繰り返して**日本人の祖となった。現代日本人は両方の血を受け継いでいるので、どちらかの血が濃く出た人も生まれるのだ。

02 狩猟·採取から稲作で何が変わったか？

約 3 万 5000 年～ 1 万 3000 年前の**（後期）旧・新石器時代**の日本人は、食料は動物を石器や落とし穴などで狩り、ドングリなどの木の実を採取していた。動物はナウマンゾウやシカ、イノシシなどが棲んでいたが、やがて数が少なくなり**植物採取**が食料獲得のなかで大きな比重を占めるようになっていった。

縄文《じょうもん》人の木の実クッキング

1. 木の実を集める
2. 木の実を潰し粉に
固いから
粉にしないと
食べられない……
3. 粉を水で練って丸める
調理面倒だし
不便だ……
まだ渋くて
食べられない……
4. 煮てアク抜きし食べる

縄文《じょうもん》時代（狩猟採取メイン）

獲物を
捕まえろー！
狩猟と採取じゃ
家族を食べさせ
られない……

弥生《やよい》時代（農耕メイン）

農業は食べ物が
安定して手に入るね！

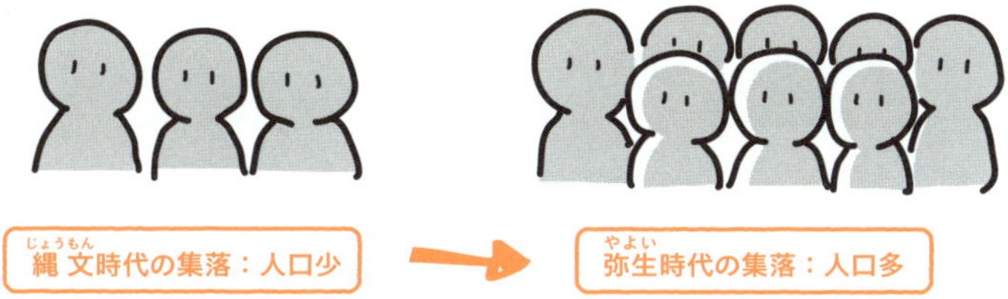
縄文《じょうもん》時代の集落：人口少
弥生《やよい》時代の集落：人口多

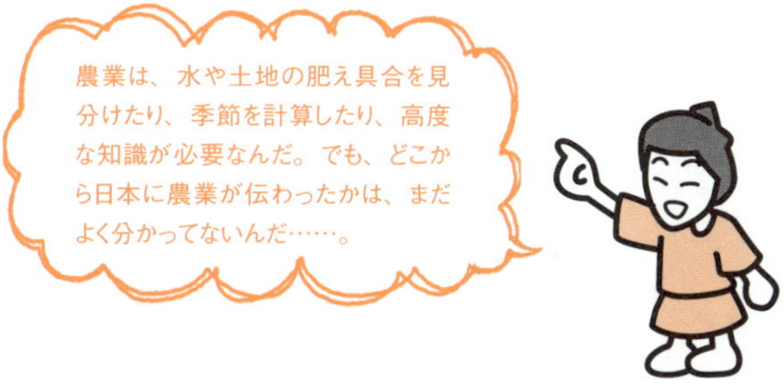
農業は、水や土地の肥え具合を見分けたり、季節を計算したり、高度な知識が必要なんだ。でも、どこから日本に農業が伝わったかは、まだよく分かってないんだ……。

縄文《じょうもん》時代になると**イモやマメを栽培**し、やがて畑での米作が始まる。弥生《やよい》時代には**水田での稲作**が徐々に広まっていく。農耕が始まったことで、食べ物が安定的に手に入り、次第に日本の集落は**人口が増えていった**。この頃に発展した土器の形式によって、縄文《じょうもん》時代と弥生《やよい》時代の区分がなされている。

03 縄文《じょうもん》文化と弥生《やよい》文化の住居は何が違うか？

石器時代は獲物を求めた移住生活だったが、縄文《じょうもん》時代には、木の実がたくさん採れ、動物や魚が比較的豊富に確保できる土地で**定住**が始まり、集落が作られていった。家は、地面を掘った穴に屋根をかぶせた**竪穴《たてあな》式住居**が造られ、集落には広場やゴミ捨て場も設置されて、血縁集団の持続が可能となった。

縄文《じょうもん》時代
狩りに 行くぞー！
アク抜きとかの 作業は集落中心の 広場でやってたんだ
竪穴《たてあな》式住居
大型建物
ゴミは決められた 場所に捨ててたよ
のちの貝塚《かいづか》

弥生《やよい》時代
住居は進歩がないなぁ……
高床《たかゆか》式倉庫
床が高くて穀物に手が届かない……
うちの土地に入るな!
収穫は倉庫に蓄えよう
偉い人は墓も豪華に……
副葬品をともなう埋葬

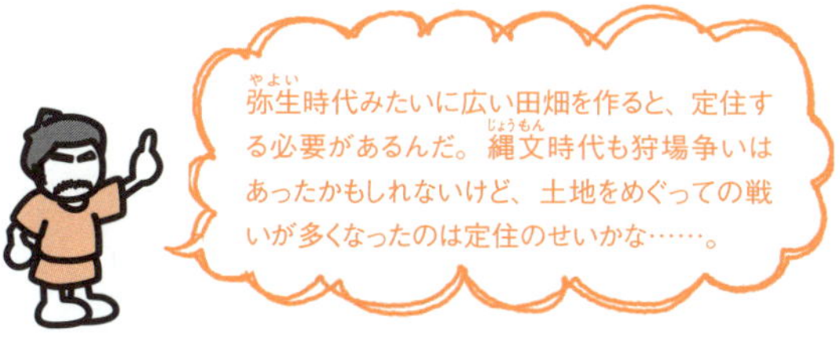
弥生《やよい》時代みたいに広い田畑を作ると、定住する必要があるんだ。縄文《じょうもん》時代も狩場争いはあったかもしれないけど、土地をめぐっての戦いが多くなったのは定住のせいかな……。

弥生《やよい》時代になると、集落には濠《ごう》（敵の侵入を防ぐ溝）や土塁《どるい》（敵の侵入を防ぐ盛り土）が作られた。これは、**集落同士の争い**が増えたことを示している。また墓も作られ、埋葬の文化が発達したことも縄文《じょうもん》時代との大きな違いである。**血縁で結ばれた氏族**という文化が生まれ、先祖を敬う儀式が始まったのである。

04 縄文《じょうもん》文化と弥生《やよい》文化の道具は何が違うか？

約1万6500年前の最古の無文《むもん》土器から、日本には土器の文化があった。1万3000年前あたりから、縄状の模様をつけた**縄文《じょうもん》土器**が作られるようになり、さまざまな装飾が施されるようになる。土器の使い道は、食料の煮炊き、貯蔵、木の実などのアク抜きが主であった。

縄文《じょうもん》土器の変化

まだロクロがないから
輪っかにした土を積んで
土器を作ってたんだ
約4000年前～紀元前数世紀の縄文《じょうもん》土器
約6000～4000年前の縄文《じょうもん》土器
この土器、
炎みたいで
芸術的でしょう？
土器を地上の穴に
入れて使うから、
底をとがらせるんだ
約1万3000～6000年前の縄文《じょうもん》土器

金属加工技術、朝鮮《ちょうせん》半島から日本へ

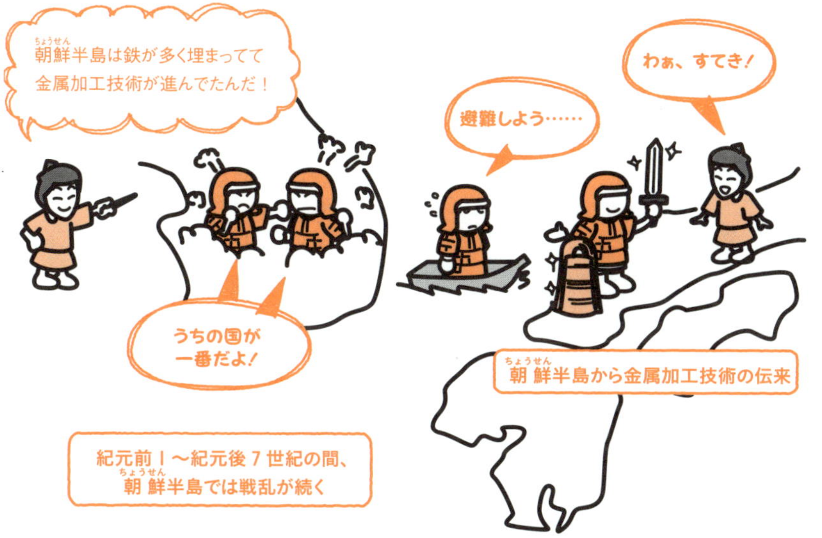
朝鮮《ちょうせん》半島は鉄が多く埋まってて
金属加工技術が進んでたんだ！
うちの国が
一番だよ！
避難しよう……
わぁ、すてき！
朝鮮《ちょうせん》半島から金属加工技術の伝来
紀元前１〜紀元後７世紀の間、
朝鮮《ちょうせん》半島では戦乱が続く

弥生《やよい》時代の銅鐸《どうたく》の変化

昔は鐘みたいに
鳴らしてたんだよ
技術が進んで
立派なものが
できた！
（でも鳴らせない）
弥生《やよい》前期の銅鐸《どうたく》
弥生《やよい》後期の銅鐸《どうたく》

弥生《やよい》時代になると、銅剣や銅鐸《どうたく》などの**金属器**が使われるようになってくる。朝《ちょう》鮮《せん》半島から伝わり、日本でも生産が始まると、銅剣は北九州から畿内にかけて、銅鐸《どうたく》は近畿を中心に円形状に分布した。はじめは細く小さかった青銅器は、時代が進むと**技術向上**で大型化し、儀式や祭礼に使われていたと考えられる。

05 縄文《じょうもん》人・弥生《やよい》人の交易範囲はどのくらい広いか？

縄文《じょうもん》～弥生《やよい》時代には交易も行われた。交易品となったのは石器に加工しやすいヒスイ、サヌカイト、**黒曜石**などだった。これらの**成分を検査すればどこが原産地か分かる**ので、例えば縄文《じょうもん》時代の青森の遺跡から福井県産のヒスイが出てきたら、縄文《じょうもん》時代の両地域は**交易で結ばれていたと分かる**。

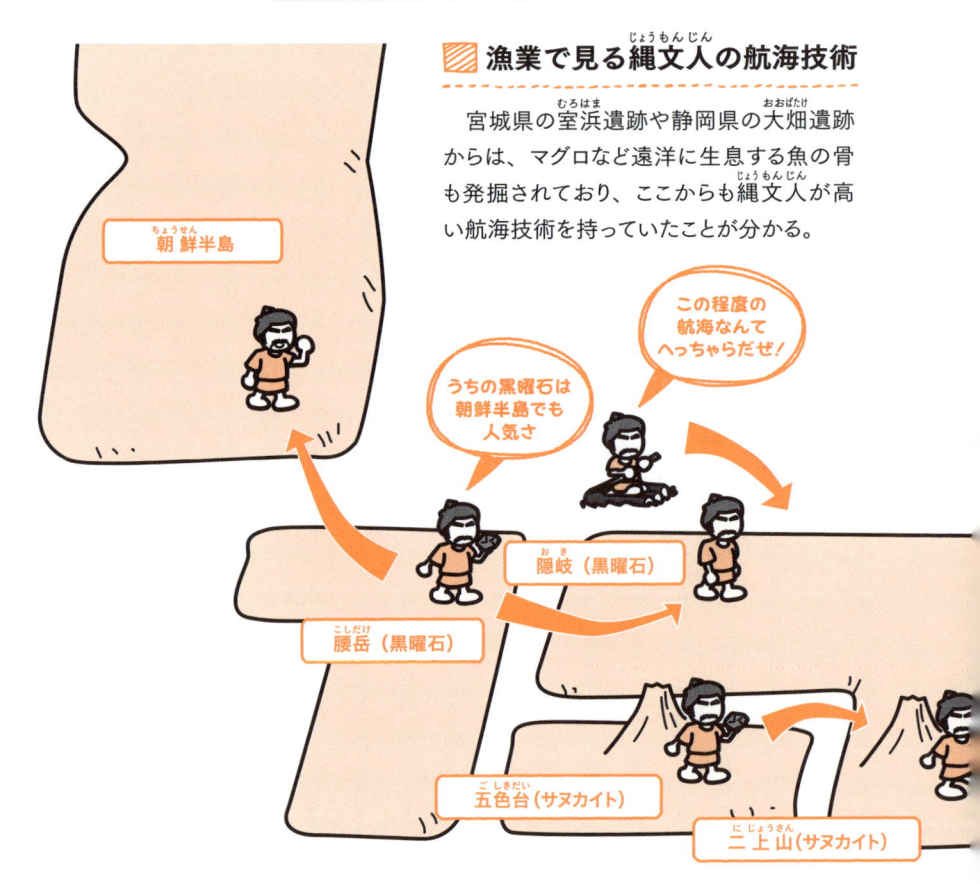

漁業で見る縄文人《じょうもんじん》の航海技術

宮城県の室浜《むろはま》遺跡や静岡県の大畑《おおばたけ》遺跡からは、マグロなど遠洋に生息する魚の骨も発掘されており、ここからも縄文人《じょうもんじん》が高い航海技術を持っていたことが分かる。

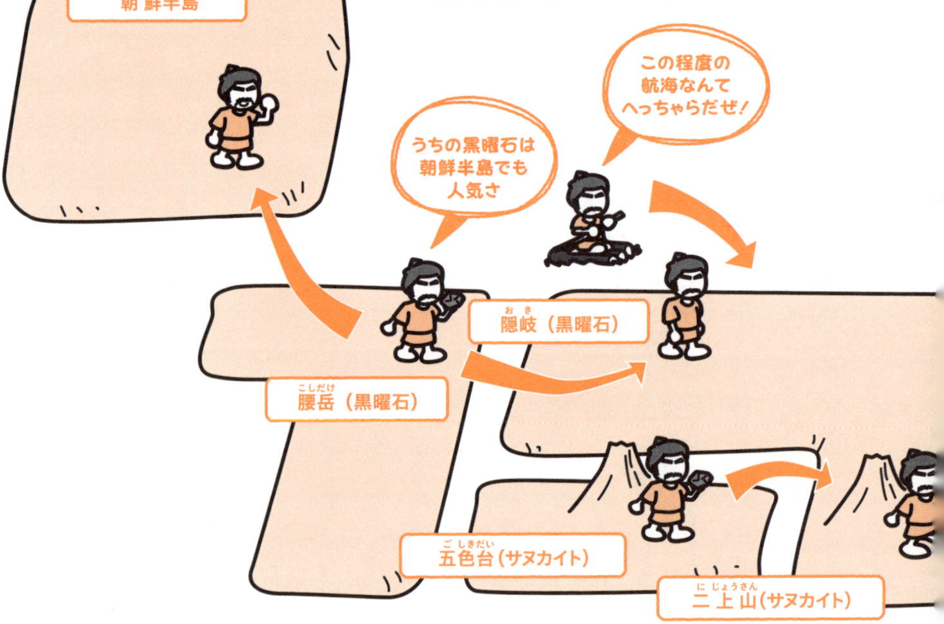
朝鮮《ちょうせん》半島
うちの黒曜石は朝鮮半島でも人気さ
この程度の航海なんてへっちゃらだぜ！
隠岐《おき》（黒曜石）
腰岳《こしだけ》（黒曜石）
五色台《ごしきだい》（サヌカイト）
二上山《にじょうさん》（サヌカイト）

また島根県の隠岐《おき》の島産の黒曜石が中国地方一帯で発見される、北海道の白滝《しらたき》で産出された黒曜石がサハリンで発掘される、佐賀県の腰岳《こしだけ》を原産地とする黒曜石が朝鮮半島から見つかる、などの結果から、主に**黒曜石の交易範囲**を通して**縄文《じょうもん》時代の航海技術**を探ることもできる。

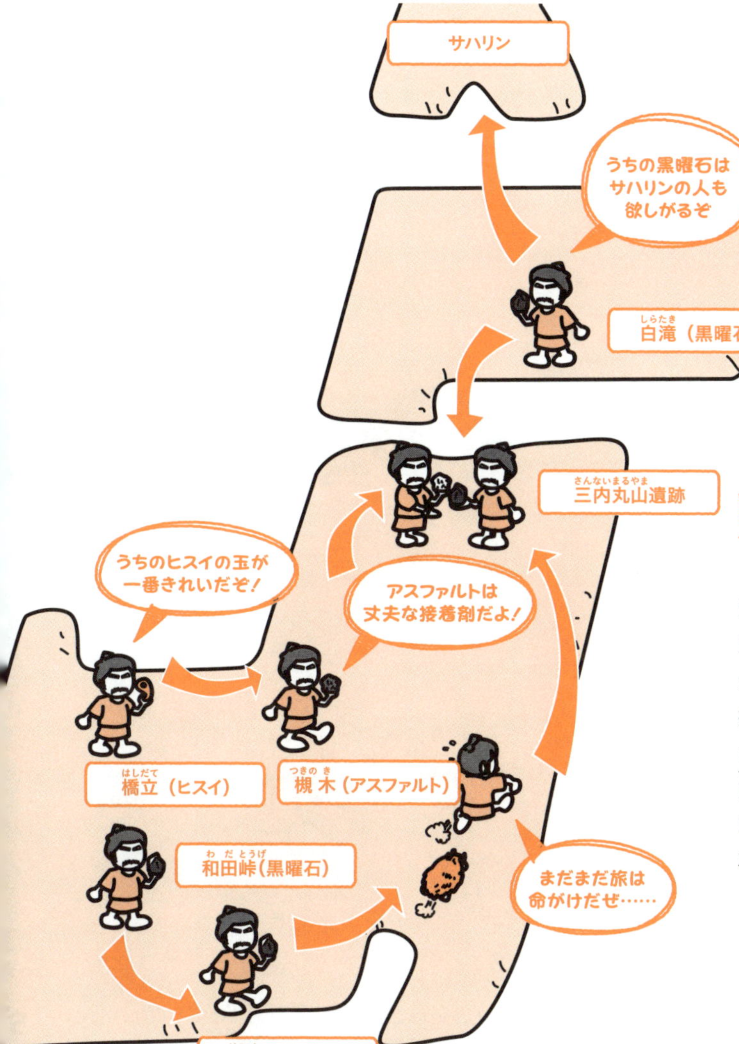
サハリン
うちの黒曜石は
サハリンの人も
欲しがるぞ
白滝《しらたき》（黒曜石）
三内丸山遺跡《さんないまるやまいせき》
うちのヒスイの玉が
一番きれいだぞ！
アスファルトは
丈夫な接着剤だよ！
橋立《はしだて》（ヒスイ）
槻木《つきのき》（アスファルト）
和田峠《わだとうげ》（黒曜石）
まだまだ旅は
命がけだぜ……
箱根《はこね》（黒曜石）

三内丸山遺跡《さんないまるやま》

青森県の三内丸山《さんないまるやま》遺跡のように、大規模な遺跡には遠方からの産物が多く発掘され、物々交換で賑わっていたと推定される。例えば三内丸《さんないまる》山《やま》遺跡からは橋立《はしだて》産のヒスイや和田峠《わだとうげ》の黒曜石が発掘されている。

06 巨大集落の遺跡と邪馬台国《やまたいこく》の関係は？

弥生《やよい》時代後期になってくると、小集落を統合した大きな集落が現れる。こうした大きな勢力となった集落のなかには、周囲の集落と戦ったもの、さらに後漢《ごかん》など**中国大陸の国と交易を行った**ものもあり、中国の歴史書に記されている。それら大型集落のうちの一つが、**邪馬台国《やまたいこく》**と思われる。

遠いところからご苦労さん
貢物を持ってきました
中国の皇帝
弥生人《やよいじん》
お前の国をうちの子分として認めるわ
うちの国が中国に認められたぞ！

冊封《さくほう》体制と朝貢《ちょうこう》

冊封《さくほう》とは、中国の皇帝（天子《てんし》）が周囲の国の王・族長などを、名目上の臣下とすること。周囲の国は貢物を持参し（朝貢《ちょうこう》）、臣下として認められればその印として印璽《いんじ》がもらえた。印璽《いんじ》をもらうと、弥生《やよい》時代の集落にとっては、中国に自勢力が公認を受けたこととなり、外交的に有利になった。印璽《いんじ》でもっとも有名なのが、志賀島《しかのしま》で発掘された金印《きんいん》であろう。

邪馬台国《やまたいこく》はどこだった？

邪馬台国《やまたいこく》の位置はいわゆる『魏志倭人伝《ぎしわじんでん》』に記録されているが、その記録どおりの距離・方角に進むと海の上に出てしまうため、記録に誤りがあったとされる。そのため、邪馬台国《やまたいこく》の位置は畿内説と九州説を中心に議論が続いている。

どっちに帰れば
いいんだ……？
唐古《からこ》・鍵《かぎ》遺跡
吉野ケ里《よしのがり》遺跡
奈良県にある弥生《やよい》時代の大規模な（およそ30万平方m）環濠集落跡。邪馬台国《やまたいこく》畿内説を取る場合、有力な比定地とされる。
佐賀県にある、弥生《やよい》時代の大規模な（およそ50万平方m）環濠集落跡。邪馬台国《やまたいこく》九州説を取る場合、有力な比定地とされる。

中国との交易は、貢物を献上して、見返りとして権威を示す金印《きんいん》などが与えられる**朝貢《ちょうこう》**が行われた。交易を行った邪馬台国《やまたいこく》が日本のどこかは意見が分かれているが、遺跡の規模から唐古《からこ》・鍵《かぎ》遺跡がある**畿内**か、吉野ケ里《よしのがり》遺跡がある**九州**のどちらかが有力候補となっている。

ファッションCHECK

先土器《せんどき》・縄文《じょうもん》・弥生《やよい》時代

天冠《てんかん》

偉い人がかぶる冠は、古代中国から周りの国に伝わったらしい。髪型は結んですっきりとまとめるのがポイント。

首玉《くびたま》

金銅の鈴がついていて、歩くと涼やかな音が鳴るぞ! 鈴の音は魔除けの力があると信じられているんだ。

大袖《おおそで》の衣

衣の赤色は丹土《につち》（水銀朱）、ベンガラ（酸化鉄）か植物で出していたらしい。

いわゆる『魏志倭人伝《ぎしわじんでん》』などの中国の記録には、日本の貴人の姿について記述がない。ここでは発掘物から考証した。上半身はまず小袖をつけ、そのうえに大袖の衣と貫頭衣《かんとうい》を着込み、帯を巻く。裳《も》はズボンのように２本の筒があり、革製の沓《くつ》を履く。布地は不明だが、弥生《やよい》時代には絹織物の形跡も発見されている。

弥生《やよい》時代・
一般男子
布
縫い針は縄文《じょうもん》時代からあったけど、ここはあえて布を結んだだけでキメる。
革の頸飾《くびかざり》
小物は革で、というのがこの時代のトレンド。なめし革の技術も大陸からやってきた帰化人《きかじん》から学んだんだ。
革の脚絆《きゃはん》
歩くときに草木からスネを守る役目もあるぞ。シンプルななかににじむ機能美に注目したい。

梁《りょう》（6世紀）の『職貢図《しょくこうず》』の模写では、倭《わ》の男子は布を肩掛けのようにまとい、腹の前で結んでいるとある。腰布も同様で、おそらく弥生《やよい》時代の男子も、布を縫わずに結んでまとっていたと考えられる。いわゆる『魏志倭人伝《ぎしわじんでん》』によると布地は木緜《ゆう》（楮《こうぞ》の皮）だが、当時の布地は主に麻だったとも。

column 01

納豆売りが旧石器時代を発見？

在《ざい》野《や》の学者が考古学の歴史を塗り替えた

1949年、群馬県の岩宿《いわじゅく》の関東ローム層中から、卵型の石器が発掘された。この**発見以前**は、関東ローム層が火山の激しい噴火を示す地層であることから、この地層が堆積した時代（約1万年以上前）の日本は人間が住めない土地だったと考えられていた。しかしこの石器の発見によって、日本に旧石器時代があったと証明された。

この発見を発表したのは**明治大学の杉原荘介《すぎはらそうすけ》**だが、杉原《すぎはら》に岩宿《いわじゅく》で石器が出土することを教えたのは、地元の納豆の行商人・**相沢忠洋《あいざわただひろ》**だった。相沢《あいざわ》は幼少から考古学への関心が深く、納豆の**行商も発掘作業の時間が取りやすい**仕事ということで選んだのだった。相沢《あいざわ》の功績は、学会からのねたみなどもあって長く評価されなかったが、相沢《あいざわ》は地道に発掘調査を続け、現在は在野の考古学研究者を対象にした相沢忠洋《あいざわただひろ》賞にその名を残す。

chapter 02

古墳《こふん》・飛鳥《あすか》時代

この時代の人は、日本という国を造ろうとした。でも、そもそも何があれば国は成り立つの？　天皇など偉い人？　法律？　立派な首都？　国造りの道は険しい……

section

01 各地に古墳《こふん》が造られたのはなぜか？

集落の長の墓はやがて大規模化し、3 世紀頃には円形と四角形を合わせた前《ぜん》方後円墳《ぼうこうえんふん》などの**古墳《こふん》**になる。古墳《こふん》を造るには楼閣などよりもケタ違いの労力（経済力）・技術（測量や石工など）が必要となるが、**権力や勢力の誇示**のため造られていった。大きな古墳《こふん》があるところに、大きな国があったのである。

僕は偉いから
お墓も
立派じゃないと！

円墳《えんふん》

俺のほうが偉いから
オリジナリティのある
形にしたいな

前方後方墳《ぜんぽうこうほうふん》

俺の古墳は
始皇帝の墓より
広いぜ！
大阪府の前方後円墳《ぜんぽうこうえんふん》・大仙陵古墳《だいせんりょうこふん》は、
一番長いところで 486m、一番高いところ
で 35.8m もある最大の古墳《こふん》で、面積は秦《しん》
の始皇帝陵《しこうていりょう》より広い。

前方後円墳《ぜんぽうこうえんふん》

副葬品の例

どうせなら副葬品にも
こだわりたいよね

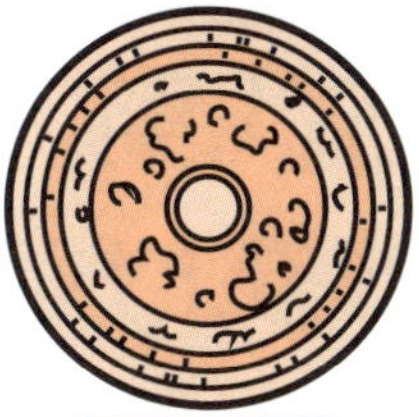

銅鏡《どうきょう》

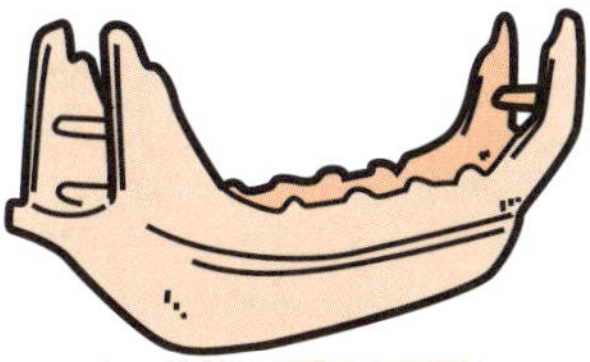

舟型埴輪《はにわ》

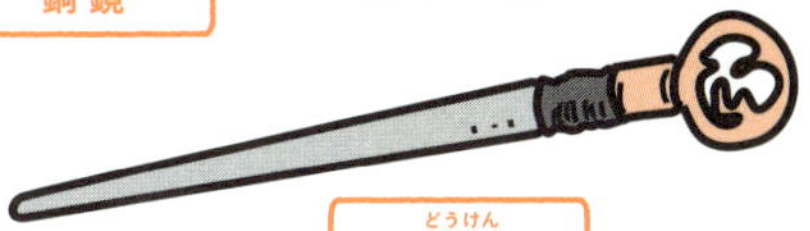

銅剣《どうけん》

薄葬令《はくそうれい》

身分に応じて墓や埋葬儀式の規模を制限した法令。民衆の負担軽減が目的ともいわれる。

偉そうなもの
造るな!

しょぼん……

古墳《こふん》は７世紀まで全国に広がったが、**ヤマト政権**が646年に大化《たいか》の改新《かいしん》のなかで薄葬令《はくそうれい》を発令したことで、**墓の規模や豪華な副葬品は制限**された。地方の有力者もこの発令に従ったことで、事実上古墳《こふん》時代は終わりを告げる。薄葬令《はくそうれい》は、ヤマト政権が地方を従わせるための、**中央集権化の一環**とされる。

02 激動の古代東アジアでの日本の外交は？

弥生《やよい》時代後期〜古墳《こふん》時代は、中国では統一王朝の後漢《ごかん》が滅んで魏晋南北朝《ぎしんなんぼくちょう》時代になり、朝鮮《ちょうせん》半島もまた三韓《さんかん》に分裂。**東アジアは群雄割拠の時代**だった。日本は複雑な外交関係のなかで、**先端技術と鉄を求めて**朝鮮《ちょうせん》半島の百済《くだら》と結び、任那《みまな》を地盤として**朝鮮半島へ進出**し、新羅《しらぎ》·高句麗《こうくり》と対立して白村江《はくすきのえ》の戦いが行われた。

柔然《じゅうぜん》 vs 高車《こうしゃ》・突厥《とっけつ》

5世紀中頃まで柔然《じゅうぜん》が大きな勢力を誇っていたが、配下であった高車《こうしゃ》や突厥《とっけつ》が独立して弱体化した。

柔然《じゅうぜん》

北魏《ほくぎ》 vs 柔然《じゅうぜん》

北魏《ほくぎ》は、元々鮮卑《せんぴ》という遊牧民であったが、黄河《こうが》一帯を支配したことで半農半遊牧の国家となった。北魏《ほくぎ》は有力な遊牧民族・柔然《じゅうぜん》と4〜5世紀を通して対立した。

北魏《ほくぎ》

宋《そう》（南朝） vs 北魏《ほくぎ》

長江《ちょうこう》一帯を支配した南朝の一つ、宋《そう》は各地の遊牧民と結んで北魏《ほくぎ》と対抗した。

宋《そう》（南朝）
遠いところをご苦労さん
貢物持ってきたから支配を公認してくれ

この時代の日本については、中国の歴史書『宋書《そうしょ》』『梁書《りょうしょ》』に**倭《わ》の五王**とされる人物の記述があり、これら5人の王はヤマト政権のトップ・大王《おおきみ》と推定されている。これらの記録は、日本がこの段階から**中国と積極的な外交関係を結んでいた**ことを示し、この傾向は平安《へいあん》時代中期まで続く。

4～7世紀の間、朝鮮《ちょうせん》半島では高句麗《こうくり》・新《しら》
羅《ぎ》・百済《くだら》の3国が覇権を争っていて、その
争いは日本や北方の遊牧民族、中国とも同
盟関係を通じて密接に絡み合っていたんだ。
契丹《きったん》
高句麗《こうくり》
新羅《しらぎ》
任那《みまな》
百済《くだら》
どこと仲良くするのが得かな？
僕らは日本と関係が深かったんだ
倭《わ》（日本）

倭《わ》の五王

中国の歴史書には、5世紀を通じて合計5人の倭の王が中国へ朝《ちょう》貢《こう》したと記録がある。5人の王は讃《さん》、珍《ちん》、済《せい》、興《こう》、武《ぶ》というが、その正体は諸説ある。

03 蘇《そ》我《が》氏躍進の裏に大陸の文化があった？

日本は外交を通して、漢字や、仏教などの思想、冶金《やきん》技術、馬具などの馬術、登り窯など、**大陸の文化を導入**した。日本に技術や思想を伝えた大陸出身の人物は、**渡来人《とらいじん》**と呼ばれている。ただ文物を受け入れるべきとする派閥（蘇我《そが》氏など）と、拒むべきとする派閥（物部《もののべ》氏など）の**対立が仏教を中心に生じた**。

今、中国でも
大はやりの
ありがたい
仏教の教えだよ

百済《くだら》の渡来人《とらいじん》

なんじゃこりゃ

欽明《きんめい》天皇

はやってるらしいし
信じてみるべきかな？

外ではやってるなら
信じてみよう！

蘇我《そが》氏（崇仏《すうぶつ》派）

崇仏《すうぶつ》論争

5世紀中盤、百済《くだら》の外交使節から日本に仏教が公に伝えられ、これを積極的に受け入れる崇仏《すうぶつ》派と、拒絶する廃仏《はいぶつ》派に分かれて争いがあり、崇《すう》仏《ぶつ》派が勝利した。

日本の教えに
反する
けしからん！

物部《もののべ》氏（廃仏《はいぶつ》派）

日本は田舎だけど
朝鮮より平和かな？
うちの技術
すごいでしょ？
こんなにきれいな布が
織れるなんて！
外国の技術は
すごいんだな……
百済《くだら》の渡来人《とらいじん》
蘇我《そが》氏

うちは
こんなことも
できるよ！

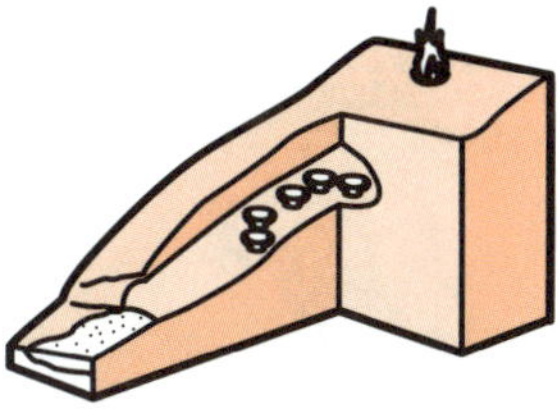

ろくろ

ろくろの導入で、縄《じょう》文《もん》時代以来の輪つみに比べて、きれいな円形の土器が短い時間で作れるようになった。

登り窯

ななめの構造の窯は、均等に高い熱で土器や瓦を焼けるため、丈夫な焼き物を大量生産できるようになった。

外国の技術を
学べば
うちの一族も
成り上がれる？

渡来人《とらいじん》からの技術を積極的に吸収した氏族が**蘇我《そが》氏**である。これらの技術の優位性を元に、**蘇我《そが》氏は勢力を強めた**。しかし仏教を信じたことで、神々の祭祀をつかさどっていた中臣《なかとみ》氏、物部《もののべ》氏などとの対立を深めていく。この対立は先鋭化し、587年には蘇我馬子《そがのうまこ》が軍を率いて物部守屋《もののべのもりや》と戦い敗死させた。

04 聖徳太子《しょうとくたいし》と蘇我《そが》氏の政治は何を変えたか？

聖徳太子《しょうとくたいし》以前、日本は天皇を中心に、蘇我《そが》・物部《もののべ》・大伴《おおとも》・葛城《かつらぎ》ら**有力氏族の連合体**として政治を行っていた。**氏族ごとに役割のある分業制**だったが、一つの氏族が不満を出すと、その氏族の担当分野から政治全体が滞ってしまうことも多かった。

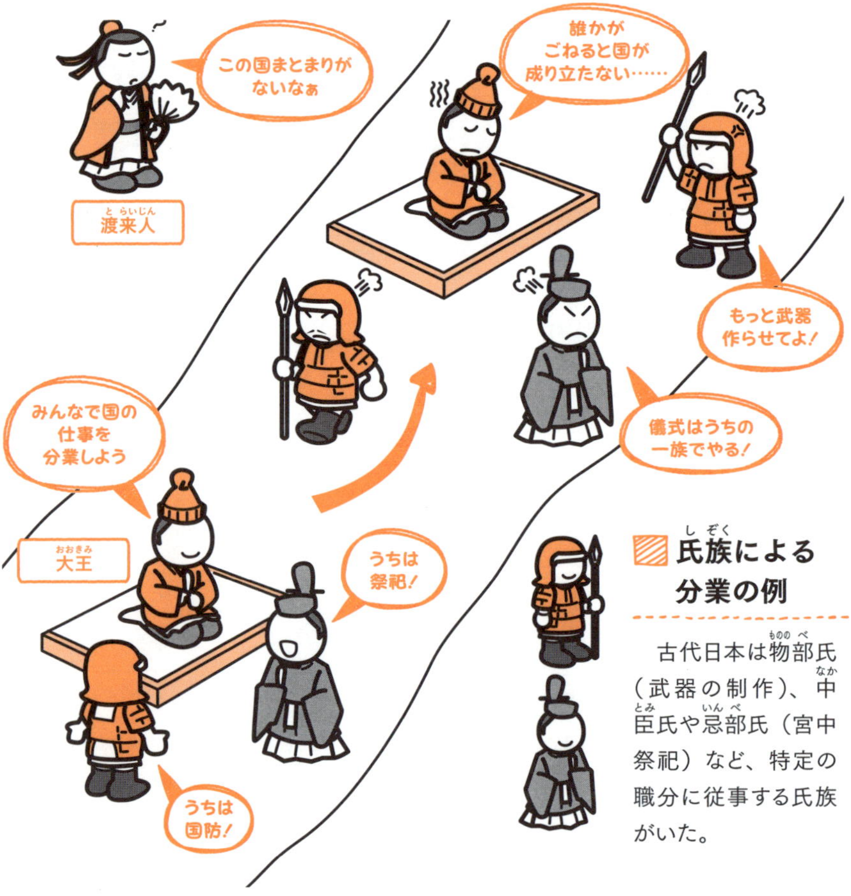
この国まとまりがないなぁ
渡来人《とらいじん》
誰かがごねると国が成り立たない……
もっと武器作らせてよ！
儀式はうちの一族でやる！
みんなで国の仕事を分業しよう
大王《おおきみ》
うちは祭祀！
うちは国防！

氏族《しぞく》による分業の例

古代日本は物部《もののべ》氏（武器の制作）、中《なか》臣《とみ》氏や忌部《いんべ》氏（宮中祭祀）など、特定の職分に従事する氏族がいた。

血縁や氏族で
仕事を割り振るから
誰かがごねると
止まっちゃうんだよ
じゃあ
誰が何をやるかは
天皇からの任命で
決める?
隋《ずい》の皇帝
聖徳太子《しょうとくたいし》
天皇が人事権を握る
こっちのほうが
みんな
天皇の言うこと
聞くよね
どうやって
決めるかが
問題だよね
天皇に
認められたら
いい仕事につける!
蘇我《そが》氏
よそのやり方を
鵜呑みにして
いいのか?

この状況を変えようとして、聖徳太子《しょうとくたいし》は蘇我馬子《そがのうまこ》とともに冠位十二階《かんいじゅうにかい》を制定。朝廷が、**豪族の世襲に基づかずに人材を直接登用**し、それら官僚によって政治を動かそうという仕組みだった。これによって蘇我《そが》氏以外の豪族の影響力は減じたものの、**蘇我《そが》氏の影響力が突出**し、のちに天皇家をおびやかすようになる。

05 遣隋使《けんずいし》の苦労は報われたか？

激動の中国を隋《ずい》が統一したので、日本はこれまで北魏《ほくぎ》や南宋《なんそう》などに使者を送っていたのと同じように、隋《ずい》へ使者を送った。この使者は**遣隋使《けんずいし》**と呼ばれる。日本はこの時、**隋《ずい》と対等の外交を行おうとした**が、中国側は伝統的に自国以外を格下と扱う（中華思想）外交方針を持っており、対等外交はかなわなかった。

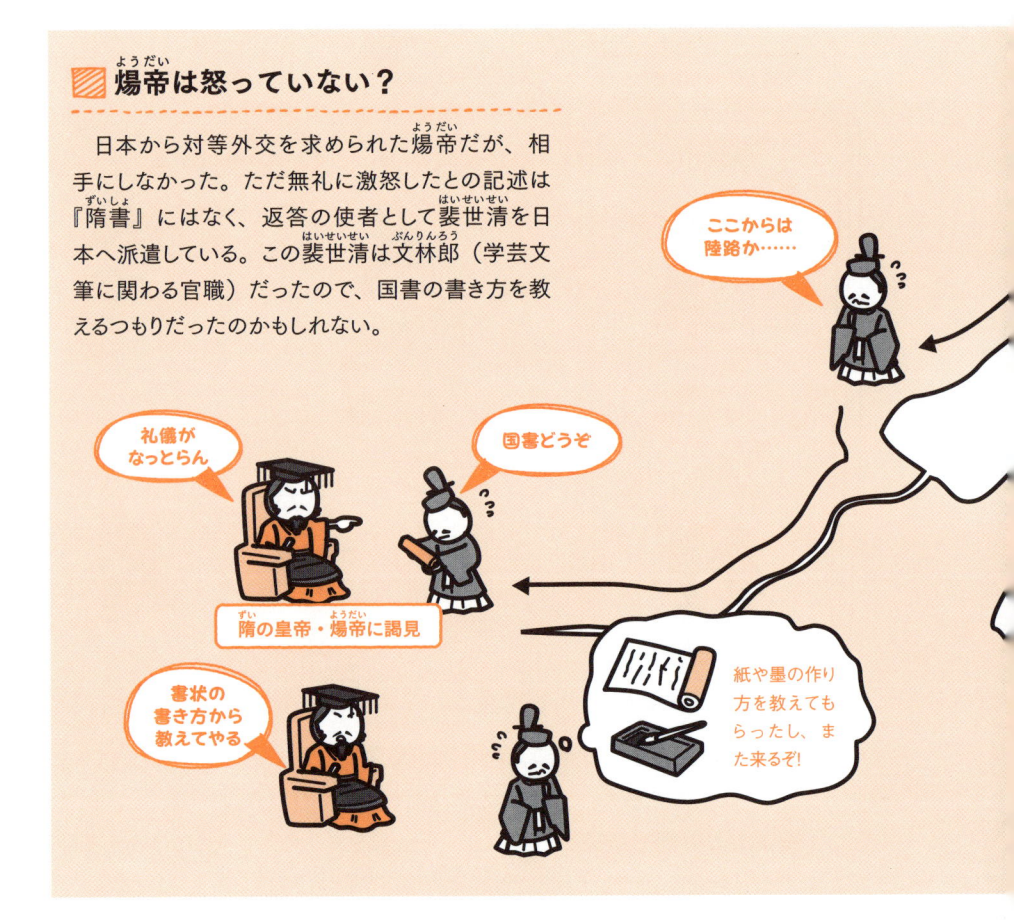

煬帝《ようだい》は怒っていない？

日本から対等外交を求められた煬帝《ようだい》だが、相手にしなかった。ただ無礼に激怒したとの記述は『隋書《ずいしょ》』にはなく、返答の使者として裴世清《はいせいせい》を日本へ派遣している。この裴世清《はいせいせい》は文林郎《ぶんりんろう》（学芸文筆に関わる官職）だったので、国書の書き方を教えるつもりだったのかもしれない。

ここからは陸路か……
礼儀がなっとらん
国書どうぞ
隋《ずい》の皇帝・煬帝《ようだい》に謁見
書状の書き方から教えてやる
紙や墨の作り方を教えてもらったし、また来るぞ!

一方、遣隋使《けんずいし》のおかげで仏教や暦法、天文、地理、音楽、薬学、紙や墨、絵の具の製法などを教えてもらうことができた。のちの大化《たいか》の改新《かいしん》は**隋《ずい》に留学した学者**たちが学んだ中央集権制や律令制、税制などの政治の仕組みや、彼らが開いた塾の人材ネットワークによって進められた。

小野妹子《おののいもこ》たち遣隋使《けんずいし》の旅路

高句麗《こうくり》とはさほど仲良くないからちょっと不安だなぁ……
案内するよ
高句麗《こうくり》
休憩どうぞ
百済《くだら》
百済《くだら》とは仲がいいから休憩できるね
隋《ずい》の皇帝にこの国書をちゃんと渡してくるように
隋《ずい》の皇帝が天子ならこっちの天皇も天子ってことでいいよね
聖徳太子《しょうとくたいし》
607年、小野妹子《おののいもこ》出発
日本海は海が荒いな……

「日出處天子《ひいずるところのてんし》」

聖徳太子《しょうとくたいし》が国書に書いた文言とされるこのくだりは、実は『隋書《ずいしょ》』にしか登場しない。天子は中国の皇帝のみが使っていた称号だが、これを日本の天皇にも使うことで、対等外交を求めたと解釈されている。

06 大化《たいか》の改新《かいしん》は何を変えたのか？

聖徳太子《しょうとくたいし》の死後、蘇我《そが》氏は多くの部民《べみん》（私有民）を支配し、権力は天皇をしのぐほどになった。これを快く思わなかった中臣鎌足《なかとみのかまたり》は、中大兄《なかのおおえの》皇子らと645年、**乙巳《いっし》の変によって蘇我《そが》氏を滅ぼした**。2人はその後も豪族の力をそいで**天皇・朝廷中心の政治**を加速させた。この改革は**大化《たいか》の改新《かいしん》**と呼ばれている。

天皇と豪族の部民《べみん》支配

当時、天皇と豪族はそれぞれ部民《べみん》を従えており、それぞれがマンパワーを有していた。

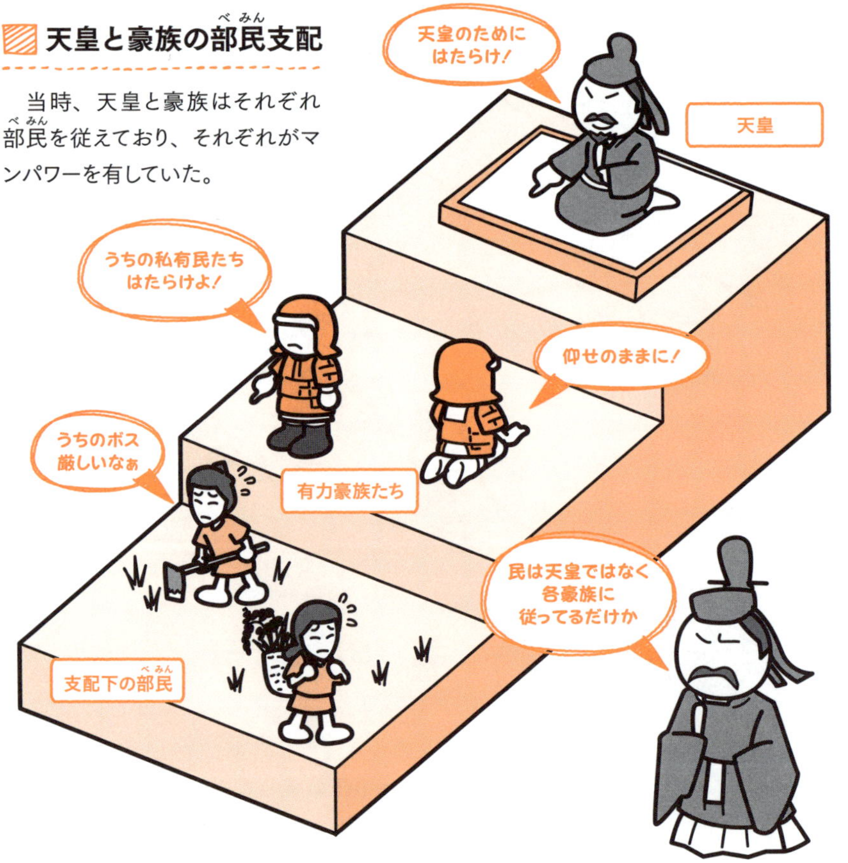
天皇のために
はたらけ！
天皇
うちの私有民たち
はたらけよ！
仰せのままに！
うちのボス
厳しいなぁ
有力豪族たち
民は天皇ではなく
各豪族に
従ってるだけか
支配下の部民《べみん》

乙巳《いっし》の変

天皇を脅かす権勢を誇った豪族・蘇我《そが》氏を、中大兄《なかのおおえの》皇子を中心とする勢力が挙兵して滅ぼした政変。これを期に天皇家は、民衆を豪族を介さないで直接支配する方向に進む。

今度からは土地も民も
すべて天皇のもの！
死ね！
ぐえー
中大兄皇子《なかのおおえの》
蘇我入鹿《そがのいるか》
次に殺されるのは
自分の番かも……
上が変わっても
こき使われるのは
同じなのね……
あまり勢力を強めすぎると天皇に
殺されるという前例ができたから、
これから表立って天皇家と対立
する氏族は減っていったよ。

大化《たいか》の改新《かいしん》では、主に中央政権化を狙った改革が行われた。豪族が私有していた田地や民を天皇のものとする「**公地公民制**《こうちこうみんせい》」、朝廷の直轄地を増やそうとして国《くに》、郡《こおり》を設置する「郡国制《ぐんこくせい》」、戸籍と帳簿を記録させ公地を公民に貸し与える「班田制《はんでんせい》」などを次々に制定し、**豪族の財産を削っていった**。

07 壬申《じんしん》の乱の原因と意義は？

大化《たいか》の改新《かいしん》により、日本は**律令《りつりょう》国家**への道を進めた。律令《りつりょう》とは明文化された法律で、日本は隋《ずい》や唐《とう》初期のような**中央集権的な法治国家**を目指した。しかし天皇家による中央集権化が進んだものの、今度は大友《おおともの》皇子、大海人《おおあまの》皇子という天皇家同士の対立により、672年に**壬申《じんしん》の乱**が起きる。

天智《てんじ》天皇、崩御（672年）

息子が大きくなるまで頑張りたかった……
天智《てんじ》天皇（中大兄《なかのおおえの》皇子）
次の天皇は僕の子にしたい
そりゃないよ叔父さん！
大友《おおともの》皇子（天智《てんじ》天皇の子）
天皇になるチャンス！
僕は天皇になれないのか？
大海人《おおあまの》皇子(天智《てんじ》天皇の弟)
今みたいな政治じゃ俺たちしめつけられてばっかり……大海人《おおあまの》皇子のがマシかな？
大化《たいか》の改新《かいしん》でしめつけられていた豪族たち

壬申《じんしん》の乱

天智《てんじ》天皇が崩御すると、天智《てんじ》天皇の政治に不満を持っていた地方豪族たちを味方につけて大海人《おおあまの》皇子が挙兵。天智《てんじ》天皇から次期天皇に指名されていた大友《おおともの》皇子を戦争で滅ぼし、大海人《おおあまの》皇子は天武《てんむ》天皇に即位した。

僕たちの勝ちだ！
大海人《おおあまの》皇子と地方豪族

大友《おおともの》皇子と都周辺の豪族

皇親《こうしん》政治

壬申《じんしん》の乱で大友《おおともの》皇子を支持した都周辺の豪族を排除した天武《てんむ》天皇は、そこで空いたポストに皇族をあてて、皇族中心の政治を目指した。

天皇の言うことを
聞いて
頑張ってね！
天武《てんむ》天皇（大海人《おおあまの》皇子）
登用された皇族

壬申《じんしん》の乱に勝利した大海人《おおあまの》皇子は即位して**天武《てんむ》天皇**となる。天武《てんむ》天皇は地方豪族の力に頼って勝利したため、自分の敵になった畿内の有力豪族をほぼ排除した。そしてかつて有力豪族がついていたポストに皇族を登用し、**天皇中心の皇親《こうしん》政治**を行う。この政治は8世紀初頭頃まで続いた。

08 飛鳥《あすか》から藤原京《ふじわらきょう》へ遷都《せんと》した理由は？

飛鳥《あすか》(現在の奈良県明日香《あすか》村周辺)付近などの天皇の住まいは岡本宮《おかもとのみや》など「宮」だったが、藤原京《ふじわらきょう》と平城京《へいじょうきょう》を境に「京」となる。「京」は中国の長安《ちょうあん》を参考に、「宮」に周辺の**条里制《じょうりせい》**（碁盤目状に土地を区画・整備する）などの**都市計画**を足したもので、このように壮麗な都城を建設することもまた、中央集権化を反映している。

飛鳥《あすか》周辺

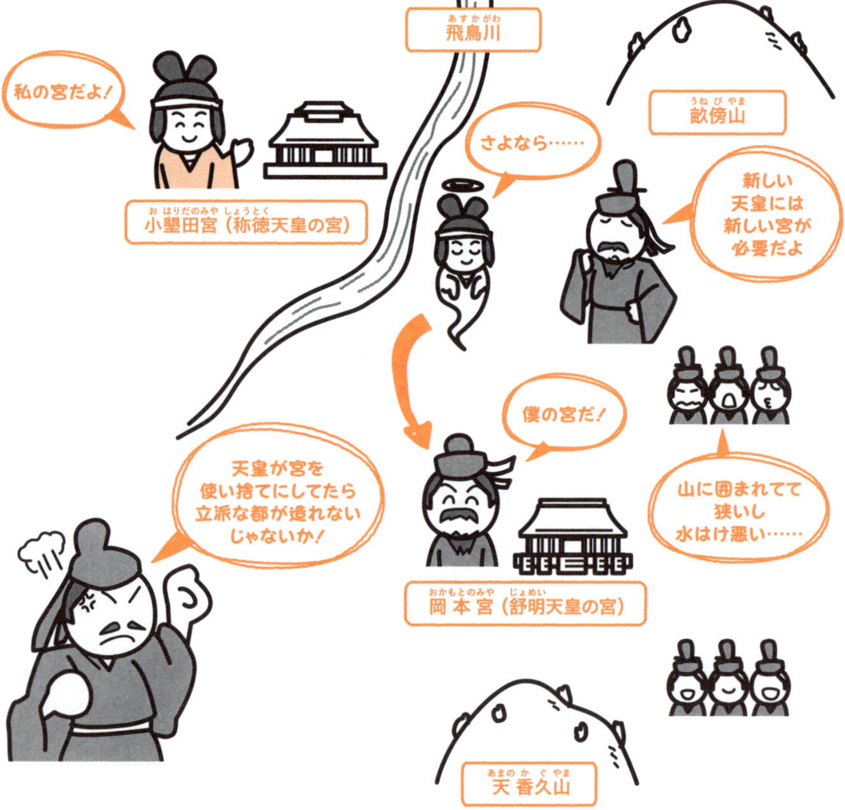
飛鳥川《あすかがわ》
畝傍山《うねびやま》
私の宮だよ！
小墾田宮《おはりだのみや》（称徳《しょうとく》天皇の宮）
さよなら……
新しい天皇には新しい宮が必要だよ
僕の宮だ！
天皇が宮を使い捨てにしてたら立派な都が造れないじゃないか！
山に囲まれてて狭いし水はけ悪い……
岡本宮《おかもとのみや》（舒明《じょめい》天皇の宮）
天香久山《あまのかぐやま》

以前は一人の天皇につき一つの「宮」で、代替わりのたびに遷都《せんと》（宮を変えること）していたが、「京」となると簡単には遷都《せんと》できなくなった。そのため**「京」は首都機能も持つようになった**。ただし694年に定められた藤原京《ふじわらきょう》も水はけの悪さなど都市計画に失敗。**710年に平城京《へいじょうきょう》へ遷都《せんと》**となった。

飛鳥《あすか》や藤原京《ふじわらきょう》みたいに山に囲まれた土地はダメ！それなら大きく移動しなきゃね
元明《げんめい》天皇（藤原京《ふじわらきょう》から平城京《へいじょうきょう》への遷都を命じる）
水はけ悪くて藤原京《ふじわらきょう》でも都造り失敗しちゃった
文武《もんむ》天皇（藤原京《ふじわらきょう》を整備）
ここに長安みたいな条里《じょうり》制の都を造ろう！
平城京《へいじょうきょう》へ遷都《せんと》（710年）、碁盤の目を模した都市計画（条里制《じょうりせい》）が採られた
耳成山《みみなしやま》

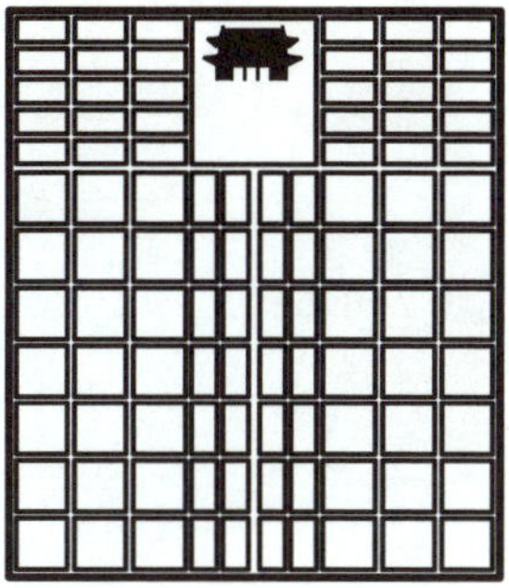

藤原京《ふじわらきょう》の難点

藤原京《ふじわらきょう》には大きな規模の都が造成されていたことが判明している。しかし藤原京《ふじわらきょう》の大部分は畝傍山《うねびやま》、天香久山《あまのかぐやま》、耳成山《みみなしやま》と三方を山に囲まれて水はけが悪く、北方の平城京《へいじょうきょう》に新しく都を造成することとなった。

09 飛鳥《あすか》文化・白鳳《はくほう》文化はどんな特徴があった？

朝鮮《ちょうせん》半島や中国大陸と交流を続けたことで、6 世紀中頃から**国際性豊かな仏教文化**が日本でも花開いた。この背景は国際派氏族・蘇我《そが》氏が政争に勝利し勢力を強めたことに由来しており、**飛鳥《あすか》文化**と呼ばれている。この頃に四天王寺《してんのうじ》や法隆寺《ほうりゅうじ》、飛鳥寺《あすかでら》などの名だたる仏教建築物が造営された。

仏教はありがたい教えだ……
仏教広がったら神職のうちの仕事が減る！
蘇我《そが》氏（崇仏《すうぶつ》派）
物部《もののべ》氏（廃仏《はいぶつ》派）

そんなにありがたいなら天皇家も寺とか造ろうか
天皇

文句言うなら滅ぼしちゃう
ちくしょう……

飛鳥《あすか》文化

政争で崇仏《すうぶつ》派の蘇我《そが》氏が勝利し権力を持ったことから、蘇我《そが》氏や天皇家などの有力者によって仏教を中心とした飛鳥《あすか》文化が花開いた。

僕の古墳は
でかくて立派でしょ！
でかいだけの古墳じゃ
豪族にも造れちゃう
んだよねぇ
古墳《こふん》時代の豪族
天皇

一番偉い人は
東西南北（世界）の
中心に
いるもんだよね！

高松塚《たかまつづか》古墳《こふん》壁画

白鳳《はくほう》文化末期の古墳壁画。被葬者は不明だが、壁に東西南北を表す四神（青龍《せいりゅう》、白《びゃっ》虎《こ》、朱雀《すざく》、玄武《げんぶ》）が描かれており、世界の中心を示す中国を模した意匠とされている。

飛鳥《あすか》文化から、より華やかな**白鳳《はくほう》文化**が生まれ、藤原京《ふじわらきょう》を中心に天皇や貴族たちの文化として花開いた。飛鳥《あすか》文化の仏像は木造が多かったが、この時代には金銅像が増え、また壁画などの絵画も多く残っている。**高松塚《たかまつづか》古墳**の棺の内部は四方に四神獣が描かれ、中華思想的な中央集権国家への志向が見られる。

ファッションCHECK

古墳《こふん》・飛鳥《あすか》時代

飛鳥《あすか》時代・文官朝服

冠

こちらは天智《てんじ》天皇あたりのトレンド。布や飾りの色によってどのくらい偉い役人か分かってしまうんだ……。

笏《しゃく》

実はこれ、元は儀式のときのカンペを貼る道具だったんだ。普通の人は木製だけど、高級品はなんと象牙。

刺繍

細かい文様を入れてたんだ。刺繍の内容で偉さが変わるから、あまり勝手な模様は入れられなかった。

高松塚《たかまつづか》古墳《こふん》壁画など、朝服を着込んだ役人を描いた図を参考に考証した。冠位十二階以来、宮仕えの役人が着込む朝服は、ずっとその役人の朝廷内でのポストを示すものになっていた。主な分け方は布の色、飾りなどの素材、刺繍の内容といわれている。色は最高ランクが紫、最低ランクが黒と推定される。

飛鳥《あすか》時代・女官朝服

垂髪《たれがみ》

天武《てんむ》天皇あたりの女官の髪型は、末端を上に結い上げるスタイル。この直前では束ねただけで下に流していた。

左衽《さじん》

今でいう左前で、北方騎馬民族のトレンドらしい。のちに中国に合わせて右前をスタンダードにした。

裳《も》

この時代の裳《も》はカラフルさが売り。のちの時代にはあまり見られない独特のデザインだ。

天武《てんむ》天皇 13 年（684 年）から持統《じとう》天皇初め頃の女官の服装。飛鳥《あすか》時代の服装は、1972 年に高松塚《たかまつづか》古墳《こふん》壁画が発見されるまでは、奈良時代と同様と考えられていた。北方騎馬民族の服は左前で、これを卑しんだ中国では逆に右前にしたという。ただ日本においてしばらくは右前・左前は混在していた。

column 02

渡来人《とらいじん》が伝えた登り窯の影響

登り窯が瓦ぶきの屋根を作った？

縄文《じょうもん》土器、弥生《やよい》土器は窯を使わず**野焼き**で作られていた。縄文《じょうもん》土器はくぼみを掘って焼成前の土器を入れ、木材をかぶせてたき火のように焼く。弥生《やよい》時代は土器をわらや枯れ葉で覆い、その上に灰や泥をかぶせて焼く。こちらは縄文《じょうもん》土器より均一に火が通るため薄く硬く焼けるが、空間が密閉されていないので、温度はセ氏 800 度にとどまる。

日本に渡来人《とらいじん》が**登り窯**を広めたのは、4 ～ 5 世紀頃とされている。登り窯は斜面の上に窯を斜めに作り、下のたき口で火をたいて熱した空気が窯の内部を満遍なく対流するため、およそセ氏 1200 度でしかも焼きムラが出ず、一度の焼成で多くの焼き物を作れる。この進歩で日本に**瓦ぶき**の屋根が普及した。588 年起工の元興寺《がんごうじ》では、昭和 30 年代の補修で起工当時の瓦が使用されていたことが明らかになり、当時の技術力をうかがわせる。

chapter 03

奈良《なら》・平安《へいあん》時代

天皇家トップの国を造った！　と思いきや、今度は天皇家にくっついて偉そうにする藤原《ふじわら》氏が現れ、坊主も政治に口を出す。そしてフロンティアに新たな火種が……？

section

01 藤原《ふじわら》氏はなぜ政治の実権を握れた？

平城京《へいじょうきょう》に遷都《せんと》した710年からは、奈良《なら》時代と呼ばれ、**藤原《ふじわら》氏**と皇族・他氏の有力者がずっと政治の主導権争いを行っていた。皇親《こうしん》政治が行われているなか、藤原《ふじわら》氏は**天皇の外戚《がいせき》**（母方の親戚）として影響力を高めた。特に藤原光明子《ふじわらのこうみょうし》は皇族以外で初めて天皇の正室となった人間であり、藤原《ふじわら》氏の勢力拡大を示す。

奈良《なら》時代の政争

8世紀前半から後半にかけての政争は、藤原《ふじわら》氏とそれ以外の皇族・氏族によるものであった。藤原《ふじわら》氏は主導権を奪われることはあっても、結局政争を生き抜いた。

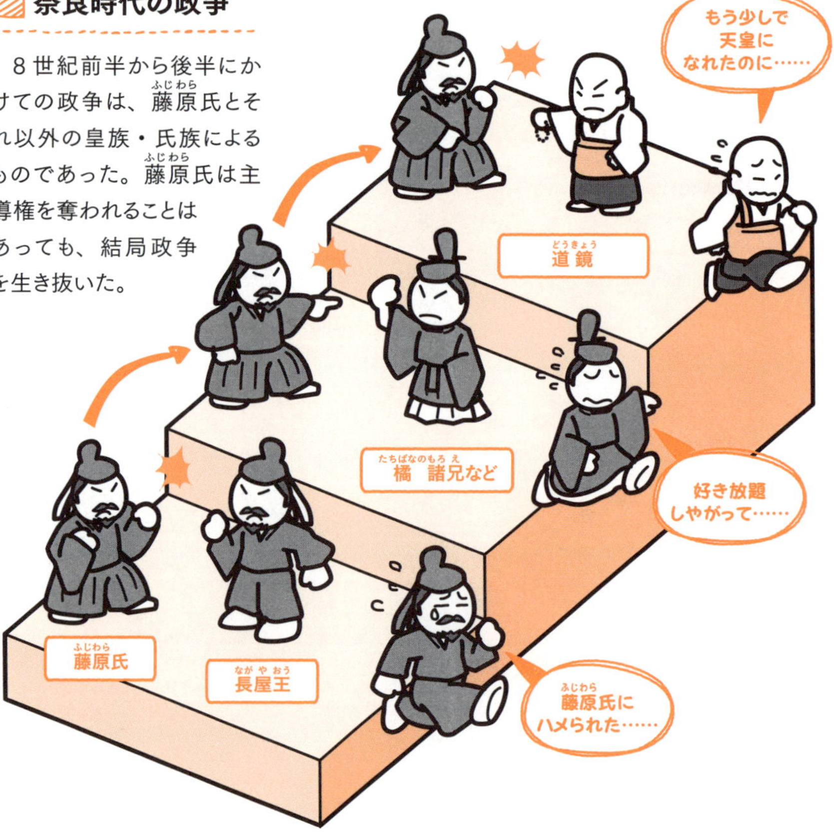
もう少しで天皇になれたのに……
道鏡《どうきょう》
橘　諸兄《たちばなのもろえ》など
好き放題しやがって……
藤原《ふじわら》氏
長屋王《ながやおう》
藤原《ふじわら》氏にハメられた……

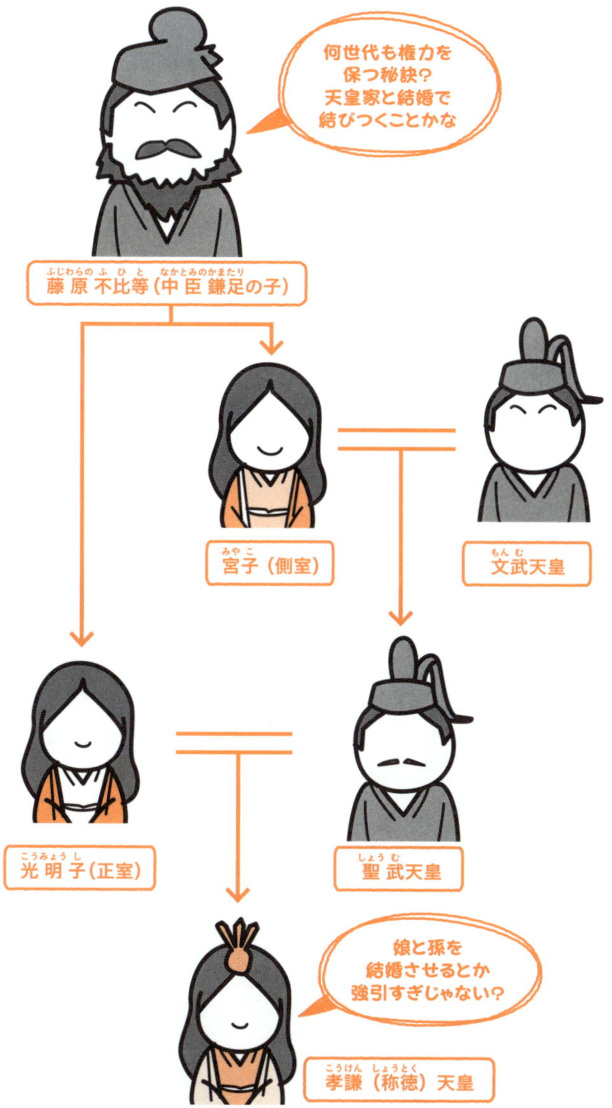
何世代も権力を
保つ秘訣？
天皇家と結婚で
結びつくことかな
藤原不比等《ふじわらのふひと》（中臣鎌足《なかとみのかまたり》の子）
宮子《みやこ》（側室）
文武《もんむ》天皇
光明子《こうみょうし》（正室）
聖武《しょうむ》天皇
娘と孫を
結婚させるとか
強引すぎじゃない？
孝謙《こうけん》（称徳《しょうとく》）天皇

藤原《ふじわら》氏は藤原鎌足《ふじわらのかまたり》（中臣鎌足《なかとみのかまたり》）の息子・**不比等《ふひと》**の時代から律令《りつりょう》（法律）の制定に深く関わっていた氏族であった。法律の専門家集団であったので、都合の良い政治をするのに有利な立場にいた。その地位をさらに確固たるものにするため、藤原《ふじわら》氏は**天皇との姻戚関係を強め、政敵との争いを生き残った**。

02 桓武《かんむ》天皇はなぜ平安京《へいあんきょう》に遷都《せんと》したか？

784年、桓武《かんむ》天皇は平城京《へいじょうきょう》から**長岡京《ながおかきょう》**に遷都《せんと》した。その理由は、平城京《へいじょうきょう》の**仏教勢力**が政治に口を出すのを排除したかったこと、長岡京《ながおかきょう》が桓武《かんむ》天皇の母方の祖先（**秦氏《はたうじ》**）と縁のある地で**水陸の交通**が便利だったことなどが挙げられる。しかし、わずか10年でさらに平安京《へいあんきょう》に再遷都《せんと》してしまった。

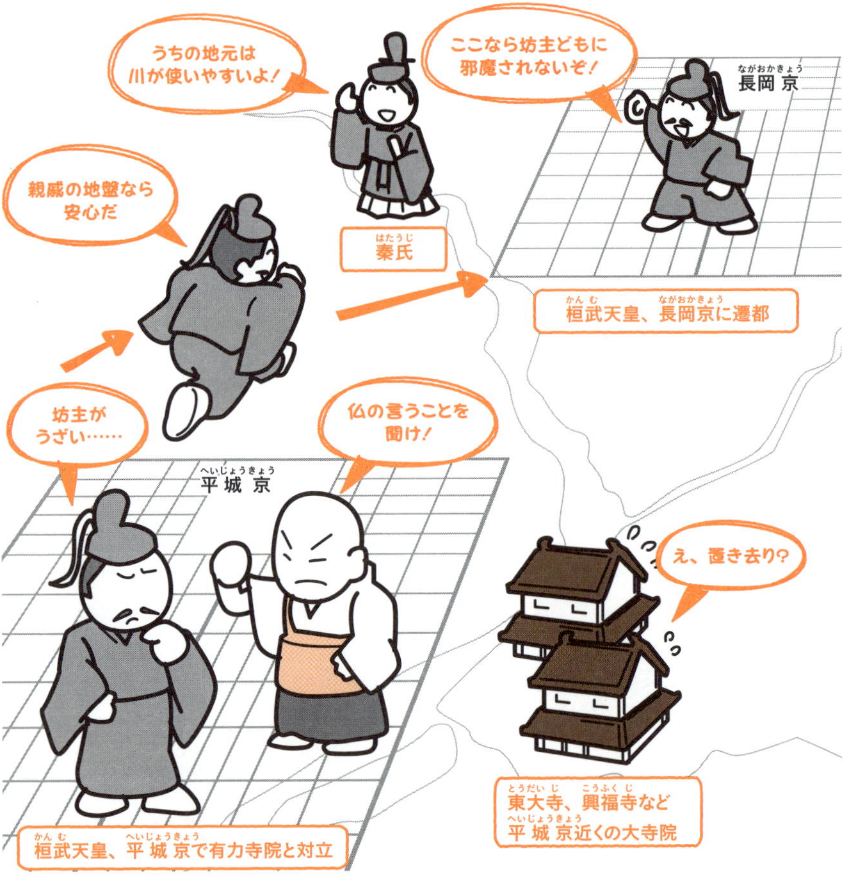
うちの地元は川が使いやすいよ！
ここなら坊主どもに邪魔されないぞ！
長岡京《ながおかきょう》
親戚の地盤なら安心だ
秦氏《はたうじ》
桓武《かんむ》天皇、長岡京《ながおかきょう》に遷都
坊主がうざい……
仏の言うことを聞け！
平城京《へいじょうきょう》
え、置き去り？
東大寺《とうだいじ》、興福寺《こうふくじ》など平城京《へいじょうきょう》近くの大寺院
桓武《かんむ》天皇、平城京《へいじょうきょう》で有力寺院と対立

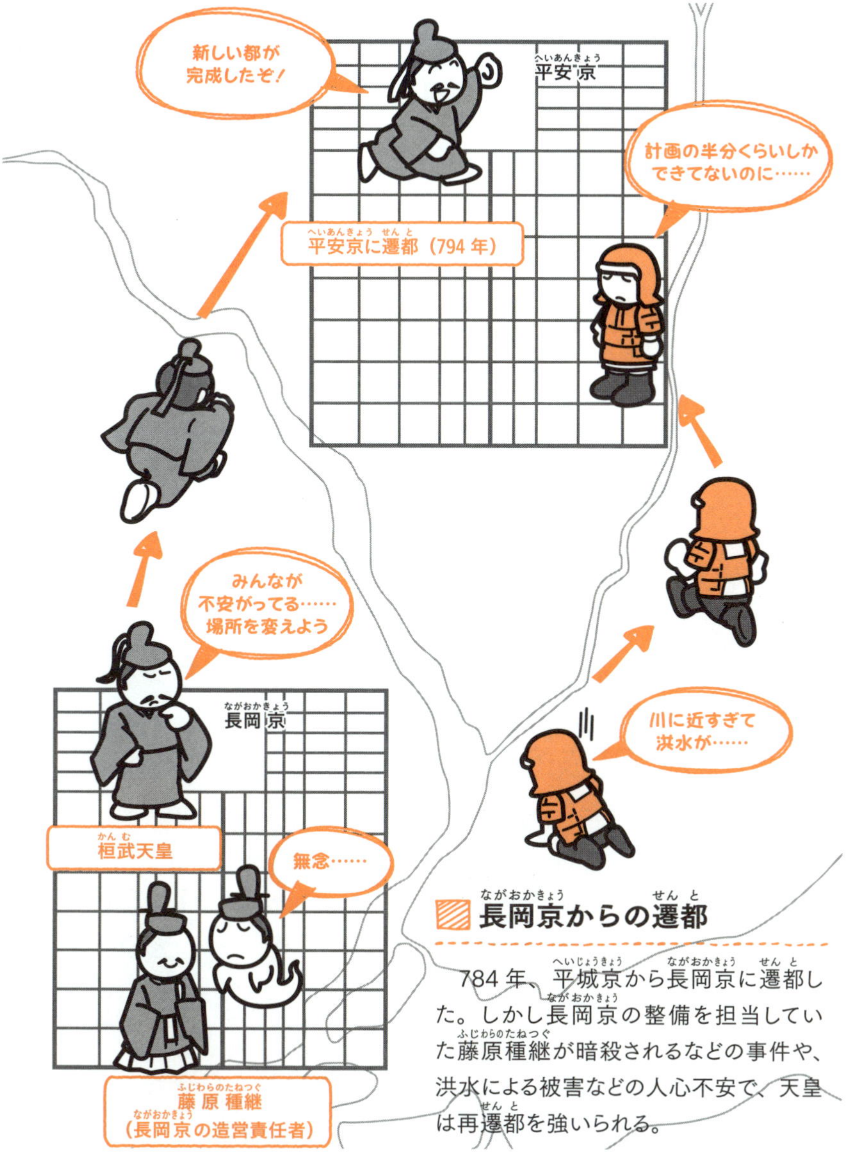
新しい都が完成したぞ！
平安京《へいあんきょう》
計画の半分くらいしかできてないのに……
平安京《へいあんきょう》に遷都《せんと》（794年）
みんなが不安がってる……場所を変えよう
長岡京《ながおかきょう》
川に近すぎて洪水が……
桓武《かんむ》天皇
無念……
藤原種継《ふじわらのたねつぐ》
（長岡京《ながおかきょう》の造営責任者）

長岡京《ながおかきょう》からの遷都《せんと》

784年、平城京《へいじょうきょう》から長岡京《ながおかきょう》に遷都《せんと》した。しかし長岡京《ながおかきょう》の整備を担当していた藤原種継《ふじわらのたねつぐ》が暗殺されるなどの事件や、洪水による被害などの人心不安で、天皇は再遷都《せんと》を強いられる。

平安京《へいあんきょう》へ遷都《せんと》するきっかけとなったのは、長岡京《ながおかきょう》の造営責任者・藤原種継《ふじわらのたねつぐ》が暗殺されたことだった。暗殺の首謀者とされた早良《さわら》親王は、無実を訴えたが流罪に処され死亡した。その後天災が相次ぎ、その原因が早良《さわら》親王の怨念であるとされ不安が高まった。その不安を払拭するため平安京《へいあんきょう》への再遷都《せんと》が決定した。

03 平安《へいあん》時代の蝦夷《えみし》との戦いはどうなったのか？

7世紀中頃から、**朝廷は東北地方へ支配地を拡大**し、関東地方以北に住んでいた蝦夷《えみし》を従えつつあった。しかし**蝦夷《えみし》との紛争はたびたび発生**し、桓武《かんむ》天皇の治世でも780年に伊治呰麻呂《これはりのあざまろ》の乱などが発生した。朝廷は征東大使・紀古佐美《きのこさみ》に軍を率いさせたが、蝦夷《えみし》の首領・阿弖流為《あてるい》に大敗してしまった。

防人《さきもり》について

任期3年で、九州北部の守りを農民が負担した制度。旅費、食料費、武具は農民の負担だった。桓武《かんむ》天皇はこれらを訓練を受けた兵（健児《こんでい》）に入れ替えようとした。これは農民の負担減少や兵士の練度向上が目的だったと推定されている。

生きて帰って家族に会いたい……
防人《さきもり》
よし、田村麻呂 蝦夷を平定してこい！
桓武《かんむ》天皇
平安京も造ってるのに東北遠征とかムチャ言うな！
藤原《ふじわらの》緒嗣《おつぐ》、蝦夷《えみし》平定中止を献言
民が耐えられないなら中止しかないか
地方の実情もちゃんと調べないとね……

坂上田村麻呂《さかのうえのたむらまろ》が軍を率いて、802年には阿弖流為《あてるい》を降伏させた。しかし遠征・統治の費用が膨大で、租庸調《そようちょう》などの税、九州北部の防人《さきもり》の派遣費用など**民の負担が重なり限界**となったため、蝦夷《えみし》平定と平安京《へいあんきょう》拡張の取りやめを議論する**徳政《とくせい》論争**を行った。その結果、桓武《かんむ》天皇は議論した2つのどちらも断念した。

奈良《なら》・平安《へいあん》時代の東北

朝廷は、奈良《なら》時代は主に日本海側に水軍を、平安《へいあん》時代は主に太平洋側に陸軍を派遣して蝦夷《えみし》（朝廷が関東以東の住人を異端視した呼び方）を服属させていたが、蝦夷《えみし》はしばしば朝廷に反抗した。

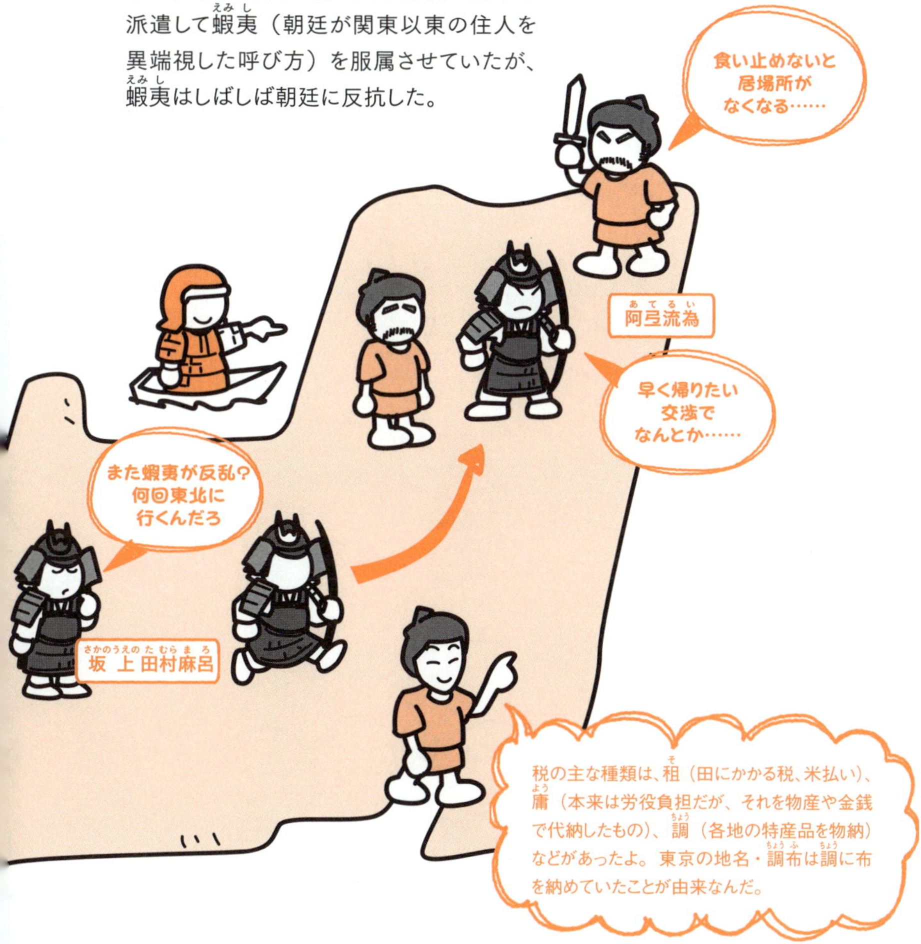
食い止めないと居場所がなくなる……
阿弖流為《あてるい》
早く帰りたい交渉でなんとか……
また蝦夷が反乱?何回東北に行くんだろ
坂上田村麻呂《さかのうえのたむらまろ》
税の主な種類は、租《そ》（田にかかる税、米払い）、庸《よう》（本来は労役負担だが、それを物産や金銭で代納したもの）、調《ちょう》（各地の特産品を物納）などがあったよ。東京の地名・調布《ちょうふ》は調《ちょう》に布を納めていたことが由来なんだ。

04 奈良《なら》と平安《へいあん》の仏教は何が違う？

奈良《なら》時代は、仏教の力で国を治める**鎮護《ちんご》国家思想**が広まり、国の上層部へ仏教の信仰が広まった。このため道鏡《どうきょう》などの僧や有力寺院が政治に関わるようになったが、桓武《かんむ》天皇などは仏教勢力の干渉をよく思わなかった。また、この時代の仏教は地方豪族や民衆には広まっていなかった。

道鏡、女帝へ接近
愛しい道鏡をなんとか天皇にしたい……
天皇と仲良くなれば都合のいい政治ができる？
孝謙《こうけん》（称徳《しょうとく》）天皇
道鏡《どうきょう》
まさか僧が天皇より偉そうにするなんて
もう坊主たちに口出しされるのはイヤ！ 平城京《へいじょうきょう》の近くは坊主の地盤だし、遷都《せんと》して離れなきゃ！
桓武《かんむ》天皇
聖徳太子《しょうとくたいし》
仏教？ 僕たちには関係ないよね？
地方豪族や民衆

都の近くに寺はダメ！
桓武《かんむ》天皇
それなら山に建てるしかないか

平安京《へいあんきょう》と山岳仏教

桓武《かんむ》天皇が平安京《へいあんきょう》から大寺院を遠ざけたため、最澄《さいちょう》は比叡山《ひえいざん》、空海《くうかい》は高野《こうや》山《さん》など寺を山岳に建立。山岳信仰と結びついた山岳仏教が盛んになった。

祈願も
政治臭くならないよう
個人の健康や
栄達にしよ
空海《くうかい》
最澄《さいちょう》

旅して仏教を広めよう！
民衆に布教する僧

僧侶たちの布教

奈良《なら》時代以降、土木工事を指導し道や池を造るなどを通して、民衆に溶け込む僧もいた。しかしその僧には朝廷非公認の者もおり、弾圧を受けることもあった。

仏教……
信じてみよう
かな？
地方豪族や民衆

平安《へいあん》時代、桓武《かんむ》天皇や嵯峨《さが》天皇らは奈良《なら》時代の**仏教（南都六宗《なんとろくしゅう》）が政治に口を出してくる**のを疎ましく思い、唐帰りの最澄《さいちょう》と空海《くうかい》が興した天台宗《てんだいしゅう》、真言宗《しんごんしゅう》を保護した。彼らは国家鎮護《ちんご》から距離を置き、山に寺を構え、**皇族や貴族の現世利益を祈祷**した。また行基《ぎょうき》のように、**民衆への布教の動き**も生まれた。

05 聖武《しょうむ》天皇はなぜ大仏を造った？

奈良《なら》時代は、**盧遮那仏《るしゃなぶつ》（奈良の大仏）**の建立や、全国に国分寺《こくぶんじ》、国分尼寺《こくぶんにじ》が建立されるなど、**大規模な仏教的事業が行われた**。その背景は、藤原四子《ふじわらしし》ら高官を死亡させた天然痘の流行、天候不良による飢饉、家臣の反乱など、国家的な不幸を仏教の力で解決しようとする鎮護《ちんご》国家思想があった。

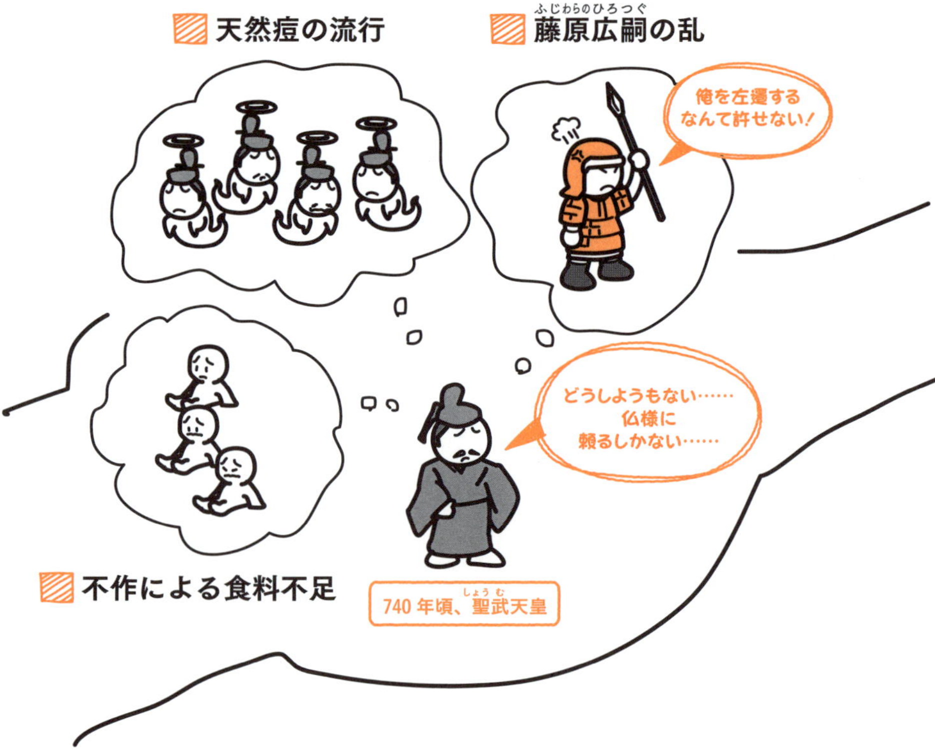
天然痘の流行
藤原広嗣《ふじわらのひろつぐ》の乱
俺を左遷するなんて許せない！
どうしようもない……仏様に頼るしかない……
不作による食料不足
740 年頃、聖武《しょうむ》天皇

大仏は何度も壊れていた？

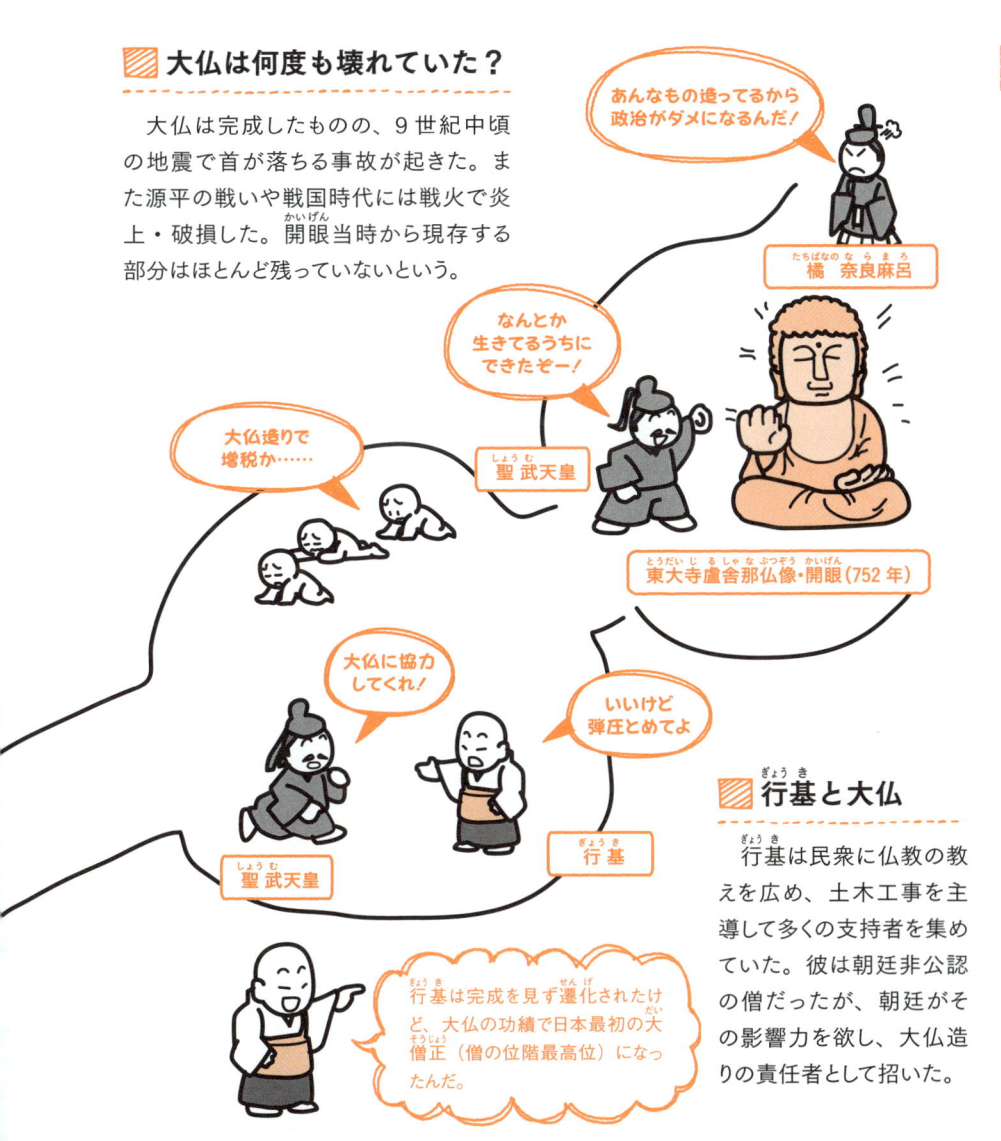

大仏は完成したものの、9世紀中頃の地震で首が落ちる事故が起きた。また源平の戦いや戦国時代には戦火で炎上・破損した。開眼《かいげん》当時から現存する部分はほとんど残っていないという。

あんなもの造ってるから政治がダメになるんだ！
橘《たちばなの》 奈《な》良《ら》麻《ま》呂《ろ》

なんとか生きてるうちにできたぞー！
聖武《しょうむ》天皇
大仏造りで増税か……
東大寺《とうだいじ》盧舎那《るしゃな》仏像《ぶつぞう》・開眼《かいげん》（752年）

大仏に協力してくれ！
いいけど弾圧とめてよ
聖武《しょうむ》天皇
行基《ぎょうき》
行基《ぎょうき》は完成を見ず遷化《せんげ》されたけど、大仏の功績で日本最初の大《だい》僧正《そうじょう》（僧の位階最高位）になったんだ。

行基《ぎょうき》と大仏

行基《ぎょうき》は民衆に仏教の教えを広め、土木工事を主導して多くの支持者を集めていた。彼は朝廷非公認の僧だったが、朝廷がその影響力を欲し、大仏造りの責任者として招いた。

聖武天皇《しょうむ》は民衆から支持されていた僧の**行基**《ぎょうき》を招き、建立の責任者に抜擢した。こうして752年に大仏は建立された。しかし大仏の建立は民衆に資材や労働力の拠出など負担を強いた。こうした負担が民衆を犠牲にしている、として朝廷に反乱した**橘 奈良麻呂**《たちばなの なら まろ》が現れるなど、民衆の生活苦は続いていたとされる。

06 荘園《しょうえん》制で藤原《ふじわら》氏が台頭した理由とは？

聖武《しょうむ》天皇より前の時代は、農民に土地私有が認められておらず、農民のやる気が低いため、収穫量も上がらなかった。そのため、743 年に未開地を開墾すれば**期限なしの私有を認める墾田永年私財法《こんでんえいねんしざいほう》**が定められた。この私有地がのちの**荘園《しょうえん》**である。しかし徴税を行う国司《こくし》は、農民の私有地に干渉した。

土地は全部
国のものだぞ！
天智《てんじ》天皇
私有地じゃないと
みんなサボる？
なら新規開墾地は
私有を認めるか
聖《しょう》 武《む》天皇の時代に
墾田永年私財法《こんでんえいねんしざいほう》が制定
え？ 公有地と
私有地が
ごちゃ混ぜ？
地方に赴任する前の国司《こくし》
とりあえず
税を取れば
いいんでしょ？
私有地なのに
税取られた！？
地方に赴任した国司《こくし》
地方の開拓民

国司《こくし》からの干渉を嫌った農民は、収穫の一部を名前代として藤原《ふじわら》氏に納め、代わりに藤原《ふじわら》氏の名義を借り、**自分の土地の名義を藤原《ふじわら》氏のものに書き換えた**。国司《こくし》は藤原《ふじわら》氏を恐れて、藤原《ふじわら》氏名義となった土地には干渉を控えた。**藤原《ふじわら》氏は各地の農民に土地の名義を貸して金持ちとなり権勢を強めた**。

07 日本独自の国風《こくふう》文化はどうして生まれた？

894年、菅原道真《すがわらのみちざね》の提案で**遣唐使《けんとうし》が廃止**された。理由は、遣唐使《けんとうし》は命の危険があることと、当時の唐《とう》は藩鎮《はんちん》と呼ばれる地方軍閥が中央政府を無視して好き勝手にふるまい、政治が乱れていたためであった。そのため、唐《とう》に学ぶことはやめ、文学を中心に**日本独自のものを作ろう**という動きが高まった。

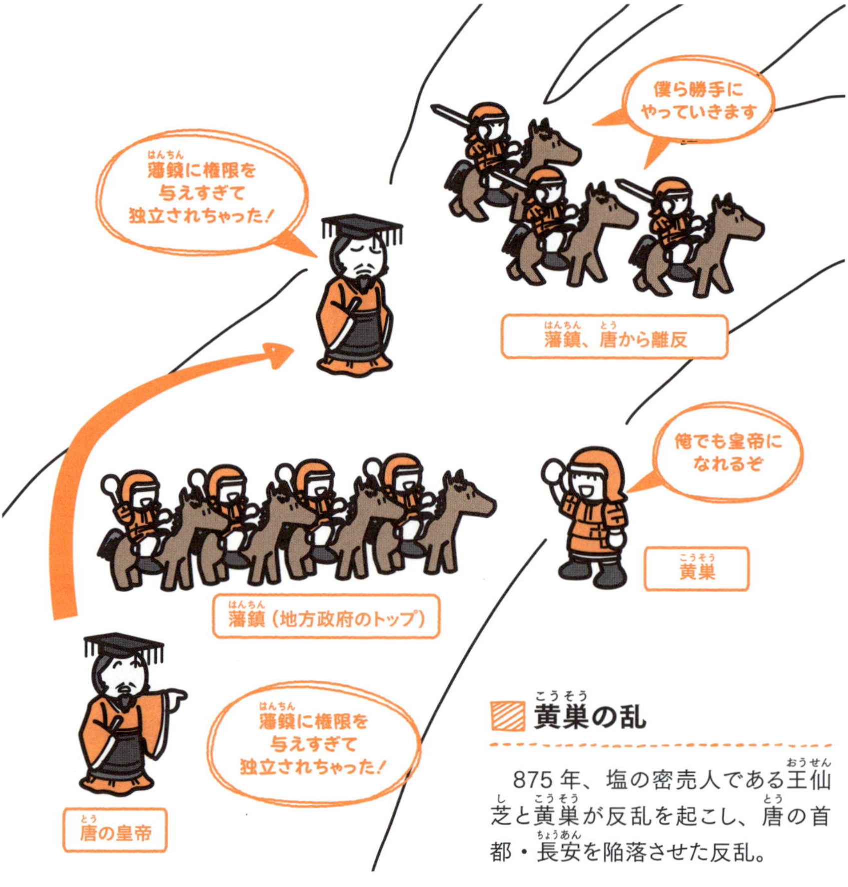
僕ら勝手にやっていきます
藩鎮《はんちん》に権限を与えすぎて独立されちゃった！
藩鎮《はんちん》、唐《とう》から離反
俺でも皇帝になれるぞ
黄巣《こうそう》
藩鎮《はんちん》（地方政府のトップ）
藩鎮《はんちん》に権限を与えすぎて独立されちゃった！
唐《とう》の皇帝

黄巣《こうそう》の乱

875年、塩の密売人である王仙《おうせん》芝《し》と黄巣《こうそう》が反乱を起こし、唐《とう》の首都・長安《ちょうあん》を陥落させた反乱。

あんな国に学ぶことないよね
菅原道真《すがわらのみちざね》
唐《とう》の国内が乱れていることを理由に、894 年に菅原道真《すがわらのみちざね》が遣唐使《けんとうし》派遣の見合わせを建議。そのまま唐《とう》の滅亡（907 年）まで遣唐使は復活しなかった。
私たちの憧れた唐《とう》はどこへ消えたのか……
桓武《かんむ》天皇
橘《たちばな》　諸兄《のもろえ》
奈良《なら》時代や平安《へいあん》時代初期は、先進的な律令《りつりょう》国家である唐《とう》の政治に憧れ、積極的に遣唐使《けんとうし》が派遣されていた。彼らがのちの唐《とう》の乱れを見たら、さぞ落胆するだろう。

仮名《かな》の普及

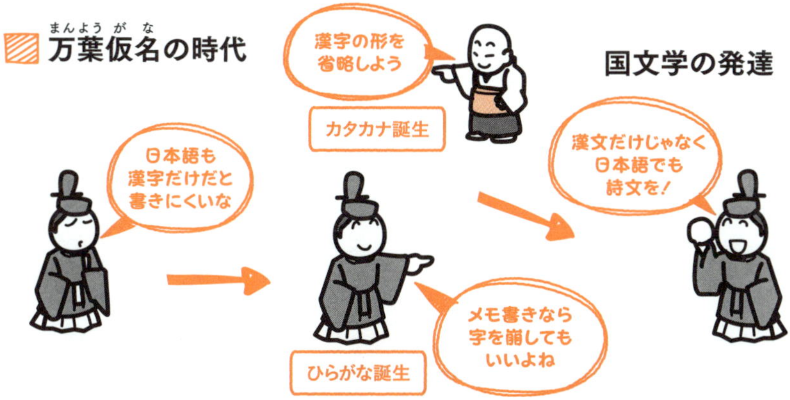
万葉仮名《まんようがな》の時代
日本語も漢字だけだと書きにくいな
漢字の形を省略しよう
カタカナ誕生
メモ書きなら字を崩してもいいよね
ひらがな誕生
国文学の発達
漢文だけじゃなく日本語でも詩文を！

10 世紀の初め頃から**国風《こくふう》文化**が花開く。この基礎には、漢字を元にした日本独自の文字・**仮名**の誕生があった。独自の文字から独自の文学が生まれ、『古《こ》今《きん》和《わ》歌《か》集《しゅう》』など和歌の歌集、『竹取物語《たけとりものがたり》』や『源氏物語《げんじものがたり》』などの物語、『土佐《とさ》日記《にっき》』、『枕草子《まくらのそうし》』などの随筆と、名作が数多く誕生した。

08 武士はどうやって誕生したか？

国風《こくふう》文化が栄えたのと同じ頃、武士も誕生した。その背景には、荘園制《しょうえんせい》がはじまり、**朝廷で権力を持てない貴族や地方の豪族**が自らフロンティアを開拓して自分の土地を広げようとしたことがある。未開拓地は警察力が存在しないため、開拓者は**武装して自分の土地を自分で守らなければいけなかった**のだ。

土地を
開拓したら
私有地に
していいよ
早い者勝ちか！
聖《しょう》武《む》天皇
こいつが
俺の土地を
横取りした！
こいつら
無法者すぎ……
武装しなきゃ
土地を守れない！
国司《こくし》
武士の誕生

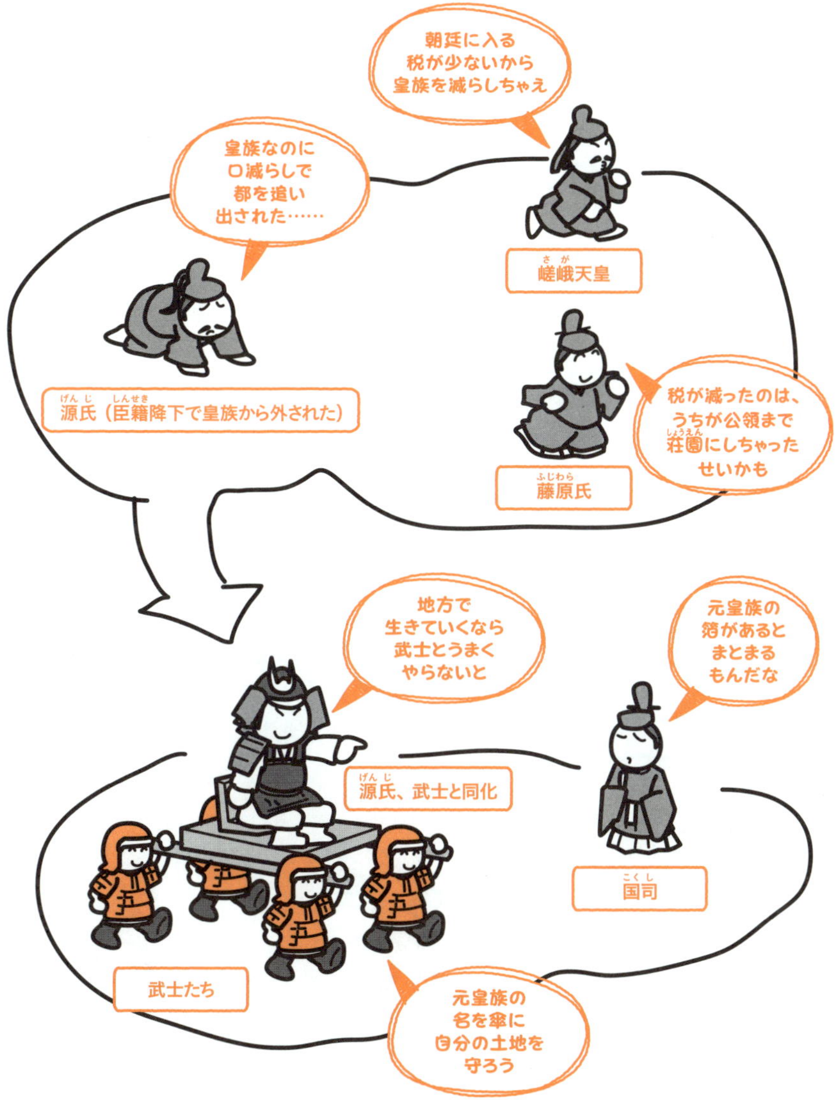
朝廷に入る
税が少ないから
皇族を減らしちゃえ
皇族なのに
口減らしで
都を追い
出された……
嵯峨《さが》天皇
源氏《げんじ》（臣籍《しんせき》降下で皇族から外された）
税が減ったのは、
うちが公領まで
荘園《しょうえん》にしちゃった
せいかも
藤原《ふじわら》氏
地方で
生きていくなら
武士とうまく
やらないと
元皇族の
箔があると
まとまる
もんだな
源氏《げんじ》、武士と同化
国司《こくし》
武士たち
元皇族の
名を傘に
自分の土地を
守ろう

各地の有力者は、土地や血縁単位で団結して武装するようになり、これらの集団が**武士**となった。そのなかで、元皇族だった一族が地方にやってくると、彼らを旗頭にして団結するようになった。なかでも大きな勢力となったのが、**源氏《げんじ》と平氏《へいし》**である。彼らは元皇族の権威を利用して、瞬く間に成長していった。

09 摂関《せっかん》政治を壊した院政《いんせい》とは？

藤原《ふじわら》氏は外戚《がいせき》（天皇の母方の親戚）として権力を振るう**摂関政治**《せっかん》を続けていた。しかし、**後三条天皇**《ごさんじょう》が荘園《しょうえん》を差し押さえる**荘園整理令**《しょうえんせいりれい》を出し、藤原《ふじわら》氏の財政基盤を切り崩そうとした。また後三条《ごさんじょう》天皇の子・**白河天皇**《しらかわ》は次期天皇を指名し、上皇（元天皇）として**自ら政治を行おうとした**。これを**院制**《いんせい》という。

平安《へいあん》時代の貴族の夫婦は、子供を母親の実家で育てていたから、母方の親族と子のつながりが強かったんだ。

天皇がちっちゃいから
おじいちゃんや
おじさんが
面倒見てあげよう
藤原《ふじわら》氏（摂関家《せっかん》）
藤原《ふじわら》氏に
任せっぱなしは
よくない！
藤原頼通《ふじわらのよりみち》・教通《のりみち》ら内紛中
後三条天皇《ごさんじょう》

荘園整理令《しょうえんせいりれい》

違法な荘園《しょうえん》を調べて差し押さえる法令。後三条《ごさんじょう》天皇は専用機関・記録荘園券契所《きろくしょうえんけんけいじょ》を設置して熱心に施行した。

藤原
差押
まずはあやしい
荘園《しょうえん》を調べて
差し押さえだ！

藤原《ふじわら》氏から
遠い次期天皇を
僕が決めちゃえ！
白河《しらかわ》天皇（後三条《ごさんじょう》天皇の子）
息子よ、藤原《ふじわら》氏が
内紛しているうちが
チャンスだぞ
後三条《ごさんじょう》天皇

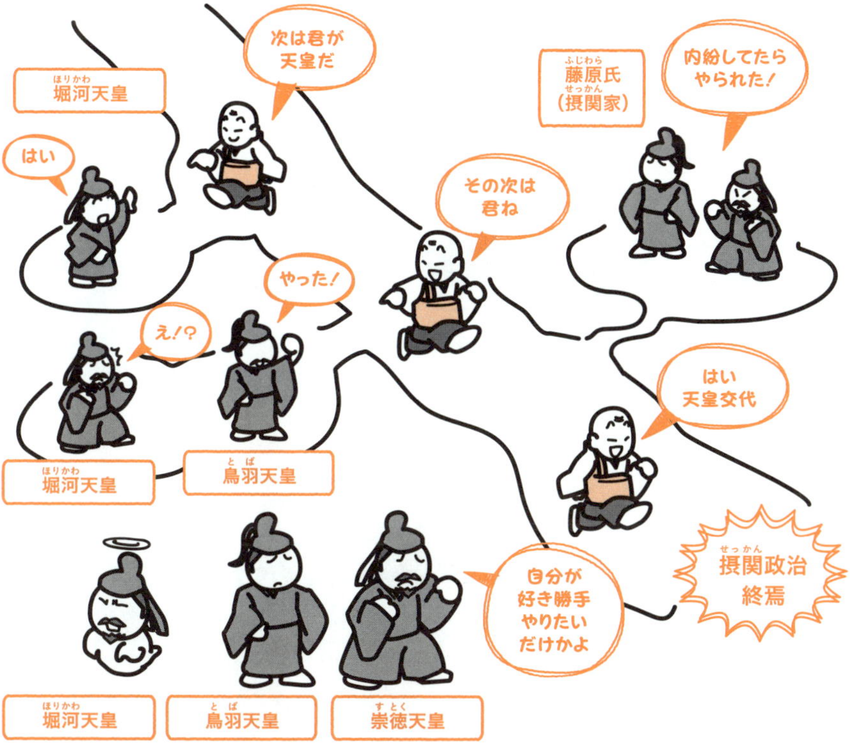
堀河《ほりかわ》天皇
次は君が
天皇だ
はい
藤原《ふじわら》氏
（摂関《せっかん》家）
内紛してたら
やられた！
その次は
君ね
やった！
え！？
堀河《ほりかわ》天皇
鳥羽《とば》天皇
はい
天皇交代
摂関《せっかん》政治
終焉
自分が
好き勝手
やりたい
だけかよ
堀河《ほりかわ》天皇
鳥羽《とば》天皇
崇徳《すとく》天皇

白河《しらかわ》上皇は、藤原《ふじわら》氏の内紛のスキをついて院政《いんせい》を固め権力を握り、堀河《ほりかわ》天皇・鳥羽《とば》天皇・崇徳《すとく》天皇と天皇を次々と指名して陰で政治の主導権を握っていた。その主導権を保つため、白河《しらかわ》天皇は軍事力として**武士を登用**したり、経済力や人手を持つ寺社に詣でて寺社を味方につけたりした。

10 平氏《へいし》はなぜ政権を取れたのか？

武士に目をつけた**白河《しらかわ》上皇**は、9 世紀中盤〜後半の前九年《ぜんくねん》合戦において大活躍した源氏《げんじ》が武士たちの間で声望を高めていることに目をつけ、源氏のトップ・**源 義家《みなもとのよしいえ》**を重用した。しかし次第に勢力を拡大して藤原《ふじわら》氏とも通じようとした源氏《げんじ》を警戒し、平氏《へいし》も重用してバランスを取ろうとした。

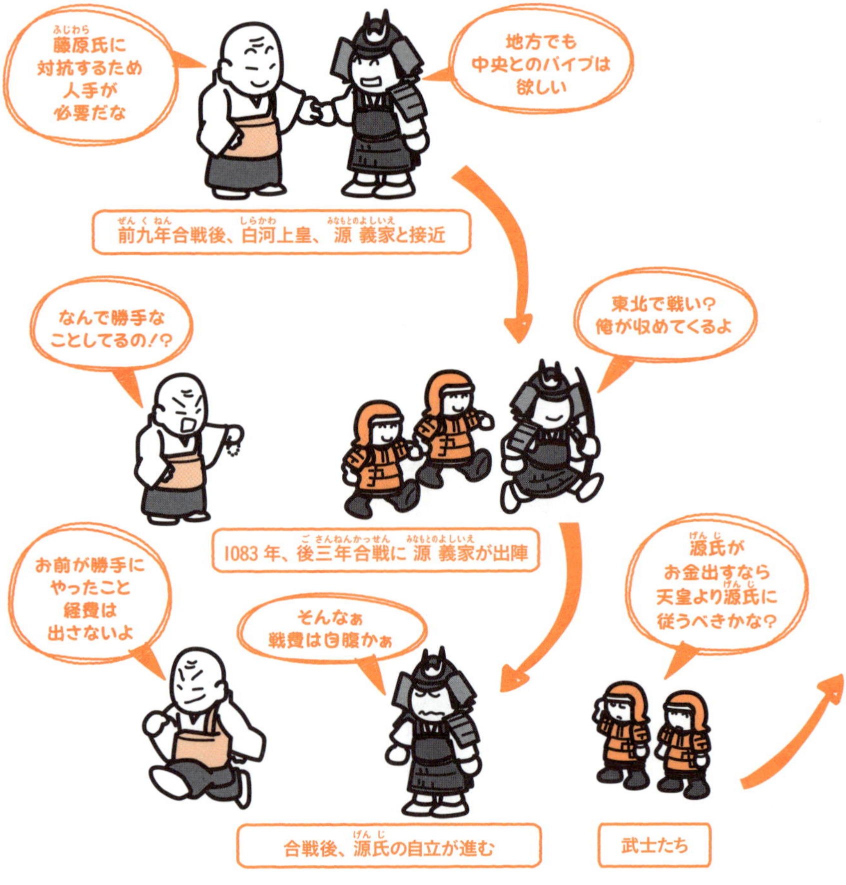
藤原《ふじわら》氏に対抗するため人手が必要だな
地方でも中央とのパイプは欲しい
前九年《ぜんくねん》合戦後、白河《しらかわ》上皇、源 義家《みなもとのよしいえ》と接近
なんで勝手なことしてるの!?
東北で戦い？俺が収めてくるよ
1083 年、後三年合戦《ごさんねんかっせん》に 源 義家《みなもとのよしいえ》が出陣
お前が勝手にやったこと経費は出さないよ
そんなぁ 戦費は自腹かぁ
源氏《げんじ》がお金出すなら天皇より源氏《げんじ》に従うべきかな？
合戦後、源氏《げんじ》の自立が進む
武士たち

それならウチと組まないか？
源氏《げんじ》が藤原氏《ふじわら》とくっついちゃうかも
天皇があてにならないなら藤原氏《ふじわら》につくのもありか
平氏《へいし》（伊勢平氏《いせへいし》）
源氏《げんじ》、藤原氏《ふじわら》に接近

平氏《へいし》と日宋《にっそう》貿易

平氏《へいし》（伊勢平氏《いせへいし》）は瀬《せ》戸内海《とないかい》（宋《そう》との交易ルート）を根拠地としていたため、貿易で大きな利益を挙げ力をつけていた。

こいつら平氏《へいし》と源氏《げんじ》を潰し合いさせればいい
平治《へいじ》の乱

うちらは貿易でもうかってるから金も人もあるぞ！（天皇に取り入って朝廷を乗っ取っちゃえ！）

源氏《げんじ》と平氏《へいし》は次第に対立し、それが表面化したのが1160年の平治《へいじ》の乱であった。これに勝利したのが**平清盛**《たいらのきよもり》率いる伊勢平氏《いせへいし》だ。彼らは瀬戸内海《せとないかい》に根拠地を持っており、自由に海路を使って**日宋**《にっそう》**貿易**で大もうけし、さらに勢力を広げて後白《ごしら》河《かわ》上皇さえも圧倒する。朝廷の人事権を独占して政権を握ったのである。

ファッションCHECK

奈良《なら》・平安《へいあん》時代

剃髪《ていはつ》

髪は俗世へのこだわりとされたので剃っていた。『四《し》分律《ぶんりつ》』では2ヶ月に一度剃るべし、とのこと。

袈裟《けさ》（?）

「坊主憎けりゃ袈《け》裟《さ》まで憎い」と言われるけど、肩を覆う僧服を「袈裟《けさ》」と呼ぶようになった時期は、実は不明。

筒袖《つつそで》

和服はだいたい袂《たもと》があるが、筒《つつ》袖《そで》は洋服と同じで袂《たもと》なしだったりする。

鑑真和上《がんじんわじょう》の木像や、『国家珍宝帳《こっかちんぽうちょう》』（聖武《しょうむ》天皇遺愛の品の目録の一つ）のなかの「七条織成樹皮色袈裟《しちじょうしょくせいじゅひしょくのけさ》」を元に考証。特別の儀式のものと考えられる。織成とは奈良時代に流行した綴織の一種で、地緯糸と文様を表す色緯糸の２種の緯糸で交互に織る（普通の綴織は地緯糸を用いない）。

檜《ひ》扇《おうぎ》（衵扇《あこめおうぎ》）
宮中であまり顔をさらすと失礼だから、扇で隠したよ。人を呼ぶときに打ち鳴らすなんて用途も。
帖紙《たとうがみ》
和歌を思いついたとき、メモ書きするための紙。教養のアピールのため欠かせないね。
単《ひとえ》
肌着の衣のことで、十《じゅう》二《に》単《ひとえ》なら12枚の重ね着。袖で見える色の組み合わせ（襲《かさね》）にセンスが問われるぞ。
平安《へいあん》時代・
公家女房

11～12世紀頃の宮中の正装で、いわゆる十《じゅう》二《に》単《ひとえ》と呼ばれるもの。宮中では唐衣《からぎぬ》裳《も》と呼ばれていた。襲《かさね》のパターンは季節や行事によって厳密に決められており、それらを無視したパターンはマナー違反とされていた。襲《かさね》に凝るあまり着込みすぎて歩けなくなった女房もいたという。

column 03

日宋《にっそう》貿易がもうかる仕組みとは?

源平《げんぺい》合戦は銅銭が引き起こした?

平氏《へいし》は日宋《にっそう》貿易で大いに利益を上げて経済力を高めたが、その主な輸入品は**銅銭**であった。日本は、708年に定められた和同開珎《わどうかいちん》などの銅貨を発行していたが、冶金《やきん》技術の問題で**銅不足**となり、それにともなって銭の質も低下し衰退。決済が絹中心の現物で行われる状態であった。さらに11世紀の末《まっ》法《ぽう》思想の流行で仏具に銅が使われ、銅不足がさらに深刻になった。

一方、当時の中国では、交子《こうし》、会子《かいし》、交鈔《こうしょう》などの**紙幣**が銅銭に取って代わりつつあった。そこで平氏《へいし》は銅銭を南宋から安く仕入れて溶かして銅材とし、国内で高く売りつけたのだ。

ただ一説には、平氏《へいし》が大量に銅銭を輸入したこともあって銅銭が事実上の通貨として流通し、銅銭の供給過剰で国内がインフレとなったため、絹中心の現物経済で生きていた荘園《しょうえん》領主や武士が打撃を受け、反平氏《へいし》に回ったともいわれている。

chapter 04

鎌倉《かまくら》時代

武士を率いる将軍が鎌倉幕府《かまくらばくふ》を開き、ついに朝廷の聖域・土地に手を伸ばす。けれど鎌倉幕府《かまくらばくふ》のほうも一枚岩とはいかず、世相は混迷を深めていく……

section

01 源氏《げんじ》はなぜ挙兵したのか？

源氏《げんじ》の挙兵には、**関東・東北の武士たちの不満**が背景にあった。武士たちは土地を新しく開墾したものの、その土地は朝廷にとって権利関係があいまいなところがあり、武士たちは十分に権利を与えられなかった。また荘園《しょうえん》をめぐる争いで貴族などが勝手に土地の名義を書き換えるなどの不正が横行していた。

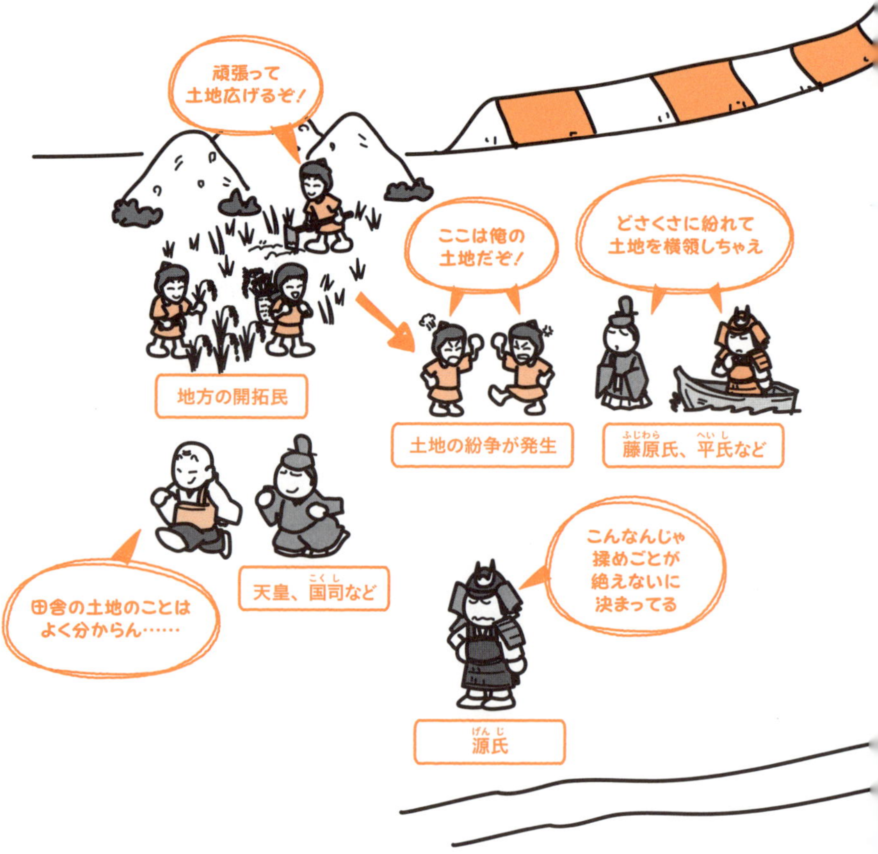
頑張って土地広げるぞ！
地方の開拓民
ここは俺の土地だぞ！
土地の紛争が発生
どさくさに紛れて土地を横領しちゃえ
藤原《ふじわら》氏、平氏《へいし》など
天皇、国司《こくし》など
田舎の土地のことはよく分からん……
こんなんじゃ揉めごとが絶えないに決まってる
源氏《げんじ》

関東・東北の武士たちは、平氏《へいし》に敗れて弾圧されていた源氏《げんじ》に目をつけた。源氏《げんじ》は前九年合戦《ぜんくねんかっせん》と後三年合戦《ごさんねんかっせん》でこの地域の声望を集めていたこともあり、平治《へいじ》の乱で生き残った**源 頼朝《みなもとのよりとも》**を旗頭にして各地の武士を集め、次々と平氏《へいし》を破っていった。そして1185年、**壇ノ浦《だんのうら》の合戦で平氏《へいし》を滅亡させた**。

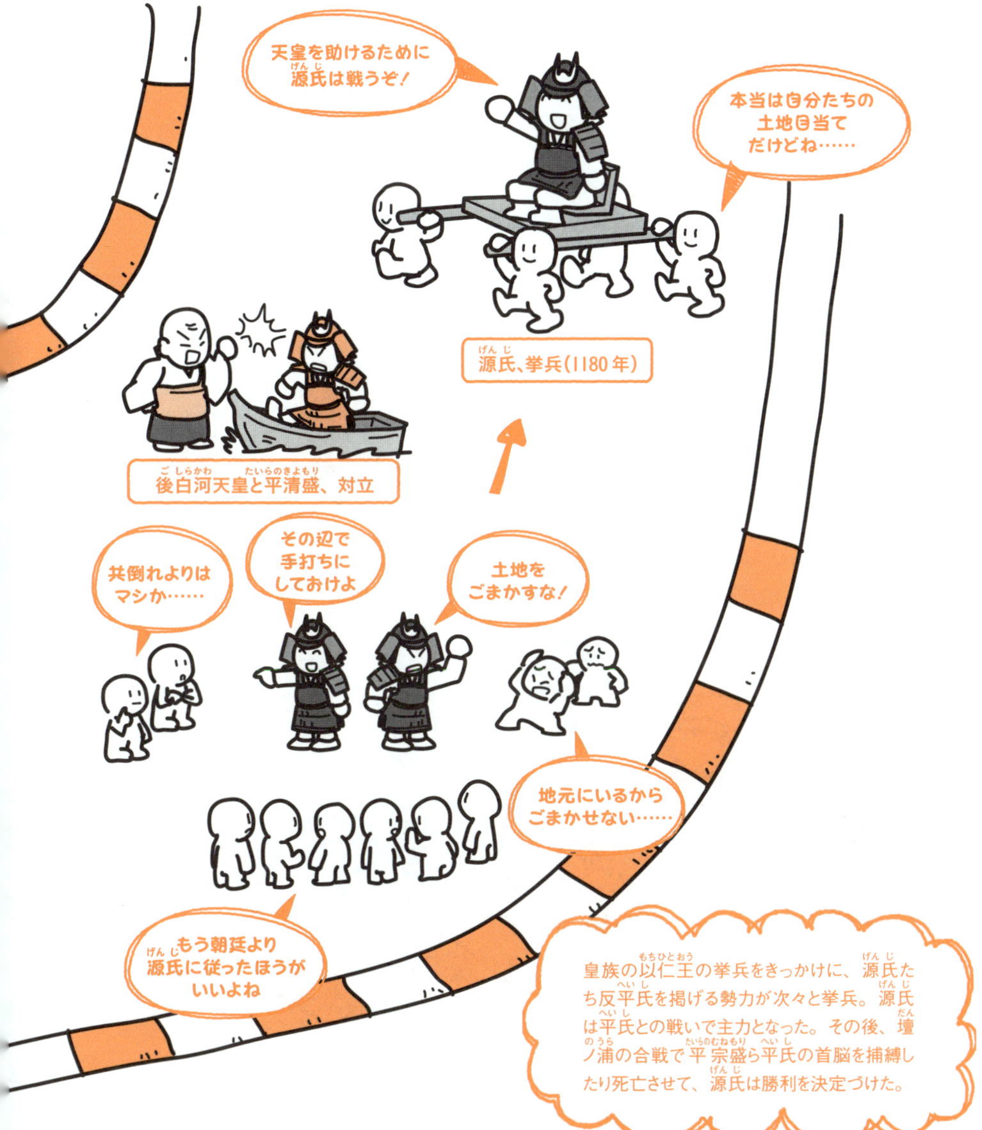
天皇を助けるために
源氏《げんじ》は戦うぞ！
本当は自分たちの
土地目当て
だけどね……
源氏《げんじ》、挙兵（1180年）
後白河《ごしらかわ》天皇と平清盛《たいらのきよもり》、対立
共倒れよりは
マシか……
その辺で
手打ちに
しておけよ
土地を
ごまかすな！
地元にいるから
ごまかせない……
もう朝廷より
源氏《げんじ》に従ったほうが
いいよね
皇族の以仁王《もちひとおう》の挙兵をきっかけに、源氏《げんじ》たち反平氏《へいし》を掲げる勢力が次々と挙兵。源氏《げんじ》は平氏《へいし》との戦いで主力となった。その後、壇《だん》ノ浦《のうら》の合戦で平 宗盛《たいらのむねもり》ら平氏《へいし》の首脳を捕縛したり死亡させて、源氏《げんじ》は勝利を決定づけた。

02 鎌倉幕府《かまくらばくふ》の将軍は なぜ偉い？

源《みなもとの》 頼朝《よりとも》は、**征夷大将軍《せいいたいしょうぐん》**に任じられて鎌倉《かまくら》に**幕府《ばくふ》**を開いた。これに先立ち、**武士の土地所有権の管轄が、朝廷から頼朝《よりとも》に移っている**。多くの武士は、藤原《ふじわら》氏や平氏《へいし》によって土地の所有権がゴタゴタになっていた状況に不満を持っていたので、頼朝《よりとも》はこの権利を朝廷からもらい、整理することを期待されていた。

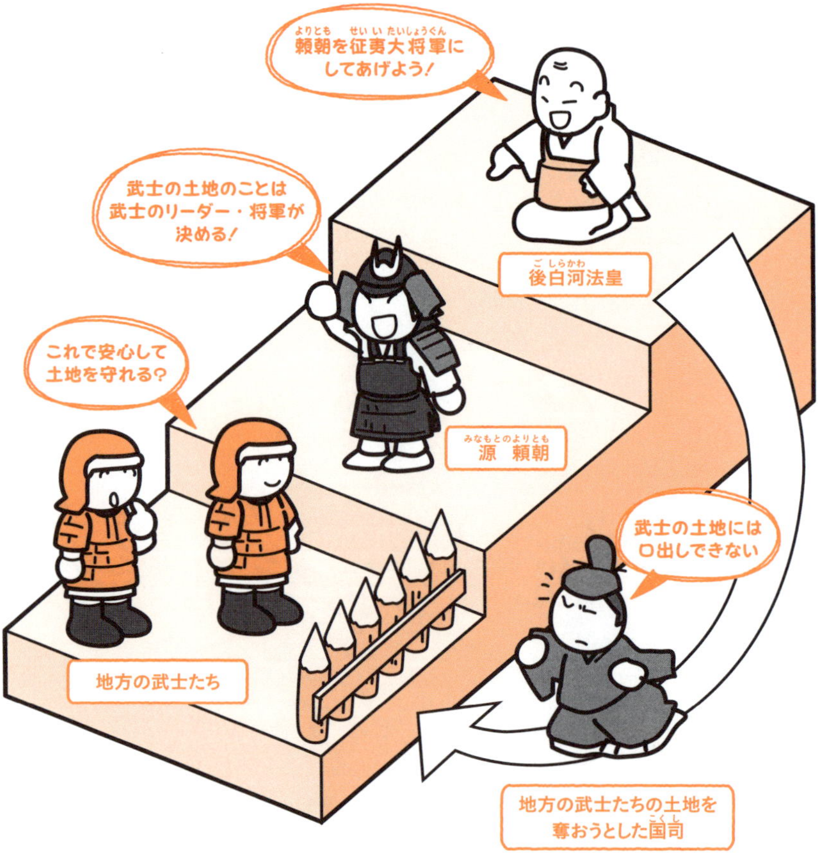
頼朝《よりとも》を征夷大将軍《せいいたいしょうぐん》にしてあげよう！
後白河法皇《ごしらかわほうおう》
武士の土地のことは武士のリーダー・将軍が決める！
源《みなもとの》 頼朝《よりとも》
これで安心して土地を守れる？
地方の武士たち
武士の土地には口出しできない
地方の武士たちの土地を奪おうとした国司《こくし》

いつまでも土地争い
してられないし……
武士の土地は
幕府《ばくふ》で保証する
源　頼朝《みなもとのよりとも》
訴訟をさばくの
手伝います！
国司《こくし》から
守ってくれるのは
ありがたい……
大江広元《おおえのひろもと》など

大江広元《おおえのひろもと》ら中級官吏は、実務経験はあるが朝廷での出世の見込みが薄く、むしろ幕府《ばくふ》へ協力することを選んだ。

御恩《ごおん》と奉公《ほうこう》

御恩《ごおん》は鎌倉幕府《かまくらばくふ》が武士に与える土地所有権の保証であった。それと引き換えに武士は幕府《ばくふ》のためにはたらく。これが奉公《ほうこう》である。

武士のくせに
土地持ちは
生意気だ！
幕府が
潰れちゃう
かも……
幕府《ばくふ》が潰れたら
保証がムダに！？
助けに行かないと！
後鳥羽《ごとば》上皇（朝廷側）
北条義時《ほうじょうよしとき》（幕府《ばくふ》側）
幕府《ばくふ》を支える地方の武士たち

鎌倉幕府《かまくらばくふ》の将軍の権威は、朝廷に対して土地の支配権を交渉できる政治力と、武士同士の領地争いをまとめる調停力にかかっていた。そのため将軍が武士に**御《ご》恩《おん》（＝土地所有権の保証）**を与えたら、武士は**奉公《ほうこう》（＝軍事的奉仕）**を行う必要があった。この奉公《ほうこう》による軍事力が、将軍の朝廷に対する影響力を支えていた。

03 北条《ほうじょう》氏はなぜ鎌倉幕府《かまくらばくふ》を乗っ取れたか？

土地の管理権を得た鎌倉幕府《かまくらばくふ》であったが、支配機構が確立していなかったため、その存立は源《みなもとの》頼朝《よりとも》の個人的な政治力にかかっていた。しかし頼朝《よりとも》が 1199 年に死ぬと、頼朝《よりとも》の子・**頼家《よりいえ》**では土地をめぐる武士の紛争を治められず、武士たちは頼家《よりいえ》の母・**北条政子《ほうじょうまさこ》**の父である**北条時政《ほうじょうときまさ》**とともに頼家《よりいえ》を廃してしまった。

戦後の土地トラブル

平氏《へいし》との戦い合戦に従軍した武士たちは、恩賞の土地を求めたり、従軍で不在中に横領された土地の返還を求めていた。このため幕府《ばくふ》には膨大な訴訟が持ち込まれた。

息子は大丈夫かな？
武士なら僕が言って聞かせる
1199年、頼朝《よりとも》死去
武士、土地トラブル多すぎません？
頼朝《よりとも》様の言うことなら……
源頼朝《みなもとのよりとも》
源頼家《みなもとのよりいえ》（頼朝《よりとも》の子）
大江広元《おおえのひろもと》など
武士たち

頼家《よりいえ》を廃した北条時政《ほうじょうときまさ》らは、有力武将らと政務を行う「**十三人《じゅうさんにん》の合議制《ごうぎせい》**」を設置し、さらに最終的な意思決定者・**執権《しっけん》**に北条時政《ほうじょうときまさ》が就任した。以降、北条《ほうじょう》氏は執権《しっけん》を独占し、**御成敗式目《ごせいばいしきもく》**の制定や、承久《じょうきゅう》の乱など反幕府《ばくふ》勢力の討伐、幕《ばく》府《ふ》の組織の整備などを通して権力を拡大し、将軍から実権を奪った。

北条《ほうじょう》一族で支えてあげよう
息子の頼家《よりいえ》は頼りないから……
武士の法律も僕らで決めてあげるよ
北条時政《ほうじょうときまさ》
北条政子《ほうじょうまさこ》
北条義時《ほうじょうよしとき》（時政《ときまさ》の子）
源氏《げんじ》の嫡流、断絶（1219 年）
僕、無視されてない？
将軍が頼りないうちに朝廷に権力を取り戻す！打倒義時《よしとき》！
だって朝廷は武士に土地くれないでしょ……土地を保証してくれる幕府《ばくふ》につくよ
なんで武士は朝廷に味方しないの!?
北条義時《ほうじょうよしとき》
反幕府《ばくふ》の後鳥羽《ごとば》上皇、1221 年に挙兵（承久《じょうきゅう》の乱）
承久《じょうきゅう》の乱、幕府に鎮圧される。後鳥羽《ごとば》上皇は流罪。

04 鎌倉《かまくら》文化はこれまでと担い手が違う?

平安《へいあん》時代まで、文化を残した人のほとんどが公家《くげ》、すなわち貴族であった。それが鎌倉《かまくら》時代になると、力をつけてきた**武士**や、各地の**僧侶**、地方でおとなしく生活をする隠者、壮大な絵巻物を描く絵師などの**庶民**が、自分たちの好む文化をどんどん新しく広めていくようになった。

平安時代の宮廷文化

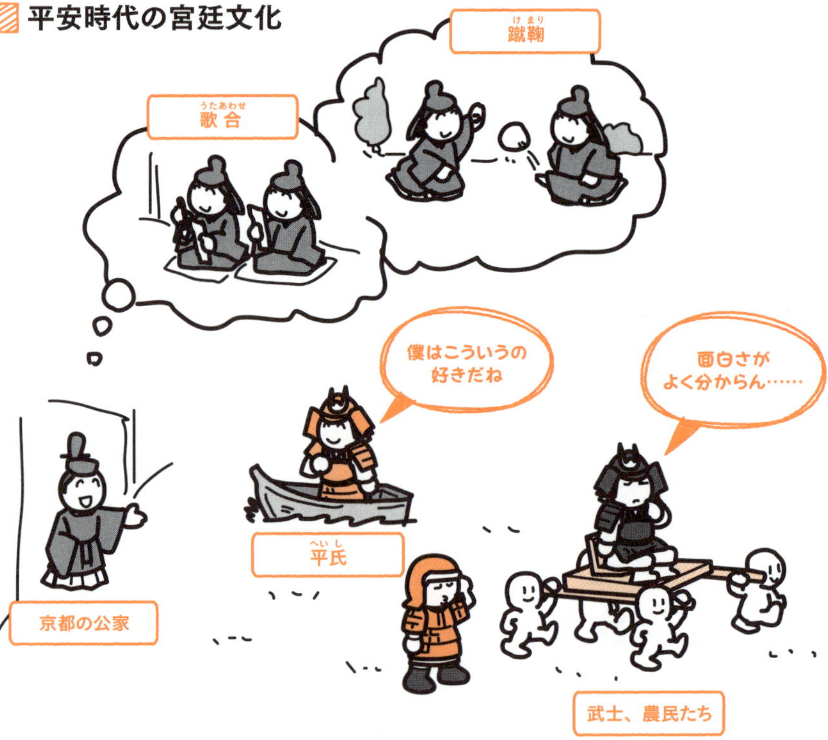
蹴鞠《けまり》
歌合《うたあわせ》
僕はこういうの好きだね
面白さがよく分からん……
京都の公家
平氏《へいし》
武士、農民たち

戦乱の影響を受けた文化

武士に
親しみのある
題材を書こう
文字が
読めないけど
分かる！
もう戦いに
疲れた……
軍記物語、合戦絵巻など
戦いが題材の作品
『方丈記《ほうじょうき》』などの
隠者文学
琵琶法師《びわほうし》による
『平家物語《へいけものがたり》』の普及

武士に広まっていった鎌倉《かまくら》仏教

念仏唱える
だけで
いいの！？
人殺しの僕でも
救われる……？
座禅組む
だけなら
僕でもできる
法然《ほうねん》（浄土宗《じょうどしゅう》）
親鸞《しんらん》（浄土真宗《じょうどしんしゅう》）
道元《どうげん》（禅宗《ぜんしゅう》）

結果、武士たちの戦乱を物語った**琵琶法師《びわほうし》**による『平家物語《へいけものがたり》』などの軍記物、無常観を表した『方丈記《ほうじょうき》』などの隠者文学などが誕生。また戦乱や凶作により、人々は世の末を感じて、救いを仏教に求めた。念仏《ねんぶつ》や題目《だいもく》を唱えて救いを得る浄土宗《じょうどしゅう》など、**庶民にも分かりやすい仏教**が次々と生まれ、支持を集めた。

05 蒙古襲来《もうこしゅうらい》に始まる鎌倉幕《かまくらばく》府《ふ》の危機と限界とは？

1274年、モンゴル帝国から誕生した中国王朝の元《げん》が、日本に襲来した（文永《ぶんえい》の役）。**蒙古襲来《もうこしゅうらい》**と呼ばれ、さらに1281年にも再度襲来されたが（弘安《こうあん》の役）、武士の活躍により撃退できた。しかしこの戦をきっかけに、鎌倉幕府《かまくらばくふ》は武士たちの支持を失い衰退し始めることとなる。

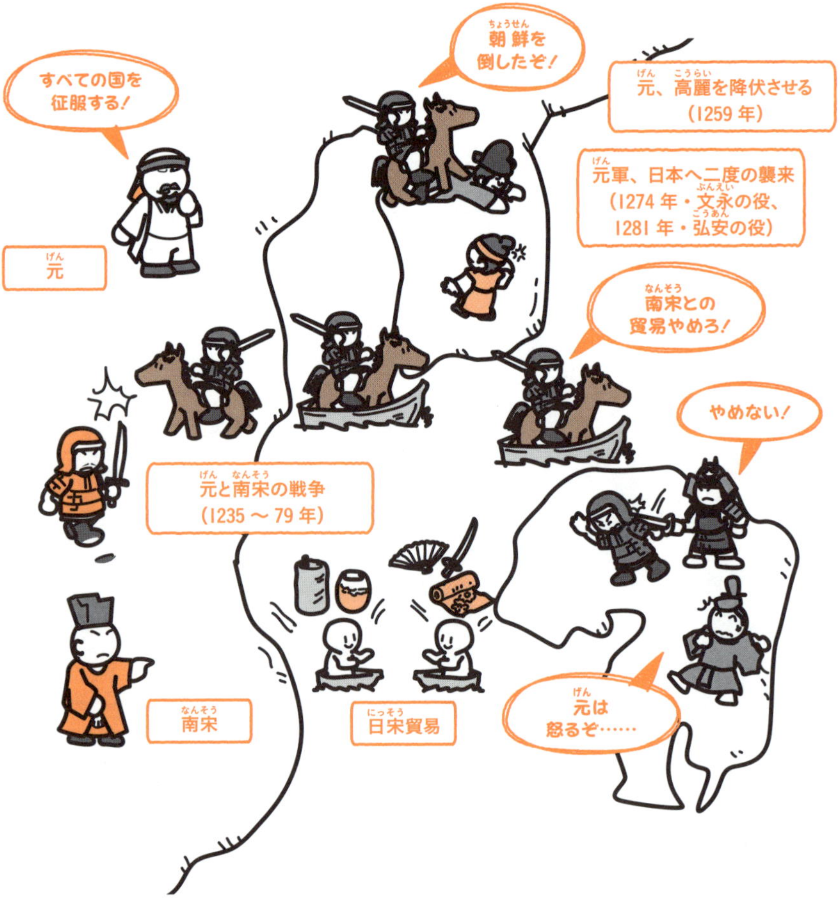
すべての国を征服する！
元《げん》
朝鮮《ちょうせん》を倒したぞ！
元《げん》、高麗《こうらい》を降伏させる（1259年）
元軍《げん》、日本へ二度の襲来（1274年・文永《ぶんえい》の役、1281年・弘安《こうあん》の役）
南宋《なんそう》との貿易やめろ！
元《げん》と南宋《なんそう》の戦争（1235～79年）
やめない！
南宋《なんそう》
日宋《にっそう》貿易
元《げん》は怒るぞ……

『蒙古襲来絵詞《もうこしゅうらいえことば》』作者・竹崎季長《たけざきすえなが》の旅

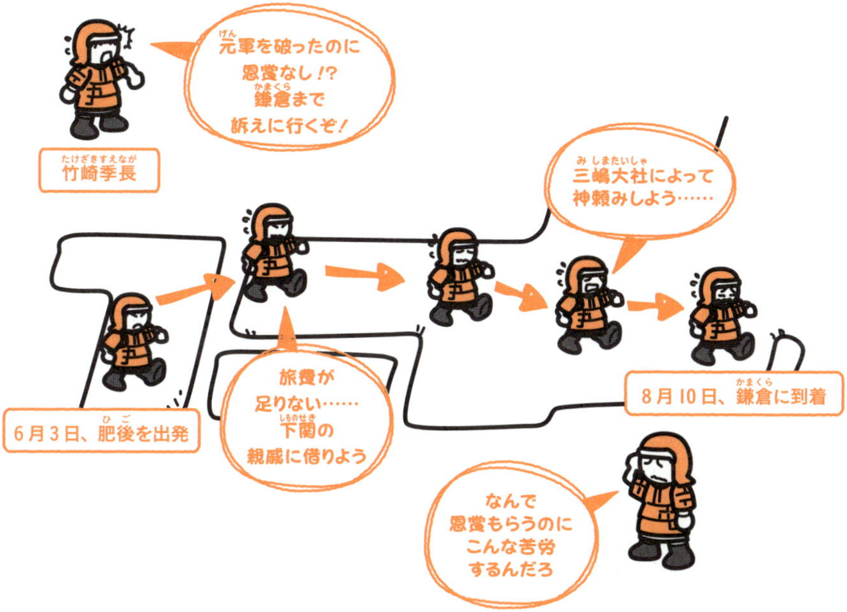
元《げん》軍を破ったのに
恩賞なし!?
鎌倉《かまくら》まで
訴えに行くぞ!
竹崎季長《たけざきすえなが》
三嶋大社《みしまたいしゃ》によって
神頼みしよう……
6月3日、肥後《ひご》を出発
旅費が
足りない……
下関《しものせき》の
親戚に借りよう
8月10日、鎌倉《かまくら》に到着
なんで
恩賞もらうのに
こんな苦労
するんだろ

恩賞をケチるように
なったら、武士が幕府《ばくふ》を
信用しなくなるのでは?
訴えを
聞いてくれるまで
ここを
動かないぞ!
しょうがないなぁ
土地と馬を
あげるよ
源《みなもとの》 頼朝《よりとも》
竹崎季長《たけざきすえなが》
安達泰盛《あだちやすもり》(恩沢奉行《おんたくぶぎょう》)の屋敷

鎌倉幕府《かまくらばくふ》は竹崎季長《たけざきすえなが》などの武士を招集し元《げん》軍を撃退した。しかし元《げん》軍との戦いで地元を長く空けた武士たちの土地が荒れ、**武士たちは困窮した**。また幕府《ばくふ》は元《げん》軍との戦いで新たに土地を手に入れられず、**手柄を立てた武士に恩賞として新たな土地を与えられなかった**。こうして幕府《ばくふ》は武士たちの支持を失った。

06 鎌倉《かまくら》時代の物流・経済の発達とは？

同じ耕地で１年に２種類の作物を栽培する二毛作《にもうさく》の普及により土地の生産力が高まり、有力農民は**余剰作物**を蓄えて地域の指導者になっていった。有力農民を中心として、水利の配分や土地の境界紛争の解決、盗賊からの自衛を目的に、住居が集合した自治的な村落である**惣村《そうそん》**が形成されていった。

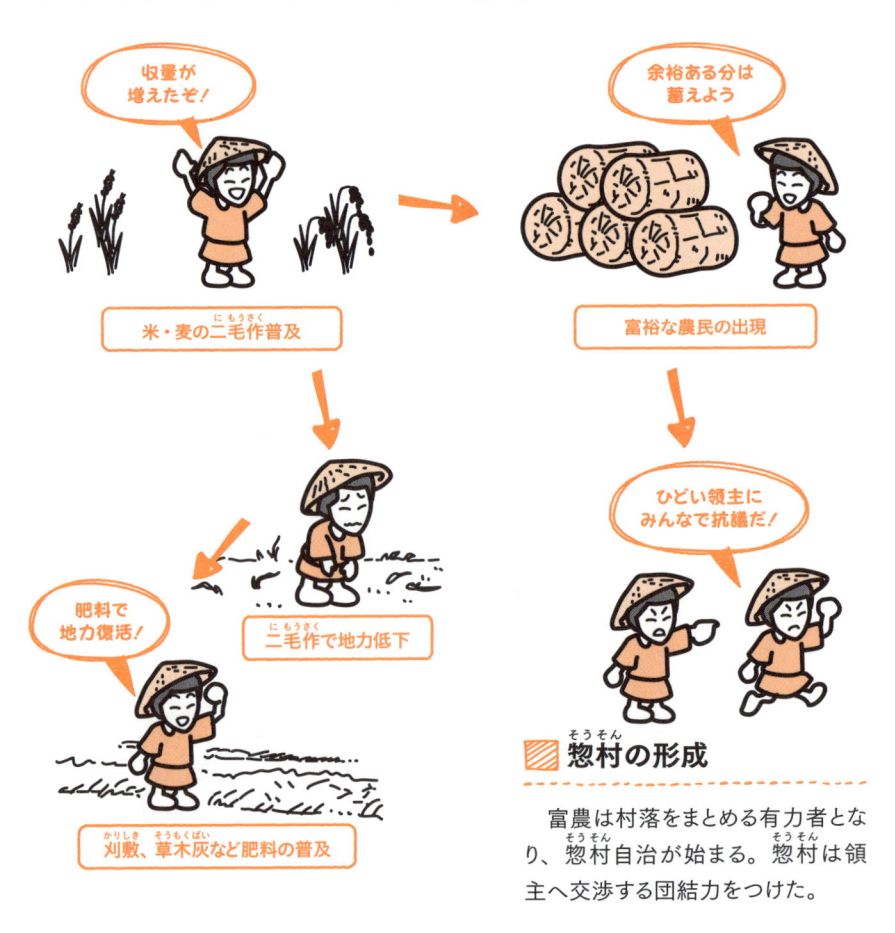

収量が増えたぞ！
米・麦の二毛作《にもうさく》普及
余裕ある分は蓄えよう
富裕な農民の出現
二毛作《にもうさく》で地力低下
肥料で地力復活！
刈敷《かりしき》、草木灰《そうもくばい》など肥料の普及
ひどい領主にみんなで抗議だ！

惣村《そうそん》の形成

富農は村落をまとめる有力者となり、惣村《そうそん》自治が始まる。惣村《そうそん》は領主へ交渉する団結力をつけた。

年貢《ねんぐ》です
どうやって京の領主に届ける?
各地方で名主《みょうしゅ》が荘官《しょうかん》や地頭《じとう》に年貢《ねんぐ》納入
問丸《といまる》（現物輸送）
割符《さいふ》（手形の輸送）
割符《さいふ》を換金したら足がついちゃう
荷物を置いてけ!
盗賊
盗賊
割符《さいふ》と米を引き換えよう
年貢《ねんぐ》が届かない……
京の領主
割符屋《さいふや》
京の領主

年貢《ねんぐ》は現地の荘官《しょうかん》・地頭《じとう》に現物で納められていた。そこから年貢《ねんぐ》は問丸《といまる》という運送業者が京都の荘園《しょうえん》領主に運んでいたが、運送費がかさむうえ、盗賊に襲われる危険もあった。そのため、荘官《しょうかん》・地頭《じとう》の時点で現物を銭に代えてから納める**代銭納《だいせんのう》**、**割符《さいふ》**（手形）を活用した決済へと効率化していった。

07 得宗《とくそう》専制による政治の混乱と「悪党《あくとう》」とは？

鎌倉《かまくら》時代初期は裁判も有力武士が集まって相談していたため、訴訟に比較的公平性があった。しかし北条《ほうじょう》氏以外の武士が没落すると、北条《ほうじょう》氏のトップである**得宗《とくそう》家に権力が集中する**。しかしたくさんの裁判を公平に裁くことができず、武士たちの間に**北条《ほうじょう》氏への不満**がたまっていった。

鎌倉《かまくら》時代の水軍

平安《へいあん》時代から、水上輸送する船の荷物を強奪する海賊の存在が記録されている。鎌倉《かまくら》時代になると、ある程度の規模で組織化された海賊集団が水軍と称し、幕府《ばくふ》や朝廷から距離を取って独立を保っていた。その代表例が、瀬戸内海《せとないかい》を根拠地とした村上《むらかみ》水軍である。

なんだこの無法者！
通行料を払わないと沈めちゃうぞ！
村上《むらかみ》水軍
食い詰めた各地の武士が強盗、恐喝をはたらき、それを止められない幕府《ばくふ》の求心力は低下していった。

鎌倉《かまくら》時代後期には、一人の跡継ぎだけが土地を相続する**単独相続**が広まっていく。武士の家では跡継ぎ以外の子の行き場がなくなった。跡継ぎ以外の子は家を出て徒党を組み、年貢《ねんぐ》を強奪し、街道や河川を占拠して通行料を取るようになる。幕府《ばくふ》や領主たちは幕府《ばくふ》を脅かすこれら抵抗勢力を「**悪党**《あくとう》」と呼んだ。

悪党《あくとう》について

各地で没落した武士が強盗、恐喝をはたらき、彼らは取り締まる幕《ばく》府《ふ》から悪党《あくとう》と呼ばれた。悪党《あくとう》の一部は後醍醐《ごだいご》天皇の倒幕に協力した。

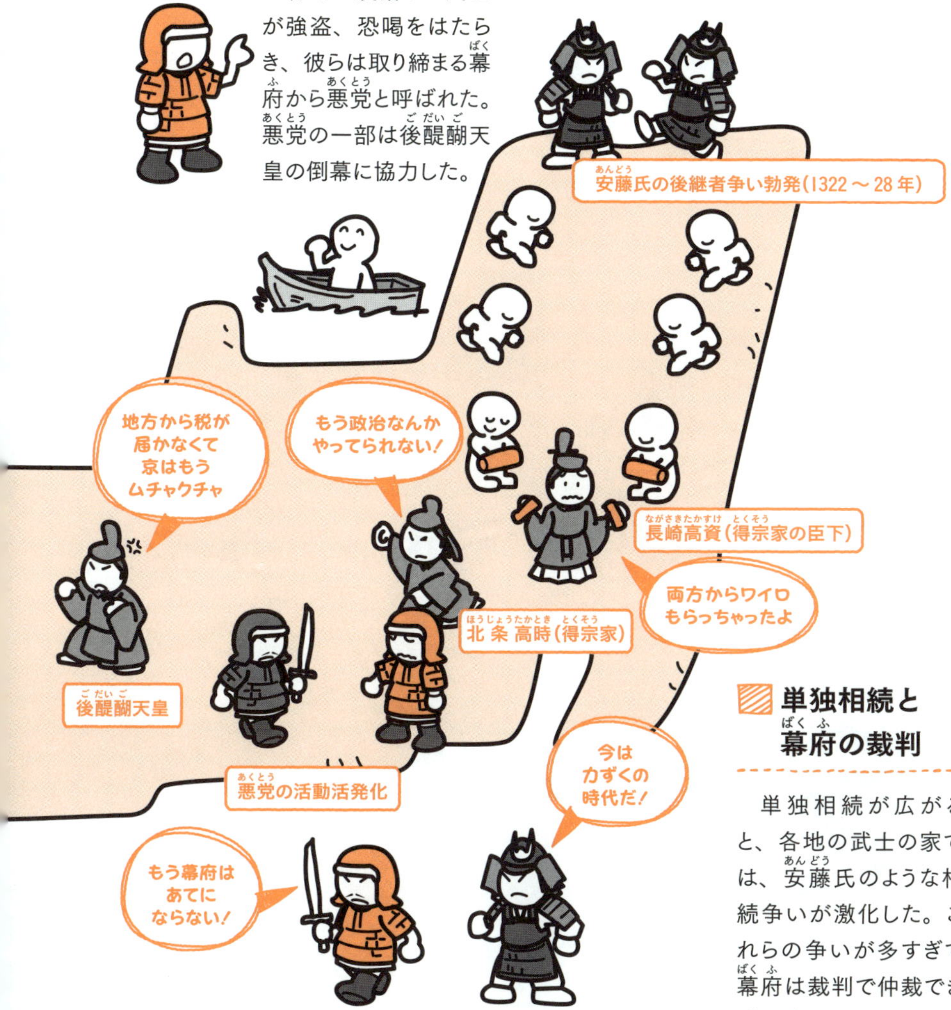
安藤《あんどう》氏の後継者争い勃発(1322 ～ 28 年)
地方から税が届かなくて京はもうムチャクチャ
もう政治なんかやってられない!
長崎高資《ながさきたかすけ》(得宗《とくそう》家の臣下)
両方からワイロもらっちゃったよ
北条《ほうじょう》 高時《たかとき》(得宗《とくそう》家)
後醍醐《ごだいご》天皇
悪党《あくとう》の活動活発化
今はカずくの時代だ!
もう幕府はあてにならない!

単独相続と幕府《ばくふ》の裁判

単独相続が広がると、各地の武士の家では、安藤《あんどう》氏のような相続争いが激化した。これらの争いが多すぎて幕府《ばくふ》は裁判で仲裁できず、武士たちの信用を失った。

08 鎌倉幕府《かまくらばくふ》の滅亡と後醍醐《ごだいご》天皇の挙兵の関係は？

鎌倉幕府《かまくらばくふ》は、「悪党《あくとう》」ら新興の武士を抑圧したことで各地で恨みを買い、また得宗《とくそう》家の独裁で、足利《あしかが》氏などの有力武士からも不満を向けられていた。さらに皇室も皇位継承で幕府《ばくふ》から介入を受けて不満がたまっていた。そこで1318年に即位した**後醍醐《ごだいご》天皇**は、実権を朝廷に戻そうと**倒幕**を計画する。

幕府《ばくふ》はまるで
ボロ船だ
スキを見て
降りちゃおう
足利《あしかが》氏などの有力武士
誰も言うことを
聞かない……
得宗《とくそう》家が独裁する鎌倉幕府《かまくらばくふ》
幕府《ばくふ》を倒す
チャンスか？
後醍醐《ごだいご》天皇
楠木正成《くすのきまさしげ》（悪党《あくとう》）

正中《しょうちゅう》の変（1324 年）

倒幕だ！
お声が大きい……
バレちゃった……
資朝《すけとも》は島流し
後醍醐《ごだいご》天皇
日野資朝《ひのすけとも》
北条高時《ほうじょうたかとき》

元弘《げんこう》の乱（1331 年）

倒幕だ！
また天皇か！
天皇も島流し
後醍醐《ごだいご》天皇
反幕府《ばくふ》の武士のおかげで島から脱出！
後醍醐《ごだいご》天皇を助けるぞ！
僕も武士さえ味方だったら倒幕できたのかな
後醍醐《ごだいご》天皇
名和長年《なわながとし》（悪党《あくとう》）
後鳥羽《ごとば》上皇

後醍醐《ごだいご》天皇の倒幕計画は、正中《しょうちゅう》の変、元弘《げんこう》の乱と 2 回とも幕府《ばくふ》に見破られ、天皇は捕らえられてしまう。しかし幕府《ばくふ》に不満を持つ足利尊氏《あしかがたかうじ》ら**有力武士**や楠木《くすのき》正成《まさしげ》、名和長年《なわながとし》ら**悪党《あくとう》**が、後醍醐《ごだいご》天皇側について各地で挙兵し、幕府《ばくふ》側の施設を次々と攻めとり、**1333 年には鎌倉《かまくら》を制圧して幕府《ばくふ》を滅ぼした**。

ファッションCHECK

鎌倉《かまくら》時代

帽子
平安貴族にとって、頭をさらすのはとんでもない恥だったんだ。このセンスは鎌倉時代以降、庶民にも広まったよ。
袍《ほう》
役人の上着で、特に武官は前身頃と後ろ身頃が分かれて動きやすいものを使ったんだ。
飾剣《かざたち》
儀式用の刀。平《へい》安《あん》時代は高位貴族の証として金や漆で飾った……けど、鎌倉時代は貴族が貧乏になって、シンプルになった。
平安《へいあん》時代以降・布袴《ぬのばかま》

布袴《ぬのばかま》は束帯《そくたい》に次ぐ礼装で、平安《へいあん》時代は上は左大臣・右大臣などの公卿《くぎょう》から、下は昇殿を許されない地下人《じげにん》まで用いていた。鎌倉《かまくら》時代になると下級官人が多く用いた。なお髪型は一髻《ひとつもとどり》と言ったが、頭をさらすのが非常に恥だったという感覚のためか、図画資料にはあまり残っていない。

鍬形《くわがた》
戦場で手柄を立てたとき、それが自分だと周りの人に気づいてもらわないといけないから、目立つ装備は武士のマストアイテムだった。
重籐《しげどう》の弓
弓は戦場で一番最初に使う武器だから重要な武士のシンボルだ！ 重籐《しげどう》は補強に籐を巻きつけたもののこと。
草摺《くさずり》
馬に乗ったとき、下半身をガードする装備だ。4枚に分かれているけど、下馬するとちょっと歩きにくいかも……。
鎌倉《かまくら》時代・大鎧《おおよろい》姿の武将

武蔵御嶽《むさしみたけ》神社に畠山重忠《はたけやましげただ》が奉納した大鎧《おおよろい》を元に考証。平安《へいあん》・鎌倉《かまくら》時代の武士の戦闘は、騎乗・弓による射撃が基本であった。そのため、徒歩の比重が大きくなったあとの時代に比べると、騎乗中に攻撃を受けにくい腹部の装甲が薄い。古式のため、贈答用鎧として高い格式を誇った。

column 04

南北朝《なんぼくちょう》対立の契機となった荘園《しょうえん》

財布の分かれ目が朝廷《ちょうてい》の分かれ目か？

　南北朝《なんぼくちょう》の対立が長引いた理由の一つに、それぞれが別々の財政基盤、つまり**大規模荘園《しょうえん》**を有していたことがある。亀《かめ》山《やま》天皇から南朝《なんちょう》（大覚寺統《だいかくじとう》）に受け継がれた荘園《しょうえん》・**八条《はちじょう》院《いん》領**は、鳥羽《とば》上皇が異母妹の八条院《はちじょういん》に相続させたもので、220 ヶ所以上あったと言われている。足利尊氏《あしかがたかうじ》の荘園《しょうえん》・足《あし》利荘《かがのしょう》も八条院《はちじょういん》領で、後醍醐《ごだいご》天皇が倒幕に決起する知らせが回されており、尊氏《たかうじ》挙兵の契機の一つともされる。

　後深草《ごふかくさ》天皇から北朝《ほくちょう》（持明院統《じみょういんとう》）に受け継がれた荘園《しょうえん》・**長講堂《ちょうこうどう》領**は、後白河《ごしらかわ》天皇が保元《ほうげん》の乱の際、乱の敗者・藤《ふじ》原頼長《わらのよりなが》から没収した荘園《しょうえん》に始まり、南北朝《なんぼくちょう》時代の軍記物語『梅松論《ばいしょうろん》』によれば 180 ヶ所あったとされる。

　これら二つもほかの荘園《しょうえん》と同様、各地を支配する**守護《しゅご》**に年《ねん》貢《ぐ》を奪われるなどして年貢《ねんぐ》納入が滞り、衰退した。皇室の分裂は財布の分裂で始まったかもしれない。

chapter 05

南北朝《なんぼくちょう》・室町《むろまち》時代

時代の混迷が朝廷にも伝染したか、天皇家も久しぶりに２つに分裂！　先の見えない世のなか、頼れるのは自分だけ。実力主義の時代が幕を開けた

section

01 建武《けんむ》の新政《しんせい》で武士たちは何が不満だったか？

鎌倉幕府《かまくらばくふ》は、朝廷からも武士からも反発されていたため、**後醍醐《ごだいご》天皇**の挙兵をきっかけに各地で起きた反幕府《ばくふ》の動きを押さえきれず、滅亡した。こうして幕府《ばくふ》が倒された後、後醍醐《ごだいご》天皇は天皇中心の政治である「**建武《けんむ》の新政《しんせい》**」を行った。しかし建武《けんむ》の新政《しんせい》は武士たちから不満を抱かれた。

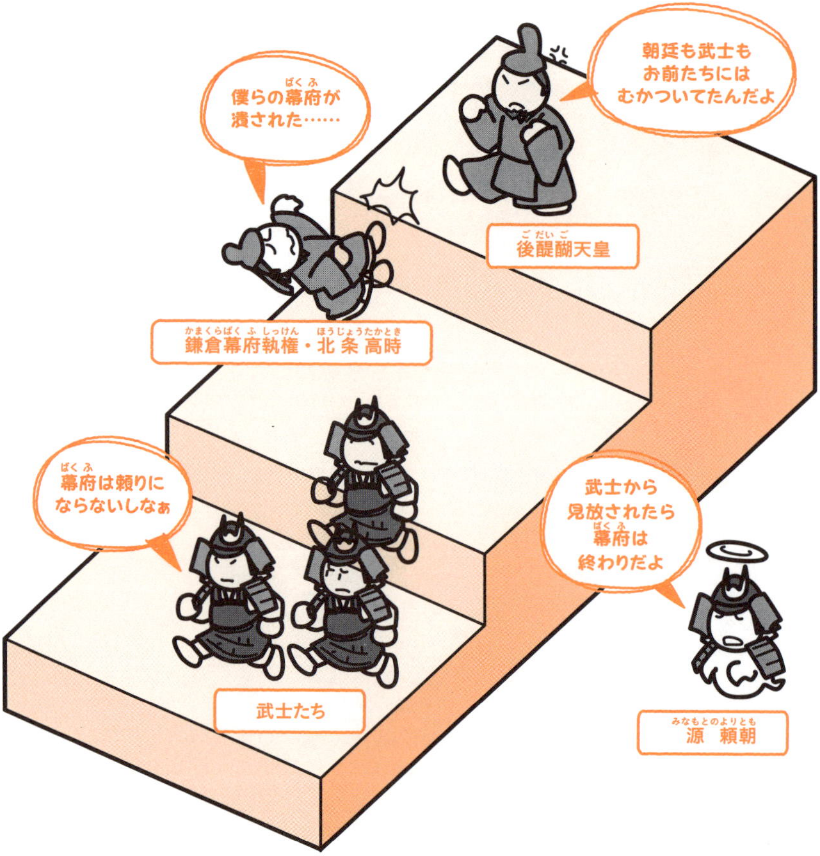
朝廷も武士も
お前たちには
むかついてたんだよ
僕らの幕府《ばくふ》が
潰された……
後醍醐《ごだいご》天皇
鎌倉幕府執権《かまくらばくふしっけん》・北条《ほうじょう》 高時《たかとき》
幕府《ばくふ》は頼りに
ならないしなぁ
武士から
見放されたら
幕府《ばくふ》は
終わりだよ
武士たち
源《みなもとの》 頼朝《よりとも》

武士の戦いの戦後処理

源《みなもとの》 頼朝《よりとも》が平氏《へいし》を倒したとき、平氏《へいし》の領地を没収し、味方の武士に分け与えた。そのため後醍醐《ごだいご》天皇についた武士たちも、鎌倉幕府《かまくらばくふ》の領地を分けてもらえると考えていた。

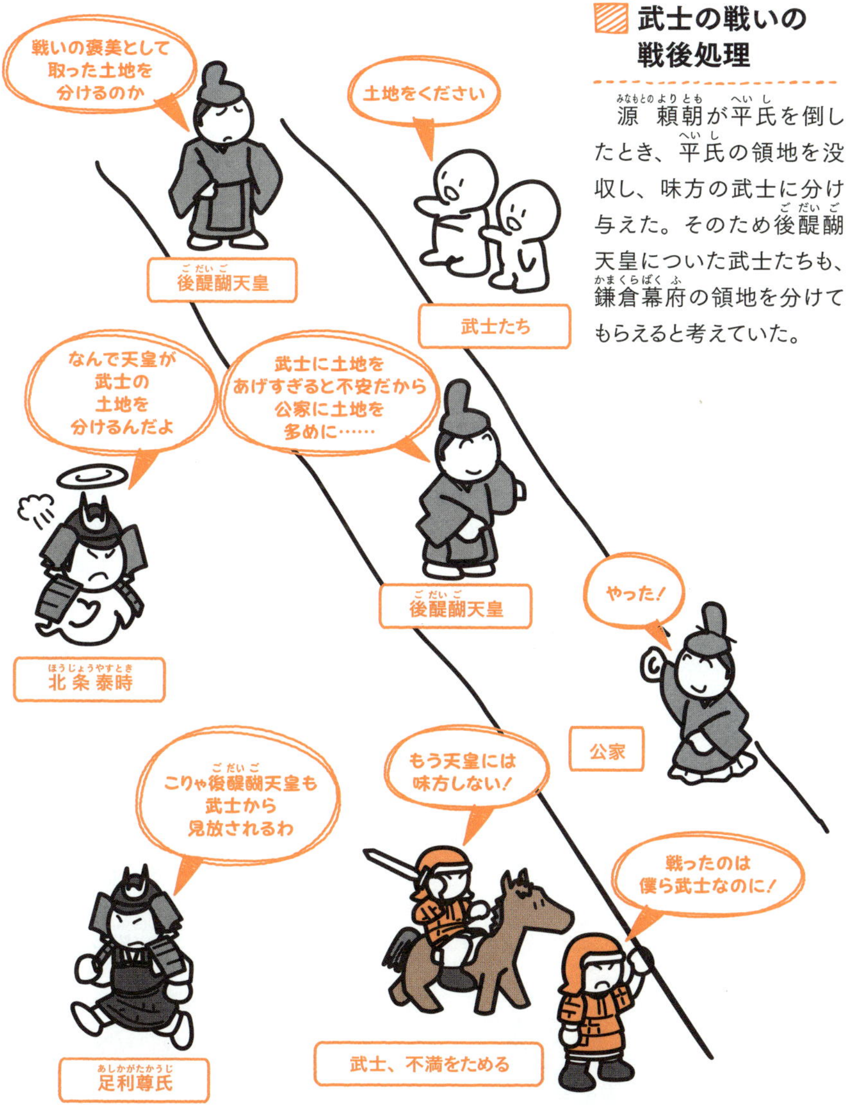
戦いの褒美として取った土地を分けるのか
後醍醐《ごだいご》天皇
土地をください
武士たち
なんで天皇が武士の土地を分けるんだよ
北条泰時《ほうじょうやすとき》
武士に土地をあげすぎると不安だから公家に土地を多めに……
後醍醐《ごだいご》天皇
やった！
公家
こりゃ後醍醐《ごだいご》天皇も武士から見放されるわ
足利尊氏《あしかがたかうじ》
もう天皇には味方しない！
戦ったのは僕ら武士なのに！
武士、不満をためる

もともと、武士のトップ・征夷大将軍《せいいたいしょうぐん》が土地権利を保証する「**御恩**《ごおん》」と、それに対して忠勤に励む「**奉公**《ほうこう》」という関係で武士は生きてきた。しかし建武《けんむ》の新政《しんせい》は天皇のみが土地権利を保証することになった。この土地権利の保証で、後醍《ごだい》醐《ご》天皇は武士を不利に扱ったため、武士たちは後醍醐《ごだいご》天皇に反感を抱いた。

02 室町幕府《むろまちばくふ》はどうやって成立した？

1246年、後嵯峨《ごさが》天皇は後深草《ごふかくさ》天皇に譲位したが、後深草《ごふかくさ》に皇子が生まれるのを待たずに、弟の亀山《かめやま》天皇に譲位させてしまう。後嵯峨《ごさが》天皇はどちらの血脈に皇統を継がせるか明言せずに死去したため、天皇家は**後深草《ごふかくさ》の持明院統《じみょういんとう》**（のちの北朝）と**亀山《かめやま》の大覚寺統《だいかくじとう》**（のちの南朝）に分かれてしまった。

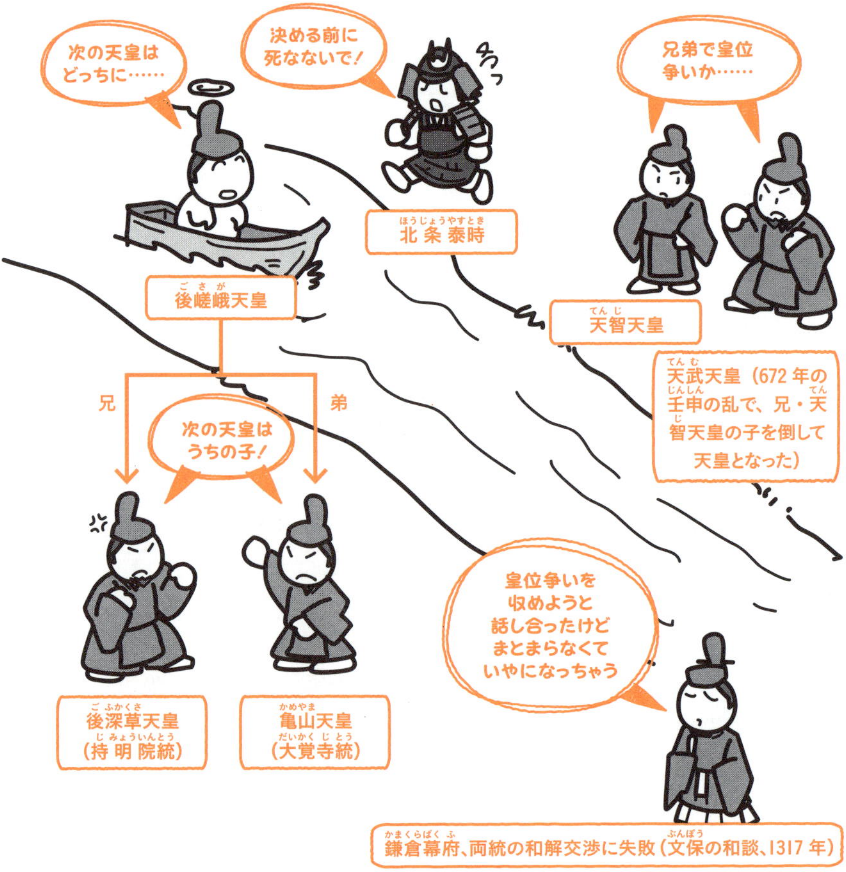
次の天皇はどっちに……
決める前に死なないで！
北条泰時《ほうじょうやすとき》
兄弟で皇位争いか……
後嵯峨《ごさが》天皇
天智《てんじ》天皇
天武《てんむ》天皇（672年の壬申《じんしん》の乱で、兄・天智《てんじ》天皇の子を倒して天皇となった）
兄
弟
次の天皇はうちの子！
皇位争いを収めようと話し合ったけどまとまらなくていやになっちゃう
後深草《ごふかくさ》天皇（持明院統《じみょういんとう》）
亀山《かめやま》天皇（大覚寺統《だいかくじとう》）
鎌倉幕府《かまくらばくふ》、両統の和解交渉に失敗（文保《ぶんぽう》の和談、1317年）

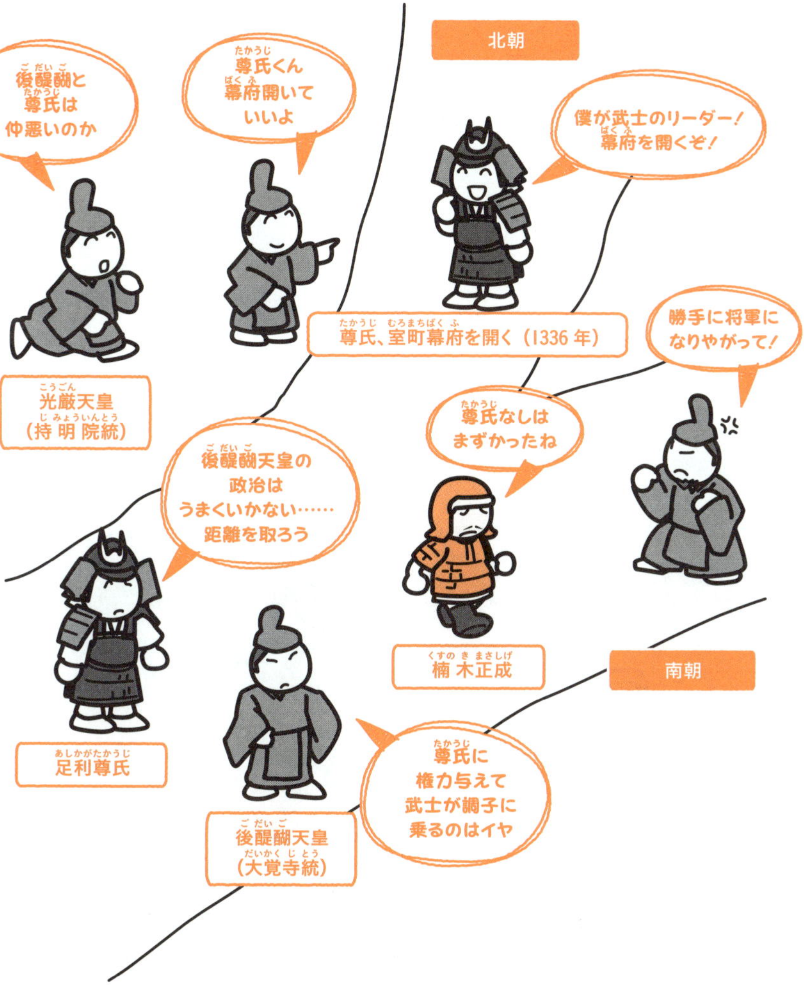
北朝
後醍醐《ごだいご》と
尊氏《たかうじ》は
仲悪いのか
光厳《こうごん》天皇
（持明院統《じみょういんとう》）
尊氏《たかうじ》くん
幕府《ばくふ》開いて
いいよ
僕が武士のリーダー！
幕府《ばくふ》を開くぞ！
尊氏《たかうじ》、室町幕府《むろまちばくふ》を開く（1336年）
勝手に将軍に
なりやがって！
尊氏《たかうじ》なしは
まずかったね
後醍醐《ごだいご》天皇の
政治は
うまくいかない……
距離を取ろう
楠《くすの》木《き》正成《まさしげ》
足利尊氏《あしかがたかうじ》
尊氏《たかうじ》に
権力与えて
武士が調子に
乗るのはイヤ
後醍醐《ごだいご》天皇
（大覚寺統《だいかくじとう》）
南朝

源氏《げんじ》の挙兵につき従った由緒ある家柄の足利《あしかが》氏を警戒し、後醍醐《ごだいご》天皇は**足利《あしかが》尊氏《たかうじ》**を建武《けんむ》の新政《しんせい》から排除していた。武士たちは、リーダーと目されていた尊氏《たかうじ》のもとに集まり、また大覚寺統《だいかくじとう》の後醍醐《ごだいご》天皇を面白く思わない持明院統《じみょういんとう》の**光厳《こうごん》上皇**が尊氏《たかうじ》を支持、これらを背景に尊氏《たかうじ》は**室町幕府《むろまちばくふ》**を開いた。

03 東アジアと日本の外交・前期倭寇《わこう》とは？

蒙古襲来《もうこしゅうらい》以降、日本の政権は元《げん》と政治的緊張を保っていた。しかし壱岐《いき》、対馬《つしま》、肥前松浦《ひぜんまつら》の人々は、少ない耕作地だけでは食べていけず**私貿易**を行っていた。彼らは元《げん》の貿易取り締まりや、元《げん》・明《みん》の戦争、高麗《こうらい》・李氏朝鮮《りしちょうせん》の戦争に伴う海上治安の悪化に対抗して武装した。こうした武装商人は**倭寇《わこう》**と呼ばれた。

14世紀後半の東アジアと倭寇《わこう》

北のモンゴル高原に戻るのもありかな……？
まず南を統一し、そして黄河《こうが》も漢《かん》民族に取り戻すぞ！
元《げん》vs明《みん》
高麗《こうらい》vs李氏朝鮮《りしちょうせん》
戦争の略奪や貿易取り締まりには武装して抵抗するぞ！
商人が武装→のちの倭寇《わこう》
貿易しないと食べていけない……
肥前《ひぜん》、対馬《つしま》などの人々
琉球王国《りゅうきゅうおうこく》

明《みん》は南朝《なんちょう》にふられ北朝《ほくちょう》と貿易

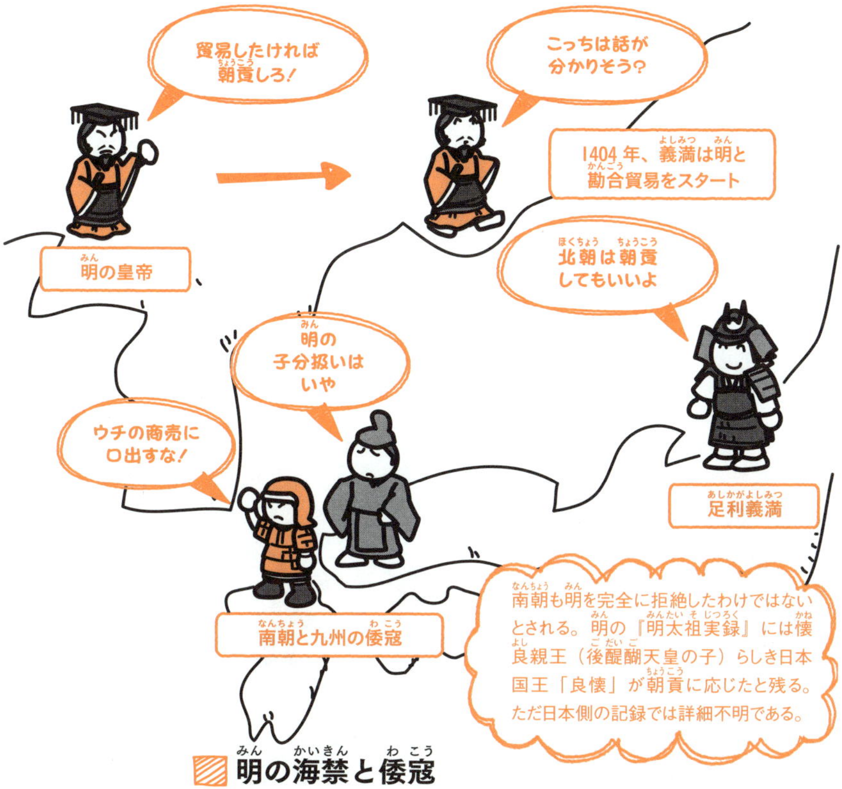
貿易したければ朝貢《ちょうこう》しろ!
明《みん》の皇帝
こっちは話が分かりそう?
1404年、義満《よしみつ》は明《みん》と勘合《かんごう》貿易をスタート
北朝《ほくちょう》は朝貢《ちょうこう》してもいいよ
足利義満《あしかがよしみつ》
明《みん》の子分扱いはいや
ウチの商売に口出すな!
南朝《なんちょう》と九州の倭寇《わこう》
南朝《なんちょう》も明《みん》を完全に拒絶したわけではないとされる。明《みん》の『明太祖実録《みんたいそじつろく》』には懐《かね》良《よし》親王（後醍醐《ごだいご》天皇の子）らしき日本国王「良懐」が朝貢《ちょうこう》に応じたと残る。ただ日本側の記録では詳細不明である。

明《みん》の海禁《かいきん》と倭寇《わこう》

明《みん》は朝貢《ちょうこう》貿易のみを認めており、民間人の密貿易を取り締まっていた（海《かい》禁《きん》）。倭寇《わこう》とは明《みん》が取り締まり対象の密貿易者につけた名前である。

中国で**明**《みん》が元《げん》を北方へ追い払うと、明《みん》は貿易を管理するため日本へ倭寇《わこう》を取り締まるよう要請してきた。明《みん》ははじめ南朝に要請するが、南朝は倭寇《わこう》と通じていたためこれを断る。そこで北朝に再度使者を送ると、北朝はこれに同意し、南朝の倭寇《わこう》を取り締まるとともに、明《みん》との**勘合貿易**《かんごう》をスタートさせた。

04 琉球《りゅうきゅう》王国《おうこく》と室町幕府《むろまちばくふ》との貿易とは？

現在の沖縄本島にあたる地域では、按司《あじ》と呼ばれる地方領主が各地を治めていたが、14世紀前半頃から北山《ほくざん》・中山《ちゅうざん》・南山《なんざん》の3王国に集約された。この3国は中国へ朝貢《ちょうこう》して朝鮮《ちょうせん》や東南アジアとの仲介を行う**中継貿易**で生計を立てていた。この3王国を中山王《ちゅうざんおう》の**尚巴志《しょうはし》**が1429年に統一した。

遠いところからご苦労
朝貢《ちょうこう》しに来たよ
明《みん》と朝貢《ちょうこう》貿易する中山王《ちゅうざんおう》
僕が琉球《りゅうきゅう》の王！
北山王《ほくざんおう》、敗北
中山王《ちゅうざんおう》

南山王《なんざんおう》、敗北
珍しい品物欲しいなぁ
明《みん》や東南アジアもお得意様だよ
日本
中山王《ちゅうざんおう》（尚巴志《しょうはし》）

沖縄と三山《さんざん》時代

14世紀前半、沖縄本島は北山《ほくざん》、中山《ちゅうざん》、南山《なんざん》の3つの王国に分かれて争っており、それぞれが明《みん》へ朝貢《ちょうこう》していた。その後南山《なんざん》出身の尚巴志《しょうはし》が3王国を統一し中山王《ちゅうざんおう》を名乗った。

日本は遠いから
朝貢《ちょうこう》は
10年に一度ね
明《みん》

10年に一度じゃ
貿易で食べて
いけない
しょうがない
密貿易だ
武装するぞ！
武装商人が倭寇《わこう》に
倭寇《わこう》が増加

朝貢《ちょうこう》貿易は明《みん》が損

朝貢《ちょうこう》貿易で、日本などは明《みん》に貢物を収めるが、明《みん》のほうが立場が上なので、日本などに下賜《かし》する品も大きな負担となっていた。実際に得していたのは朝貢《ちょうこう》する側であったとされている。

倭寇《わこう》の実態

倭寇《わこう》は武装商人であり、商取引のほか、海上警備も行っていた。しかし料金の額で紛争が起きると、中山王国《ちゅうざんおうこく》（琉《りゅう》球《きゅう》）や李氏朝鮮《りしちょうせん》、日本の水軍とも戦ったという。

うちが代わりに
貿易するよ
仲介料
取られるけど
明《みん》の品物が
欲しい……
中山王国《ちゅうざんおうこく》
日本

尚巴志《しょうはし》は統一王国・**琉球《りゅうきゅう》**を政治改革で中央集権的な王国とし、日本と明の貿易を中継することで**室町幕府《むろまちばくふ》と関係を深める**。これは日本にとって、制限の多い勘合《かんごう》貿易より得であった。琉球《りゅうきゅう》は明《みん》に何度も朝貢《ちょうこう》を行って関係を保ちつつ、倭寇《わこう》とも商売をし、ときには通行料をめぐって争うこともあった。

05 北海道南部におけるアイヌと日本人の関係は？

北海道は気候が寒く、稲作が向いていなかったので、中世も漁労や狩猟採集を中心とした**擦文《さつもん》文化**が7～13世紀にかけて続いていた。これらの文化を担っていた人の一部が後の**アイヌ民族**になったと推定されている。彼らは本州の人間と交流があった。本州出身で北海道に渡来した人間は**和人《わじん》**と呼ばれた。

稲作の北限

江戸時代になるまで、北海道で稲作は広まらなかった。これは当時、寒さに強い稲の品種が乏しかったためとされている。

狩猟採集で
食べていこう
ブルブル……寒い
ここじゃ稲作はムリ

ちょっと寒いけど
なんとか稲作できる
大陸から
稲作が
伝わったぞ！

アイヌと和人《わじん》の関係

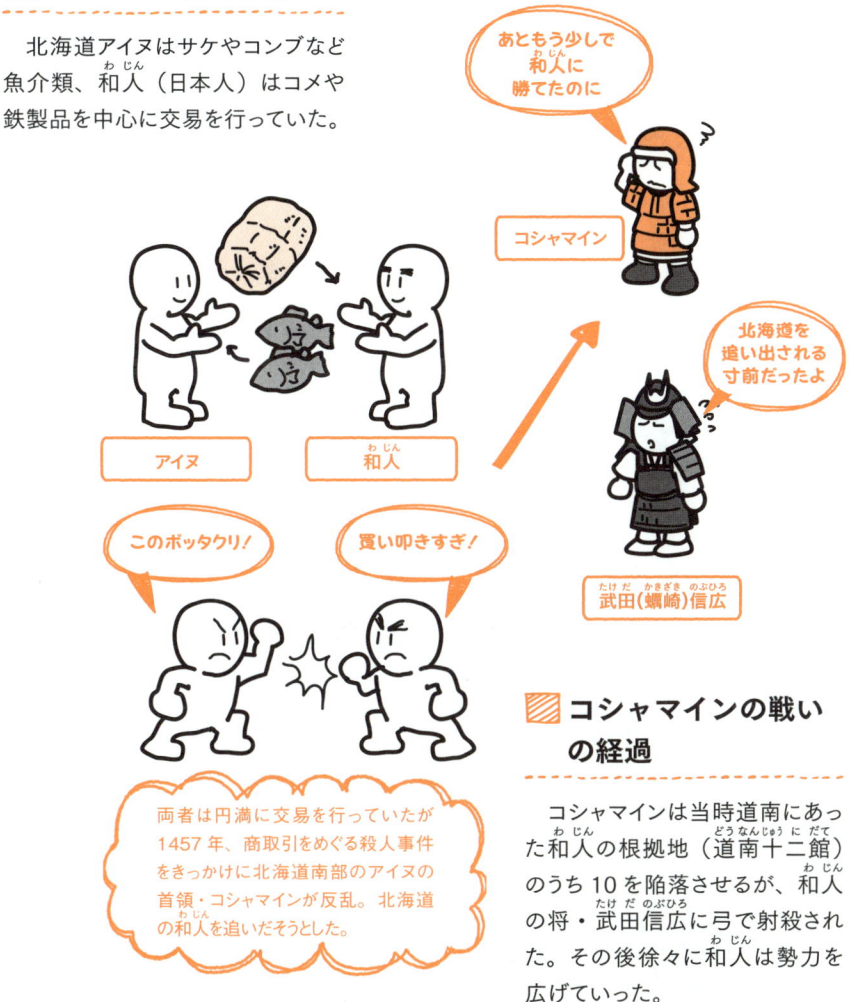

北海道アイヌはサケやコンブなど魚介類、和人《わじん》（日本人）はコメや鉄製品を中心に交易を行っていた。

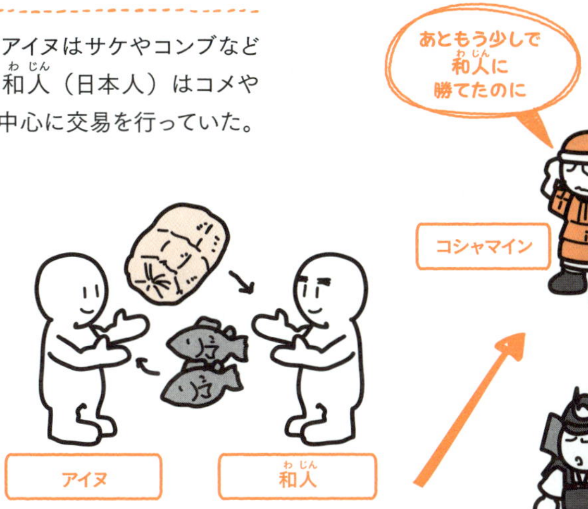
あともう少しで
和人《わじん》に
勝てたのに
コシャマイン
アイヌ
和人《わじん》

北海道を
追い出される
寸前だったよ
武田《たけだ》(蠣崎《かきざき》)信広《のぶひろ》

このボッタクリ！
買い叩きすぎ！

両者は円満に交易を行っていたが1457年、商取引をめぐる殺人事件をきっかけに北海道南部のアイヌの首領・コシャマインが反乱。北海道の和人《わじん》を追いだそうとした。

コシャマインの戦いの経過

コシャマインは当時道南にあった和人《わじん》の根拠地（道南十二館《どうなんじゅうにだて》）のうち10を陥落させるが、和人《わじん》の将・武田信広《たけだのぶひろ》に弓で射殺された。その後徐々に和人《わじん》は勢力を広げていった。

和人《わじん》はアイヌと衝突するようになる。主な衝突は1457年に起きた**コシャマインの戦い**で、武田《たけだ》から苗字を変えた蠣崎《かきざき》氏により鎮圧された。その後は、和人《わじん》が勢力を広げつつ、アイヌとサケやコンブなど海産品のほか、中国東北部経由で入ってくる蝦夷錦《えぞにしき》などを**交易**する関係を保った。

06 室町《むろまち》時代の農業·商工業の発展の影響は？

鎌倉《かまくら》時代末期には既に、農業技術の進歩で余剰生産物が増えて、農民たちはそれを元手に織物、製紙、製塩などの**手工業**をはじめた。農民たち自身をまとめるために自治的な組織が誕生し、その組織は「**惣村**《そうそん》」と呼ばれた。また惣村《そうそん》を中心に商品が生産されると、商品を売買する商人たちも増えた。

農業技術の発展

農業技術の発展により、収穫に余裕が生じた。農民たちはこれを元に手工業・商業経営に乗りだした。

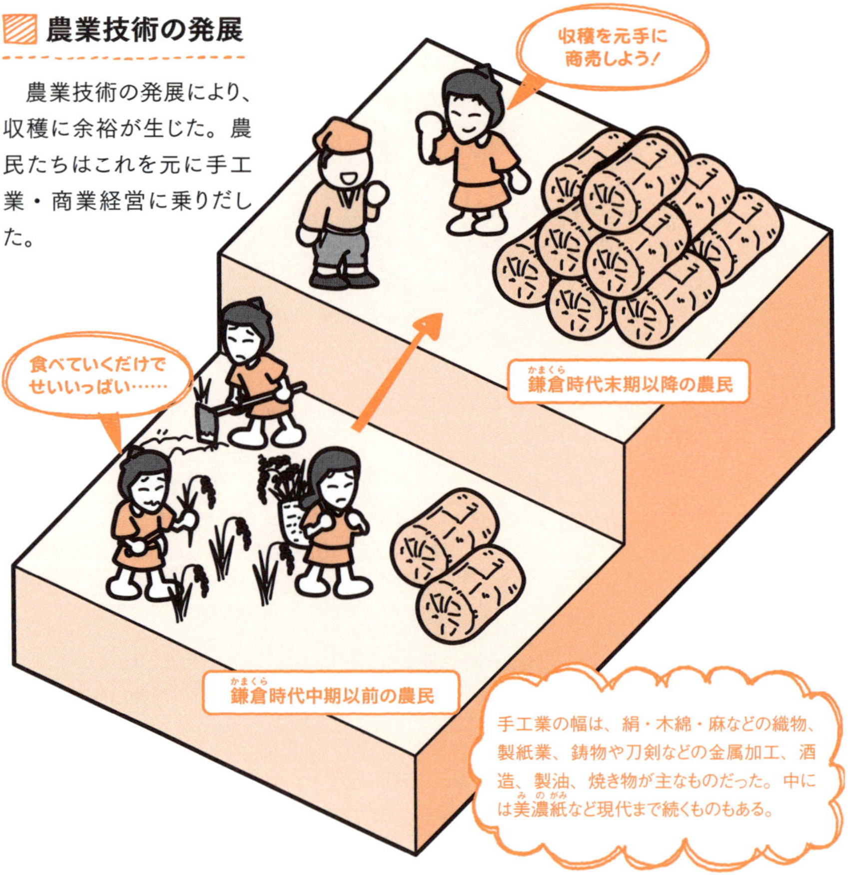
収穫を元手に
商売しよう！
鎌倉《かまくら》時代末期以降の農民
食べていくだけで
せいいっぱい……
鎌倉《かまくら》時代中期以前の農民

手工業の幅は、絹・木綿・麻などの織物、製紙業、鋳物や刀剣などの金属加工、酒造、製油、焼き物が主なものだった。中には美濃紙《みのがみ》など現代まで続くものもある。

商人から税を取るには……？
幕府《ばくふ》、朝廷、寺社など
いっぱい物を売るぞ！
関銭《せきせん》（通行料）ちょうだい
関所《せきしょ》
お金取られちゃった……
またお金払うの？
関銭《せきせん》ちょうだい
別の関所《せきしょ》

古代や近世の関所《せきしょ》は、主要交通路の要地に設置され、軍隊・重要人物などの行き来を監視する意味合いが濃い施設であった。この点は、街道を往来する行商人から通行料を取ることに目的があった中世の関所《せきしょ》と異なっている。

商業が発達すると、幕府《ばくふ》・朝廷・寺社などは、商業活動からも収入を得ようとした。そのための手段が、彼らがおのおの設けた**関所**《せきしょ》である。商業活動で移動する人々は、関所《せきしょ》を通るたびに**関銭**《せきせん》という通行料を取られた。のちにこうした制限に対抗するため商人たちはまとまって組織を作った。これは「**座**《ざ》」と呼ばれた。

07 惣村《そうそん》自治の広がりと一揆《いっき》の関係は？

平安時代以前の農民は、経済力や組織力が弱かった。農民が朝廷などの税から逃れる手段は、土地からの逃亡、戸籍の偽造、無許可の出家などに限られていた。しかし惣村《そうそん》などの自治組織で民衆に力がつくと、幕府《ばくふ》や朝廷に対して強圧的に要求を突き付ける動きも出てきた。この動きを**一揆《いっき》**といった。

平安《へいあん》時代以前の農民

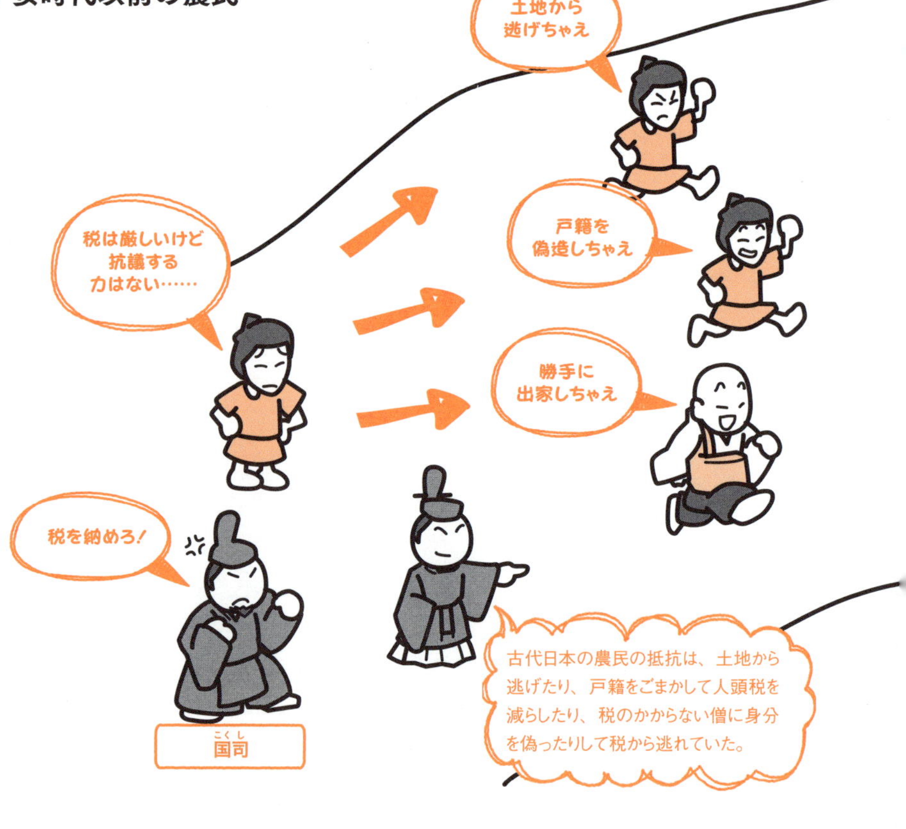
土地から逃げちゃえ
税は厳しいけど抗議する力はない……
戸籍を偽造しちゃえ
勝手に出家しちゃえ
税を納めろ！
国司《こくし》
古代日本の農民の抵抗は、土地から逃げたり、戸籍をごまかして人頭税を減らしたり、税のかからない僧に身分を偽ったりして税から逃れていた。

この時代、悪党《あくとう》になった武士が取り締まりで農民や馬借《ばしゃく》になって地方に住みつくなど、**下級武士と民衆の区別が不明瞭**であった。一揆《いっき》はこうした下級武士の武力も含んだ。また寺社はこれらの組織の拠り所となって経済力・軍事力をつけていった。その最大の民衆勢力となるのが、本願寺《ほんがんじ》の一向一揆《いっこういっき》であった。

室町《むろまち》時代の民衆

みんな税が苦しい……
もう我慢ならない！
一揆《いっき》で抗議だ！
農民、商人、馬借《ばしゃく》（流通業者）など

税を納めろ！
朝廷、幕府《ばくふ》、荘園《しょうえん》領主など

一揆《いっき》と惣村《そうそん》について

一揆《いっき》とは目的のために複数の人間が団結を誓うことである。手工業の発達は農民や商人の間で惣村《そうそん》、座《ざ》などと呼ばれる自治組織を生みだし、これらが核となって馬借《ばしゃく》などで結びつきを広め、ついに朝廷や幕府《ばくふ》へ抗議するほどの規模となった。

08 守護大名《しゅごだいみょう》はなぜ現れたか？

鎌倉《かまくら》時代、荘園《しょうえん》を管理する地頭《じとう》を、さらに監視する守護《しゅご》という役職が置かれた。当初、守護《しゅご》の権限は警察権しかなかったが、14 世紀中盤頃の**半済令《はんぜいれい》**で、任地の荘園《しょうえん》から出た**収穫の半分を徴収する権利**を得て、経済的に基盤を固める。守護《しゅご》は力をつけ、武力をもち**任地を独力で支配する守護大名《しゅごだいみょう》**に変化していった。

鎌倉《かまくら》時代の守護《しゅご》の権限

守護《しゅご》は将軍が任命した役職で、当初の権限は刈田狼藉《かりたろうぜき》（他人の田の稲を盗むこと）の取り締まりなど、治安維持に限られていた。

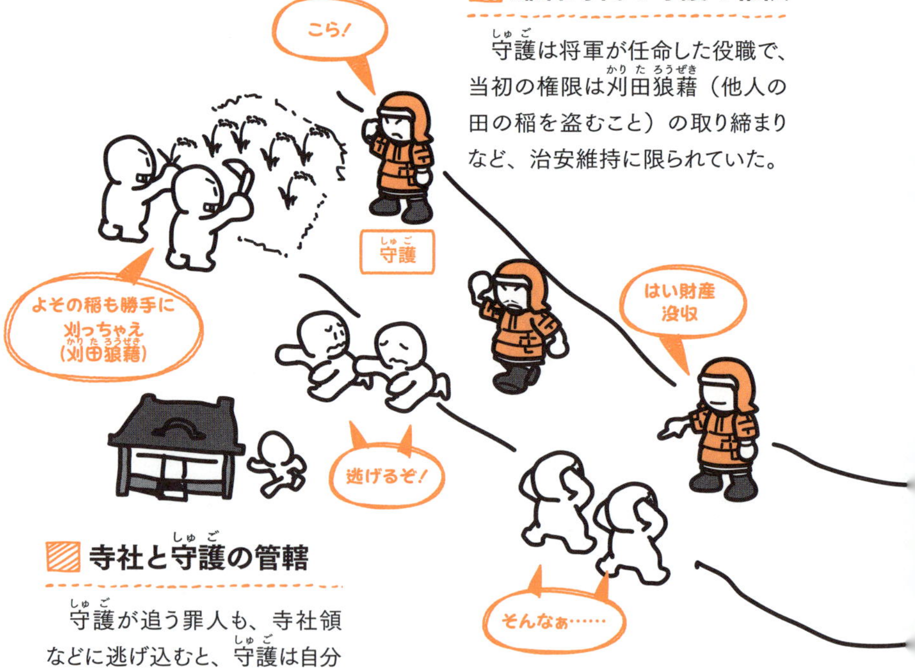
こら！
守護《しゅご》
よその稲も勝手に刈っちゃえ
(刈田狼藉《かりたろうぜき》)
はい財産没収
逃げるぞ！
そんなぁ……

寺社と守護《しゅご》の管轄

守護《しゅご》が追う罪人も、寺社領などに逃げ込むと、守護《しゅご》は自分の管轄地でないため手が出せなかった。

室町幕府《むろまちばくふ》は、各地の守護大名《しゅごだいみょう》が独立する動きを見せると、それを押さえようとした。しかし守護大名《しゅごだいみょう》が任地を勝手に支配する流れを止められなかった。こうして**室町幕府《むろまちばくふ》は支配を及ぼす地域が狭くなり、次第に衰えていった**。また守護大名《しゅごだいみょう》が荘園《しょうえん》の支配権を奪ったので荘園《しょうえん》制も衰退した。

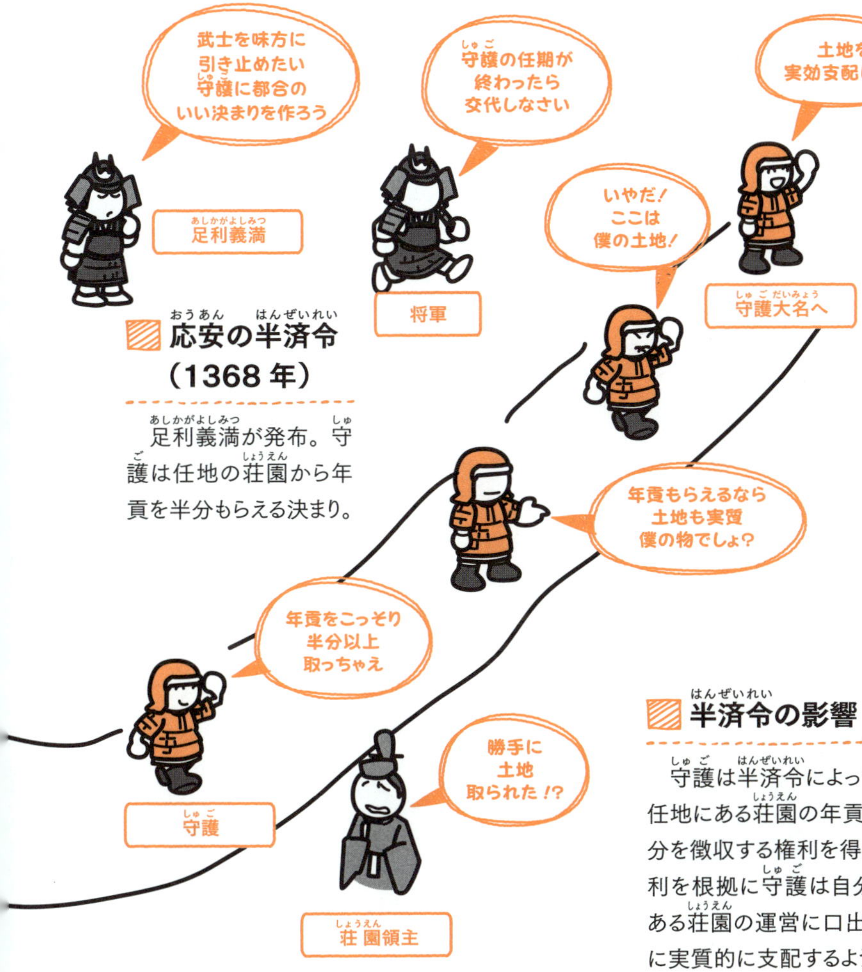
武士を味方に
引き止めたい
守護《しゅご》に都合の
いい決まりを作ろう
足利義満《あしかがよしみつ》
守護《しゅご》の任期が
終わったら
交代しなさい
将軍
土地を
実効支配した!
いやだ!
ここは
僕の土地!
守護大名《しゅごだいみょう》へ
年貢もらえるなら
土地も実質
僕の物でしょ?
年貢をこっそり
半分以上
取っちゃえ
守護《しゅご》
勝手に
土地
取られた!?
荘園《しょうえん》領主

応安《おうあん》の半済令《はんぜいれい》（1368年）

足利義満《あしかがよしみつ》が発布。守《しゅ》護《ご》は任地の荘園《しょうえん》から年貢を半分もらえる決まり。

半済令《はんぜいれい》の影響

守護《しゅご》は半済令《はんぜいれい》によって、自分の任地にある荘園《しょうえん》の年貢のうち、半分を徴収する権利を得た。この権利を根拠に守護《しゅご》は自分の任地にある荘園《しょうえん》の運営に口出しし、のちに実質的に支配するようになった。

09 室町《むろまち》文化はなぜ地方に広まった？

南北朝《なんぼくちょう》文化で新しく広まったのが、昔からの権威に対する武士たちの反抗・**バサラ**の精神であった。派手、ぜいたく、新しいものを好み、連歌《れんが》、能楽《のうがく》、茶寄《ちゃより》合《あい》の流行を生み出した。一方、**足利義満《あしかがよしみつ》**を中心に**北山《きたやま》文化**も誕生した。鹿苑寺《ろくおんじ》金閣《きんかく》をはじめ、武士・公家文化の融合と禅宗などを通した水墨画が流行した。

荘園《しょうえん》はどんどん
守護《しゅご》に取られて
お金もないし
人手もいない……
バサラに由来する新しい南北朝《なんぼくちょう》文化も、武士・公家文化が融合した北《きた》山《やま》文化も、経済的に台頭した庶民に広まった。これらと東山《ひがしやま》文化をまとめて室町《むろまち》文化と呼ぶ。
朝廷、公家

時代遅れの
公家の文化より
新しい流行だ！
守護大名《しゅごだいみょう》
能《のう》
茶寄合《ちゃよりあい》

バサラの精神

バサラとは、派手な姿で公家などの権威に遠慮せず好き勝手することを指し、当時の有力武士の間で流行していた。ここから南北朝時代の文化の多くが生まれた。

文化人を招いた主な大名《だいみょう》

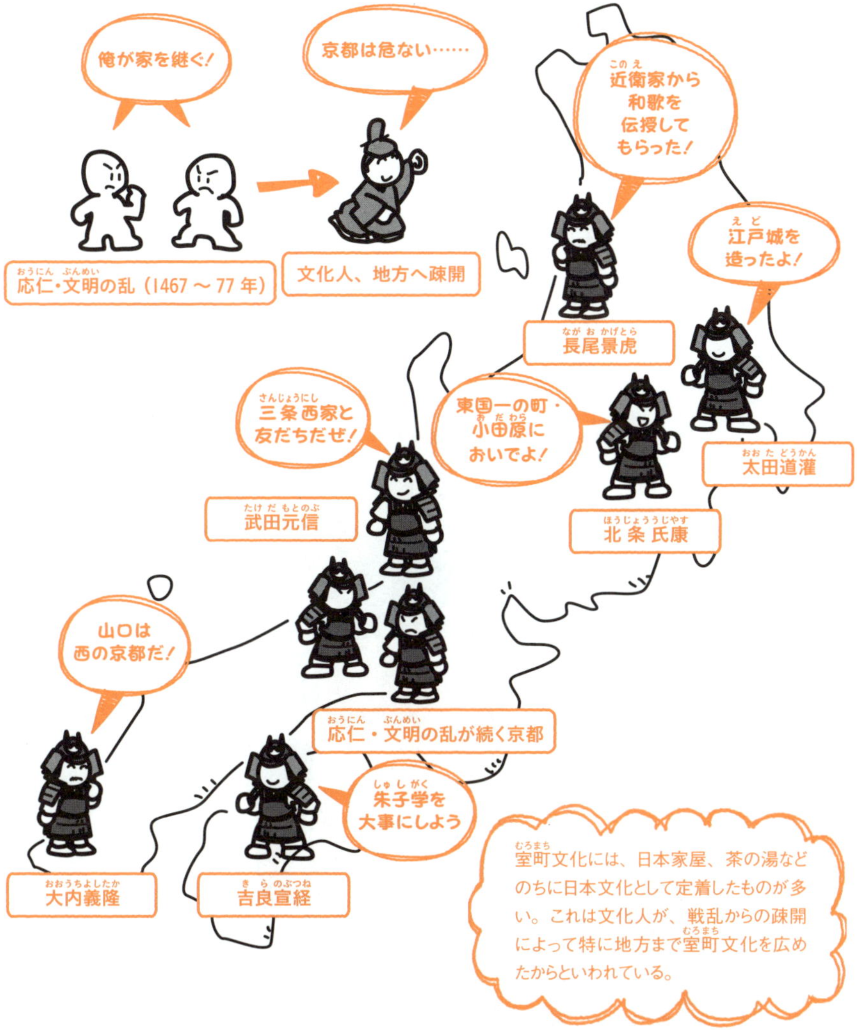
俺が家を継ぐ!
京都は危ない……
応仁《おうにん》・文明《ぶんめい》の乱（1467 ～ 77 年）
文化人、地方へ疎開
近衛《このえ》家から和歌を伝授してもらった!
長尾景虎《ながおかげとら》
江戸城《えど》を造ったよ!
太田道灌《おおたどうかん》
東国一の町・小田原《おだわら》においでよ!
北条氏康《ほうじょううじやす》
三条西《さんじょうにし》家と友だちだぜ!
武田元信《たけだもとのぶ》
山口は西の京都だ!
応仁《おうにん》・文明《ぶんめい》の乱が続く京都
朱子学《しゅしがく》を大事にしよう
大内義隆《おおうちよしたか》
吉良宣経《きらのぶつね》
室町《むろまち》文化には、日本家屋、茶の湯などのちに日本文化として定着したものが多い。これは文化人が、戦乱からの疎開によって特に地方まで室町《むろまち》文化を広めたからといわれている。

8 代将軍**足利義政《あしかがよしまさ》**は、幽玄《ゆうげん》や侘《わび》などの精神性を尊重した東山《ひがしやま》文化を生んだ。南北朝《なんぼくちょう》文化・北山《きたやま》文化・東山《ひがしやま》文化を合わせた室町《むろまち》文化は、**京都から地方へ広まった**。その理由は、1467 年から始まった応仁《おうにん》・文明《ぶんめい》の乱で京都が荒廃し、京都から避難する文化人を各地の大名《だいみょう》が招いたためである。

ファッションCHECK

南北朝《なんぼくちょう》・室町《むろまち》時代

法螺貝《ほらがい》

大日如来《だいにちにょらい》の梵字《ぼんじ》を表すシンボルで、山で自分の居場所を知らせるのにも使った。

錫杖《しゃくじょう》

頭部に輪がついていて、杖を突くと音が鳴るぞ！これは山の獣避けの効果があったんだ。

螺緒《かいのお》

アクセサリーのようにも見えるけど、登山のときにほどいてザイル（ロープ）として使う実用アイテムだ！

日本古来の山岳信仰と仏教の真言密教が結びついて、奈良県の金峯山寺《きんぷせんじ》を中心に広まったのが修験道《しゅげんどう》である。中世で大きな勢力を持った寺社のなかで、あちこちの山を修行して回る山伏《やまぶし》は情報伝達の役目を持っていたともいわれている。山伏《やまぶし》の持ち物は、信仰のシンボルと山岳での実用性を兼ねているものが多い。

室町《むろまち》時代・
大原女《おはらめ》
大原《おおはら》の黒木《くろき》
炭や薪の産地として京都の火を支えた大原女《おはらめ》のシンボル。職人歌合《しょくにんうたあわせ》の絵にもなったよ。
藁《わら》の輪《わ》
薪を頭に載せるためにかぶった。頭の形に合わせた安定感が命。
小袖《こそで》
袖を小さくすることで活動的に。はたらく女性にふさわしい機能美だ。

大原女《おはらめ》は、柴や薪を頭に載せて京都で売る大原の女性のことで、京都の風物詩として有名であった。室町《むろまち》時代はこのような行商人が増加し、女性は販女《ひさぎめ》と呼ばれていた。扱う品目はさまざまで、魚、なれずし、栗、野菜などの食料品や、火鉢、材木などの道具を売る者もいた。

column 05

撰銭《えりぜに》と 室町《むろまち》時代の通貨事情

大名《だいみょう》も商人も悪銭と戦っていた

日本で使われた銅銭は今の硬貨とは違い、公鋳・私鋳（偽造銭）を問わず品質の劣る**悪銭**（鐚《びた》）が多く紛れ込んでいた。これは当時の技術力のほかに、流通のしかたにも原因があった。銅銭は1枚で1文《もん》、1000枚で1貫《かん》と数え、基本的には100枚・1000枚単位でひもに通して（銅銭の四角い穴は、このひもを通すためのもの）取引に使われていた。これでは、質の悪い銭が混じっていてもなかなか確認できず、悪銭の混入が横行していた。この悪銭の受取を拒否するのが**撰銭**《えりぜに》である。

日明《にちみん》貿易などで大量に銅銭を扱う室町幕府《むろまちばくふ》や大名《だいみょう》は、悪銭を多くつかまされた。しかし撰銭《えりぜに》されると悪銭が腐ってしまうため、商人たちにしばしば撰銭《えりぜに》を禁止したが、実効性は薄かったらしい。撰銭《えりぜに》がなくなっていくのは、江戸幕府《えどばくふ》が安定した品質の寛永通宝《かんえいつうほう》を鋳造し始めた1636年以降となった。

chapter 06

戦国《せんごく》・安土桃山《あづちももやま》時代

各地で演じられる国盗り物語。そのなかで、日本すべてを手にしようと本気で突き進んだ男がいた。その名は織田信長《おだのぶなが》。この男のスケールは、ほかの群雄と一味違う

section

01 戦国大名《せんごくだいみょう》登場の背景とは?

守護大名《しゅごだいみょう》は、室町幕府《むろまちばくふ》から任地の治安維持・徴税などの権限を与えられ、それを背景に任地を勝手に自分の支配地にした。しかし 16 世紀初頭頃には幕府《ばくふ》の権威が弱まり、幕府《ばくふ》に頼らず実力で地域を支配する**戦国大名**《せんごくだいみょう》が現れた。そのなかには、守護大名《しゅごだいみょう》の部下が勢力を乗っ取る**下剋上**《げこくじょう》を経た者もいた。

守護大名《しゅごだいみょう》の場合

○○国の守護《しゅご》に任ずる!
室町幕府《むろまちばくふ》
これを足がかりに
○○を
ウチの土地に……
守護大名《しゅごだいみょう》
守護大名《しゅごだいみょう》は、幕府《ばくふ》からの特定の国へ守護《しゅご》に任命され、それを背景に任地の支配を進めていた。

戦国大名《せんごくだいみょう》の場合

戦国大名《せんごくだいみょう》は幕府《ばくふ》に関係なく、実力で特定の国・地域に支配力を及ぼした。
こんな奴
任命して
ないぞ?
室町幕府《むろまちばくふ》
地元をしっかり
支配してれば
幕府《ばくふ》のお墨付きも
いらない!
戦国大名《せんごくだいみょう》

戦国時代以前の山城《やまじろ》

山城《やまじろ》は、険しい山などに造り、敵が来襲するとなかに立て籠もる使い方をしていた。そのため平時は城主が住んでいなかった。

戦国大名《せんごくだいみょう》の城
城のそばに家臣も商人も集める！（そのほうが管理しやすいし）
人が密集してるほうが物を売りやすいかな
どうせなら道とかも整備しよう
どうだいこの立派な城下町！

山城《やまじろ》と平城《ひらじろ》や平山《ひらやま》城《じろ》の城下町の違い

大名《だいみょう》の家臣と商人が城の周辺に住んで町を形成する。平時も城主が住み、その国の軍事・政治・経済の中心となっている。

戦国大名《せんごくだいみょう》は自分の城の近くに家臣や商人を住まわせ政治・経済の中心とし、中央集権化を目指して**城下町**を形成した。また国力を高めるため道などのインフラ整備も行った。戦国大名《せんごくだいみょう》は家臣に土地の支配権を認め、その土地の価値を金銭で表し、家臣はその額に応じて軍役《ぐんやく》などの義務を負った（**貫高制**《かんだかせい》）。

02 ヨーロッパ人はなぜ日本までやってきたか？

日本が戦国時代の頃、**ヨーロッパ諸国**は**オスマン帝国**と対立していた。ヨーロッパ諸国はインド産のコショウなどアジアの産品を欲したが、アジアへの最短航路はオスマン帝国にふさがれている。そのため**ヨーロッパ諸国はアジアへの航路開拓を目指し**、アフリカ大陸を南回りしてインドまでたどりついた。

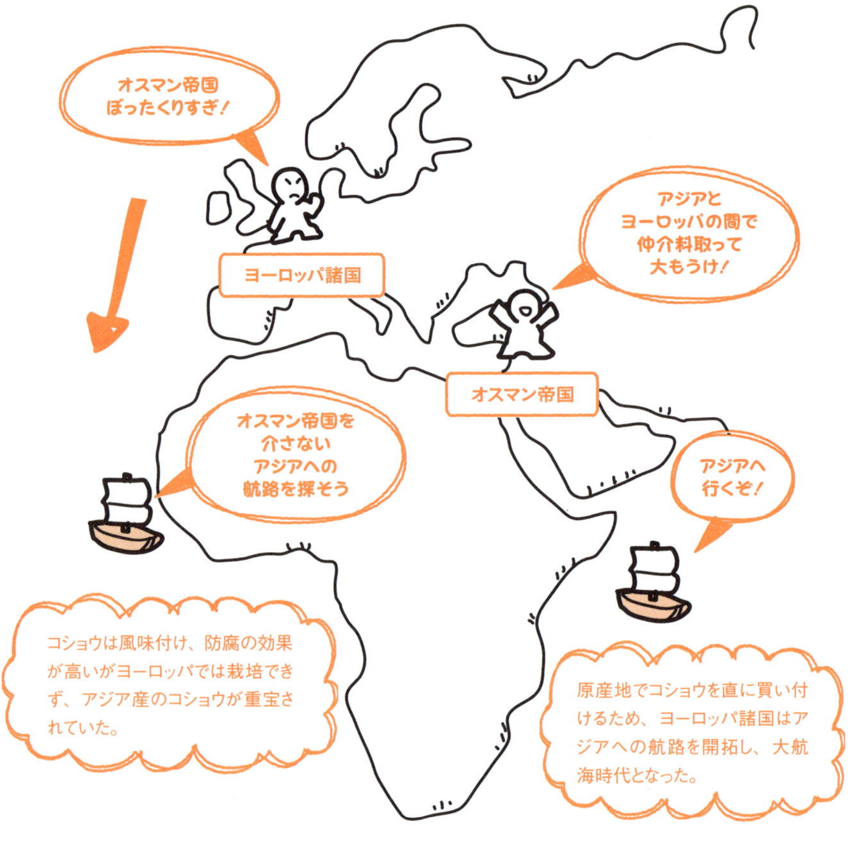
オスマン帝国ぼったくりすぎ！
ヨーロッパ諸国
アジアとヨーロッパの間で仲介料取って大もうけ！
オスマン帝国
オスマン帝国を介さないアジアへの航路を探そう
アジアへ行くぞ！
コショウは風味付け、防腐の効果が高いがヨーロッパでは栽培できず、アジア産のコショウが重宝されていた。
原産地でコショウを直に買い付けるため、ヨーロッパ諸国はアジアへの航路を開拓し、大航海時代となった。

アジア・ヨーロッパ航路の競争

ヨーロッパからアジアへの航路が開かれると、オランダ、ポルトガル、イギリスを中心にアジアでの交易利権をめぐるヨーロッパ諸国同士の争いが広がり、各国は競ってアジア諸地域へ進出した。

ここが
黄金の国?
商売敵の国に
邪魔されない
場所は……
ヨーロッパ諸国の
貿易をめぐる争い
16世紀中盤から、
日本にポルトガル
などの船舶が往来
インドに
ついたぞ!

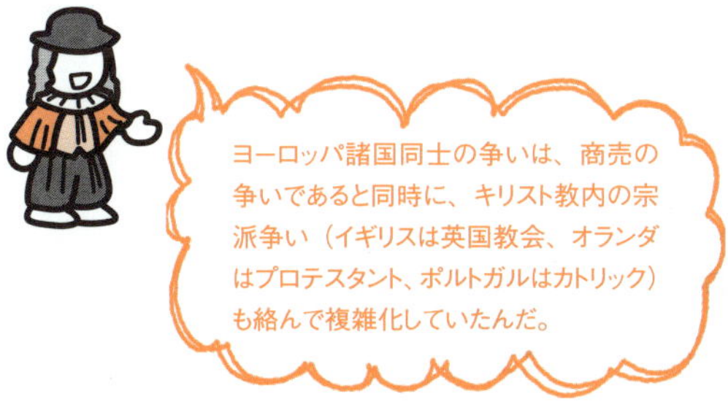
ヨーロッパ諸国同士の争いは、商売の争いであると同時に、キリスト教内の宗派争い（イギリスは英国教会、オランダはプロテスタント、ポルトガルはカトリック）も絡んで複雑化していたんだ。

日本銀について

日本は16世紀頃に銀の輸出国となり、17世紀初頭の最盛期には世界の銀産出量の1/3～1/4を占めていたという。これがヨーロッパ諸国が日本を目指した理由の一つとされる。

ヨーロッパ・アジア間の航路が確立すると、ヨーロッパ諸国のなかでインド・東南アジアの貿易の権益争いが始まる。先を争って貿易先を増やそうとし、ついにはインドから日本までやってきた。特に当時の**日本は銀産出・輸出量が多かった**ことで、ヨーロッパ諸国から注目されていた。

03 下剋上《げこくじょう》したのは どんな大名《だいみょう》か？

守護大名《しゅごだいみょう》の家臣だったが勢力を乗っ取り（下剋上《げこくじょう》）戦国大名《せんごくだいみょう》となった者の代表例が、**織田《おだ》氏と朝倉《あさくら》氏**である。両氏は守護《しゅご》・斯波《しば》氏の臣下として、斯波《しば》氏の守護としての任地である尾張《おわり》と越前《えちぜん》の支配をそれぞれ代行（**守護代《しゅごだい》**）していたが、斯波《しば》氏に取って代わって独立した。

下剋上《げこくじょう》の例……越前《えちぜん》の朝倉《あさくら》氏、尾張《おわり》の織田《おだ》氏

守護代《しゅごだい》

守護《しゅご》の領地が各地に分散しているときなど、守護《しゅご》の代理人として領地を治めるポスト。そのまま領地の有力者として守護《しゅご》から独立し、戦国《せんごく》大名《だいみょう》となる者が各地にいた。

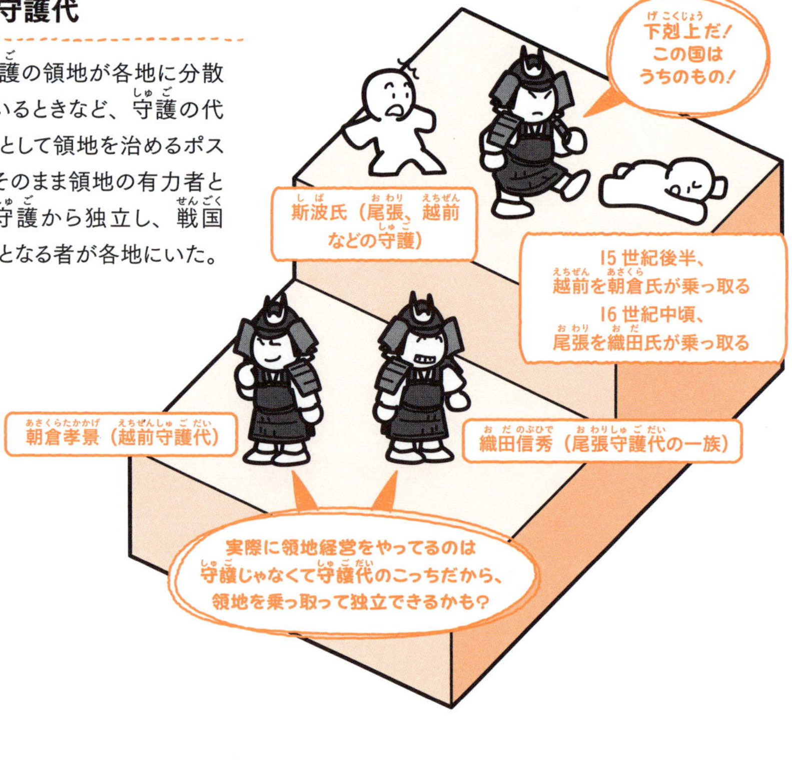
下剋上《げこくじょう》だ！ この国は うちのもの！
斯波《しば》氏（尾張《おわり》、越前《えちぜん》などの守護《しゅご》）
15世紀後半、越前《えちぜん》を朝倉《あさくら》氏が乗っ取る 16世紀中頃、尾張《おわり》を織田《おだ》氏が乗っ取る
朝倉孝景《あさくらたかかげ》（越前守護代《えちぜんしゅごだい》）
織田信秀《おだのぶひで》（尾張守護代《おわりしゅごだい》の一族）
実際に領地経営をやってるのは守護《しゅご》じゃなくて守護代《しゅごだい》のこっちだから、領地を乗っ取って独立できるかも？

領地プラス
関東管領《かんとうかんれい》・
上杉《うえすぎ》氏の家督も
ゲット!
上杉謙信《うえすぎけんしん》
守護大名《しゅごだいみょう》だけど、
父親相手に
下剋上《げこくじょう》しちゃった
武田信玄《たけだしんげん》
僕は
室町幕府《むろまちばくふ》の
官僚一族
上がりらしいよ
織田信秀《おだのぶひで》
伊勢盛時《いせもりとき》
(北条早雲《ほうじょうそううん》)
僕は地元・
安芸《あき》の武士(国人《こくじん》)
から成り上がったよ
守護代《しゅごだい》・
斎藤《さいとう》氏の家を
乗っ取ったぜ
守護代《しゅごだい》の
一族の身から
領地を
乗っ取ったぜ
斎藤道三《さいとうどうさん》
毛利元就《もうりもとなり》
龍造寺隆信《りゅうぞうじたかのぶ》
僕は地元・
肥前《ひぜん》の武士(国人《こくじん》)
から成り上がったよ

下剋上《げこくじょう》を遂げた主な戦国大名《せんごくだいみょう》

戦国大名《せんごくだいみょう》は実力で領地を支配した者であり、国人《こくじん》(地元の武士)などその出自も多岐にわたる。伊勢盛時《いせもりとき》や斎藤道三《さいとうどうさん》など、出自が長らく不明とされていた者もいる。

下剋上《げこくじょう》を遂げた戦国大名《せんごくだいみょう》のなかには、いち早く自分の支配地で独自の法(分《ぶん》国法《こくほう》)を制定した朝倉孝景《あさくらたかかげ》、主君の内紛に乗じて権力を握った上杉謙信《うえすぎけんしん》や毛利《もうり》元就《もとなり》、守護大名《しゅごだいみょう》であった父親を追放して任地を手に入れた武田信玄《たけだしんげん》、生まれに諸説ある伊勢盛時《いせもりとき》や斎藤道三《さいとうどうさん》など、さまざまなパターンがあった。

04 天下布武《てんかふぶ》の織田信長《おだのぶなが》とその他大名《だいみょう》の違いは？

織田信長《おだのぶなが》は印章に「**天下布武《てんかふぶ》**」という字を用いた。その意味は「武家が天下（全国）を治める」。しかし当時の戦国大名《せんごくだいみょう》は、配下の**兵士が農耕を兼業**しており、遠征などで長期間自領を空けると、その間に田畑が放置されるため収穫量が減ってしまい、軍費も不足する。信長《のぶなが》はこれを克服する必要があった。

出陣だ！
兵士＝農民は僕の時代と同じか
源頼朝《みなもとのよりとも》
戦の準備をせよ！
戦国大名《せんごくだいみょう》
準備OK！
家臣
着替えなきゃ！

信長《のぶなが》は他の大名と違い、鉄砲を大量所有するなど足軽《あしがる》中心の**常備軍**を編成。兵士と農民を明確に分けた。常備軍を養う経済力をつけるため、楽市楽座《らくいちらくざ》などの**商人優遇策**を強く推進。多くの商人を集め、大量購入で物資を安く調達するなど効率化に努めた。こうして信長《のぶなが》は**長期遠征を可能**とし、勢力を広げた。

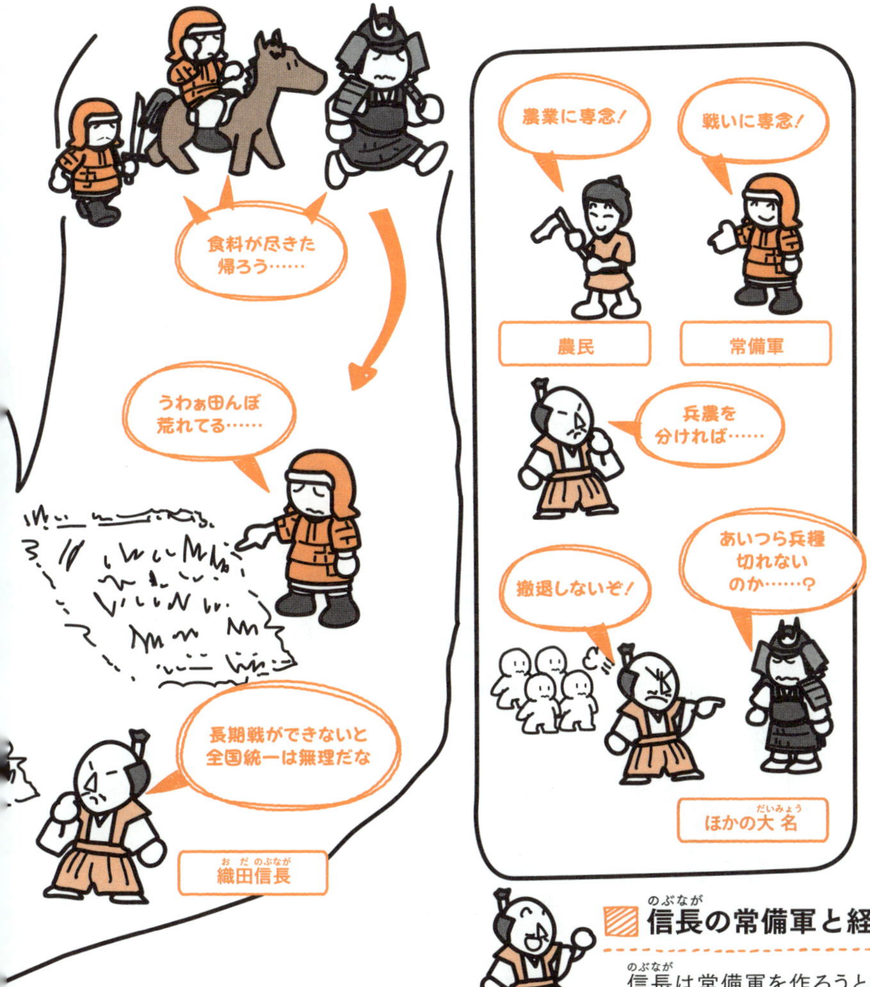
食料が尽きた
帰ろう……
うわぁ田んぼ
荒れてる……
長期戦ができないと
全国統一は無理だな
織田信長《おだのぶなが》
農業に専念!
戦いに専念!
農民
常備軍
兵農を
分ければ……
撤退しないぞ!
あいつら兵糧
切れない
のか……?
ほかの大名《だいみょう》

信長《のぶなが》の常備軍と経済政策

信長《のぶなが》は常備軍を作ろうと考えたが、すると軍の維持費が増える。この負担をカバーするため、信長《のぶなが》は商人を優遇して経済力を強化した。

05 豊臣秀吉《とよとみひでよし》はどうやって天下を取ったか？

1582年に織田信長《おだのぶなが》が配下の明智光秀《あけちみつひで》に討たれた（**本能寺《ほんのうじ》の変**）とき、信長《のぶなが》配下の**羽柴秀吉《はしばひでよし》**（のちの豊臣秀吉《とよとみひでよし》）が光秀《みつひで》を討った。秀吉《ひでよし》は光秀《みつひで》討伐をきっかけに元・信長《のぶなが》配下のなかで主導権を握り、各地の大名を戦いや交渉で服属させた。そして1590年、全国の大名を服属させ**天下を統一**した。

秀吉《ひでよし》、天下統一までの道のり

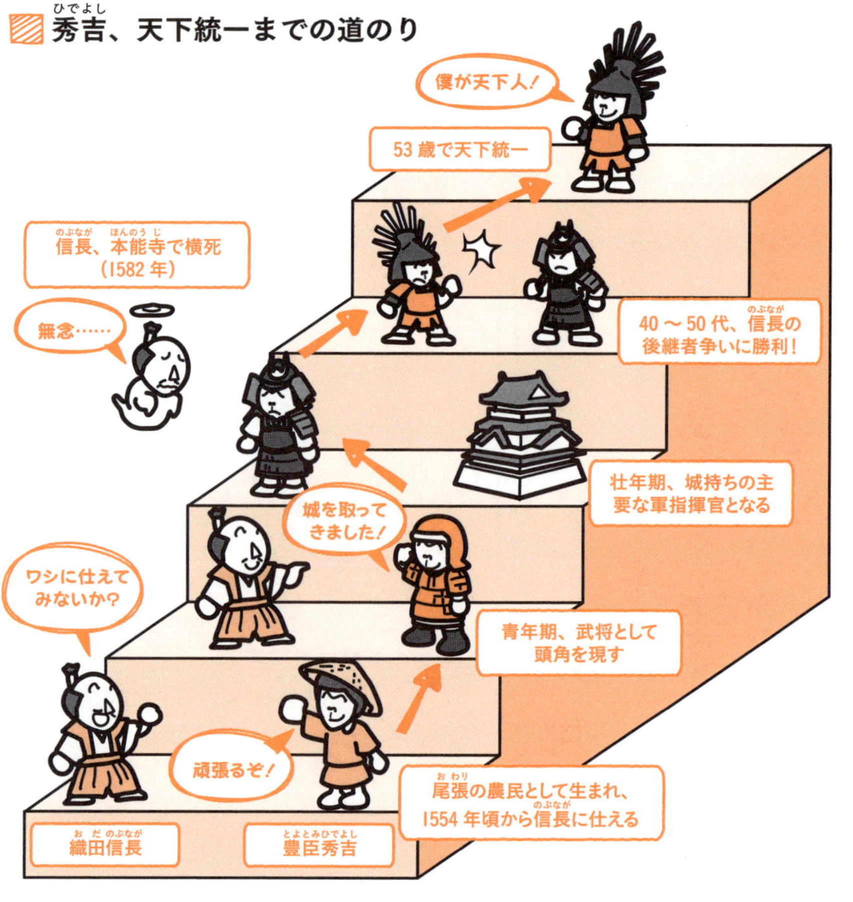
僕が天下人！
53歳で天下統一
信長《のぶなが》、本能寺《ほんのうじ》で横死
（1582年）
無念……
40～50代、信長《のぶなが》の
後継者争いに勝利！
壮年期、城持ちの主
要な軍指揮官となる
城を取って
きました！
ワシに仕えて
みないか？
青年期、武将として
頭角を現す
頑張るぞ！
尾張《おわり》の農民として生まれ、
1554年頃から信長《のぶなが》に仕える
織田信長《おだのぶなが》
豊臣秀吉《とよとみひでよし》

秀吉《ひでよし》の金山支配

秀吉《ひでよし》は佐渡《さど》、石見《いわみ》、生《いく》野《の》など全国の主要な金山・銀山を支配し、莫大な金銀を上納させていた。

天下統一には
常備軍を食わせる
お金が必要だぞ
織田信長《おだのぶなが》
金があるところは
全部直轄で支配！
金山
じゃあお金の出処を
押さえないとね
豊臣秀吉《とよとみひでよし》
蔵入地《くらいりち》
豪商

秀吉《ひでよし》と蔵入地《くらいりち》

秀吉《ひでよし》は自身の直轄地（蔵入地《くらいりち》）として、畿内を中心に多いときで200万石以上の土地から年《ねん》貢《ぐ》を取り立てていた。

秀吉《ひでよし》と豪商

秀吉《ひでよし》は小西隆佐《こにしりゅうさ》などの有力な商人に特権を与え、引き換えに上納金を収めさせた。

秀吉《ひでよし》は信長《のぶなが》の常備軍を継承し、それを維持するために経済力を重視した。その基盤は220万石ほどの**蔵入地《くらいりち》**（直轄地）ほか、**京都や大坂など商人が集まる都市を直轄**とし上納金を納めさせた。また戦国大名《せんごくだいみょう》たちが開発してきた**金山・銀山も直轄**とし、ここから産出する膨大な金銀を納めさせた。

06 太閤検地《たいこうけんち》と刀狩《かたながり》の重大な意味とは？

戦国大名《せんごくたいみょう》は領地で勝手に税を徴収しており、**荘園《しょうえん》制は崩壊していた**。しかし土地の権利関係は複雑なままで、効率的で確実な租税徴収に支障をきたしていた。これを解消するため一部の戦国大名《せんごくだいみょう》は土地の調査（**検地《けんち》**）を行った。秀吉《ひでよし》の太《たい》閤検地《こうけんち》は、**計測器具を統一し土地を実測する**など、より徹底したものだった。

どうして検地が必要なんですか？
それはだな……
豊臣秀吉《とよとみひでよし》
織田信長《おだのぶなが》

信長《のぶなが》、秀吉《ひでよし》と検地《けんち》

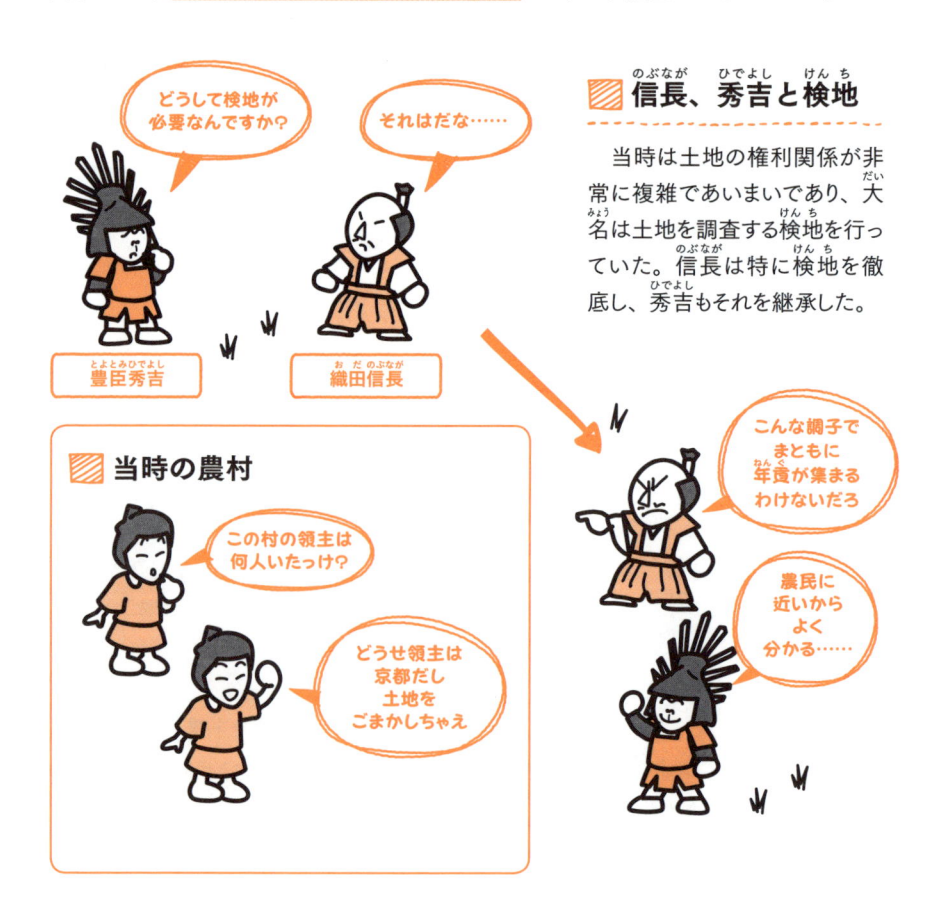

当時は土地の権利関係が非常に複雑であいまいであり、大《だい》名《みょう》は土地を調査する検地《けんち》を行っていた。信長《のぶなが》は特に検地《けんち》を徹底し、秀吉《ひでよし》もそれを継承した。

当時の農村

この村の領主は何人いたっけ？
どうせ領主は京都だし土地をごまかしちゃえ

こんな調子でまともに年貢《ねんぐ》が集まるわけないだろ
農民に近いからよく分かる……

織田信長《おだのぶなが》の兵農分離

農業に専念！
戦いに専念！
農民と兵士を
ちゃんと区別するぞ！
農民
兵士
織田信長《おだのぶなが》
武器持ってる
人間が多いと物騒だ
天下統一後も
兵農分離は進めよう
豊臣秀吉《とよとみひでよし》

刀狩《かたながり》について

秀吉《ひでよし》は農民から武器を取り上げるため、刀狩《かたながり》の命令を発した。ただ害獣駆除や治安維持のため必要とされたこともあり、不徹底に終わった。その結果、江戸時代にも元武士による農民騒乱が起きている。

武士は元々が
土地持ち農民で、
僕らの時代も
区別がすごくあいまい
だったんだ
楠《くすの》木《き》正成《まさしげ》

また秀吉《ひでよし》は兵農分離も押し進めた。1587年頃から秀吉《ひでよし》は、武士以外の者が刀や弓や鉄砲などの武器を持つこと、および武力行使を制限・禁止するようになった。これらは武士と農民の区別をより明確にするとともに、農民たちが騒乱を起こすことを抑える狙いを持っていたとされる。

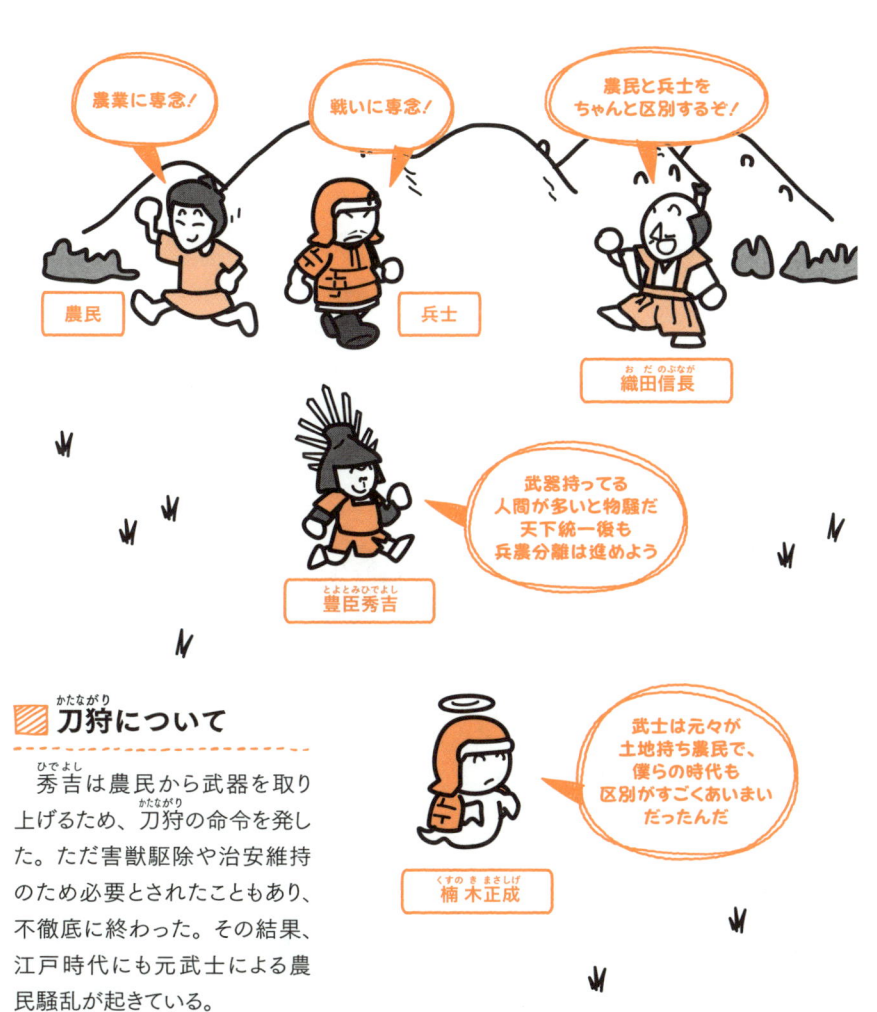

07 豊臣秀吉《とよとみひでよし》はなぜ朝鮮《ちょうせん》へ出兵したか？

安土桃山《あづちももやま》時代の日本は、多量の銀を産出し、また世界屈指の鉄砲保有数を誇るなど、軍事力・経済力ともにアジア有数の大国だった。さらに、明《みん》が後金《こうきん》（のちの清《しん》）に圧迫され衰えていたので、**秀吉は明《みん》征服を考えた**とされ、朝鮮《ちょうせん》へ明《みん》攻めの手伝いを命じた。しかし朝鮮《ちょうせん》に拒絶されたため、秀吉《ひでよし》はまず朝鮮《ちょうせん》を攻めた。

明《みん》を倒すチャンスか?
後金《こうきん》（のちの清《しん》）
嫌だよ
明《みん》征服手伝ってよ
日本を統一したら次は中国を征服だ！
日本が攻めてくるの助けて！
秀吉《ひでよし》、朝鮮《ちょうせん》に協力を要求
ちょっとしんどい……
朝鮮《ちょうせん》、明《みん》に援軍を求める
明《みん》
どっちに味方するのが得かな?
琉球《りゅうきゅう》王国
朝鮮《ちょうせん》は明《みん》の冊封《さくほう》体制に入っており、名目上は臣下であるため、明《みん》に救援を求めた。しかし当時の明《みん》は官吏の勢力争いや後金《こうきん》の侵攻で衰えており、援軍を送るのは厳しい状況だった。

朝鮮《ちょうせん》は明《みん》を裏切ってるかも……
李如松《りじょしょうみん》（明軍）
遠いから物資が届かない……現地調達しかないか
加藤清正《かとうきよまさ》（日本軍）
このぐらいが進撃の限界かな
小西行長《こにしゆきなが》（日本軍）
日本に首都を落とされた……
宣祖《せんそ》（李氏《りし》 朝鮮《ちょうせん》の王）
バカ、物資を現地調達したら現地の民が敵に回るだろ！
日本軍に物資を奪われた……李氏《りし》の王も悪政してたが日本に協力したのも間違いだったな
毛利輝元《もうりてるもと》（日本軍）
抗日義民
豊臣秀吉《とよとみひでよし》

朝鮮《ちょうせん》出兵と有田焼《ありたやき》

佐賀の大名・鍋島直茂《なべしまなおしげ》は、朝鮮から撤兵する際に朝鮮人の陶工を連れて帰った。そのなかの李参平《イサンペイ》が日本で初めて白磁を焼き上げ、有田焼《ありたやき》の祖となった。

朝鮮出兵は、特に1592年の文禄《ぶんろく》の役では現在の北朝鮮にあたる地域まで攻めこんだ。しかし補給がうまくいかず、日本軍は現地で物資を略奪したため、朝鮮《ちょうせん》の日本への不満がたまり抗日義民として蜂起を引き起こした。また武将間の対立もあって戦況は行き詰まり、**1598年の秀吉《ひでよし》の死によって撤兵**となった。

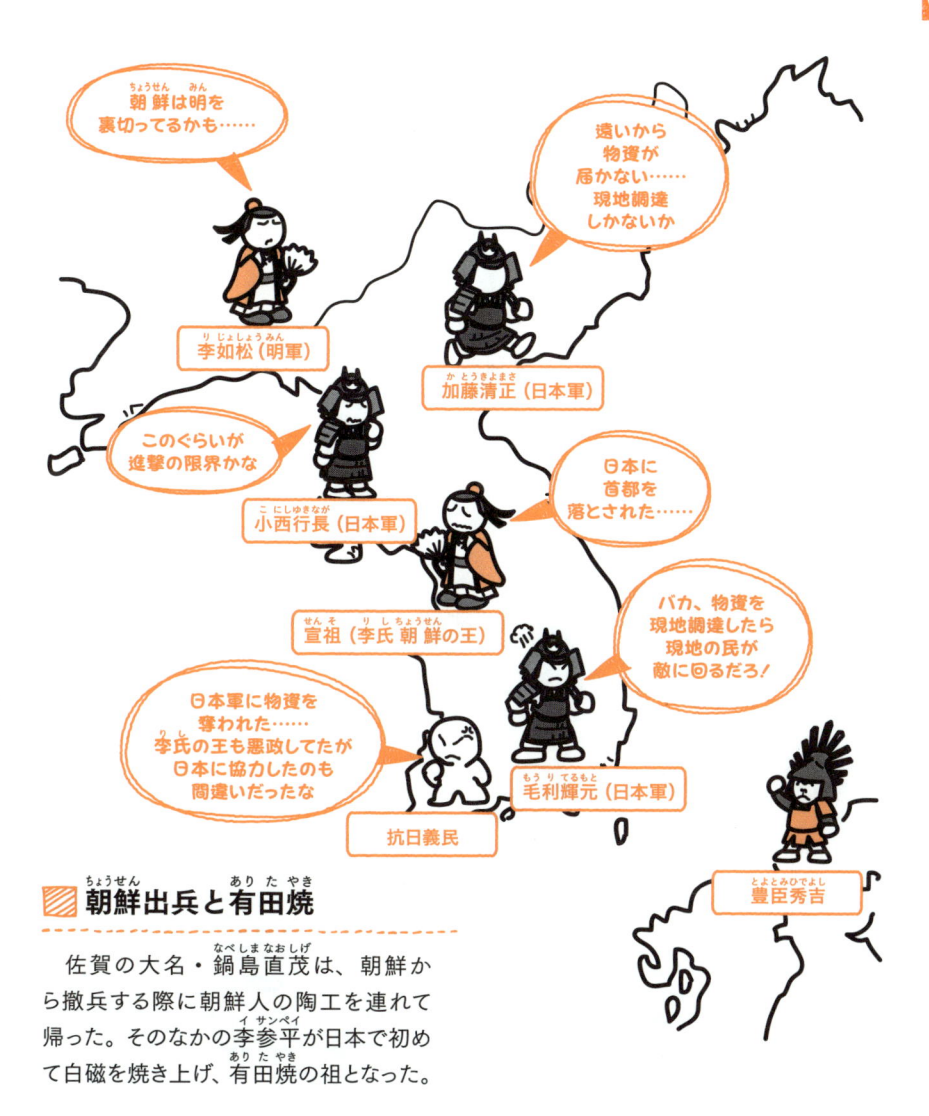

08 キリスト教と大《だい》名《みょう》の関係は？

ルイス・フロイスなどの宣教師は、まず各地の戦国大名《せんごくだいみょう》に領内での布教許可を取り、さらに大名自身への布教も行った。その際に宣教師は、**南蛮《なんばん》貿易**（宣教師の派遣元であるヨーロッパ諸国との貿易）の利益を提示した。この実利で布教を許可し入信する大名《だいみょう》がいる一方、純粋にキリスト教に感化された大名《だいみょう》もいた。

主な日本のキリシタン大名《だいみょう》

日本への布教には
権力者に近づく
必要があるな
ルイス・フロイス
（織《お》田《だ》信長《のぶなが》に接近したポルトガルの司祭）
寺や神社が
偉そうだし
キリスト教を入れて
バランス取ろう
大友義鎮《おおともよししげ》（宗麟《そうりん》）
国外追放されても
信仰を守る！
高山《たかやま》右《う》近《こん》
小《こ》西行長《にしゆきなが》
キリシタンの
反乱が起きたが
穏便に済ませたいな
キリスト教保護と
引き換えに
南蛮貿易をしよう！
有馬《ありま》晴信《はるのぶ》

織田信長《おだのぶなが》、豊臣秀吉《とよとみひでよし》も南蛮《なんばん》貿易の利益を得るため、領内でのキリスト教布教を許可していた。しかし天下を統一した秀吉《ひでよし》が、キリスト教が日本侵略に利用されることを恐れて 1587 年に**バテレン追放令**を出し、宣教師の活動は制限された。その後、江戸《えど》時代初期にキリスト教の信仰自体が禁じられるようになった。

秀吉《ひでよし》とバテレン追放令

秀吉《ひでよし》は当初信長《のぶなが》と変わらず布教を許可していたが、キリシタンの一揆《いっき》や、キリスト教がヨーロッパ諸国の植民地支配に利用されることを恐れて 1587 年バテレン追放令を出し、布教を制限した。

豊臣秀吉《とよとみひでよし》

家臣を
ローマ法王の
元まで派遣しよう！
伊達政宗《だてまさむね》
外国人でも
信用できるなら
武士として
取り立てよう
西洋の知識は
興味深い
彼らと接近したいし
布教を許そう
徳川家康《とくがわいえやす》
ウィリアム・アダムス
（徳川家康《とくがわいえやす》に仕えた
イギリスの航海士）
ルイス・フロイス
織田信長《おだのぶなが》

ファッションCHECK

戦国《せんごく》・安土桃山《あづちももやま》時代

黒の頭巾
このスタイルの頭巾も千利休《せんのりきゅう》が広めたんだ。だから今では利休帽《りきゅうぼう》とよく呼ばれるよ。
絡子《らくす》
前掛けのような見た目で、袈裟《けさ》を簡略化した代用品。袈裟《けさ》は動きにくく、もてなしに不便なので、茶人に欠かせない。
道服《どうぶく》
袈裟《けさ》の一種で、色つきの直綴《じきとつ》（ワンピースタイプの僧服）が利休《りきゅう》スタイル。
安土桃山《あづちももやま》時代・道服《どうふく》の茶人

千利休《せんのりきゅう》を元に作成。黒い頭巾、木蘭《もくらん》色の直綴《じきとつ》、手には扇子や数珠、という禅《ぜん》宗《しゅう》系統の法衣は千利休《せんのりきゅう》から広まっていったものである。茶は、まず中国から栄西《えいさい》が持ち帰って禅宗《ぜんしゅう》の間で広まり、室町《むろまち》時代に大名《だいみょう》・豪商の間にも定着。簡素さを基本としたわび茶を利休《りきゅう》が大成させた。

ロザリオ
聖母マリアへ祈るカトリックの道具。いち早く来日したスペインやポルトガルはカトリックだったが、プロテスタントのオランダ人は持たないぞ。
ラッフル
当時のヨーロッパの流行で、肌やひげが触れやすい部分の上着の汚れをガードする。手軽に取り替えられて便利。
カルサオ
ポルトガル語のCalsaoで、江戸時代に職人が愛用した軽衫《かるさん》の由来となったよ。
安土桃山《あづちももやま》時代・
南蛮人

南蛮人という呼び方は、スペイン、ポルトガルなどカトリック勢力が東南アジアを経由して、日本から見て南方からやってきたことに由来するとされる。貿易を通して彼らの文化が流入した。対してオランダ人は紅毛人と呼ばれた。ラッフルやロザリオは、キリスト教信者となった武士たちも身に着けていた。

column 06

豊臣秀吉《とよとみひでよし》は本当に種なしか?

秀吉《ひでよし》は若い頃に実子をもうけていた

秀吉《ひでよし》の実子は、淀殿《よどどの》が産んだ鶴松《つるまつ》（早世した）と、**豊臣《とよとみ》秀頼《ひでより》**で、ほかは養子とされる。この2人が産まれたのは、秀《ひで》吉《よし》が50代のことである。

多くの女性と関係を持ちながら、淀殿《よどどの》以外に子ができず、しかも50代になって突然実子を得たというのは、なんとも不思議である。そして秀頼《ひでより》が、小柄の秀吉《ひでよし》と対照的な巨漢であったことから、秀頼《ひでより》は淀殿《よどどの》の浮気で産まれた子で、秀吉《ひでよし》はそもそも種なしであるとまでささやかれた。

ただ、秀吉《ひでよし》種なし説を否定する伝承もある。滋賀県長浜《ながはま》市の妙法寺《みょうほうじ》は、秀吉《ひでよし》の長浜《ながはま》城主時代の子・**秀勝《ひでかつ》**（石松丸《いしまつまる》）の菩提寺とされており、桑田忠親《くわたただちか》などはこの秀勝《ひでかつ》を秀吉《ひでよし》の実子として種なし説を否定している。また秀吉《ひでよし》は鶴松《つるまつ》、秀頼《ひでより》を溺愛していたため、少なくとも秀吉《ひでよし》自身に種なしという意識はなかったようだ。

ERASER

chapter 07

「江戸《えど》時代」

数百年ぶりに、日本から戦火が姿を消した。太平の世を謳歌する人々。そんななか、江戸幕府《えどばくふ》を悩ませ、ついに破綻させた原因は、どうにもならない大赤字だった!?

section

01 徳川家康《とくがわいえやす》はどうやって天下を取ったのか？

豊臣秀吉《とよとみひでよし》は 1598 年の死の直前に、自分の後継者の豊臣秀頼《とよとみひでより》を支えるよう配下（**石田三成《いしだみつなり》**、加藤清正《かとうきよまさ》など）や有力大名《だいみょう》（**徳川家康《とくがわいえやす》**など）に頼んだ。しかし三《みつ》成《なり》などの文治派と、清正《きよまさ》などの武断派で対立があり、武断派と結びついた家康《いえやす》が 1600 年に**関ケ原《せきがはら》の戦い**で三成《みつなり》を倒し政治の主導権を握った。

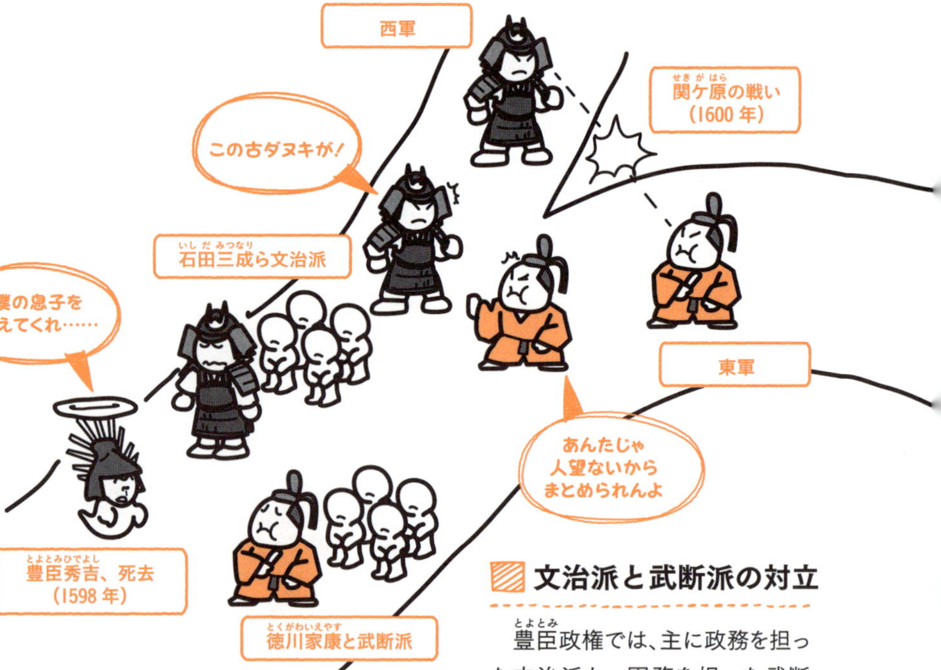
西軍
関ケ原《せきがはら》の戦い
（1600 年）
この古ダヌキが！
石田三成《いしだみつなり》ら文治派
僕の息子を
支えてくれ……
東軍
あんたじゃ
人望ないから
まとめられんよ
豊臣秀吉《とよとみひでよし》、死去
（1598 年）
徳川家康《とくがわいえやす》と武断派

文治派と武断派の対立

豊臣《とよとみ》政権では、主に政務を担った文治派と、軍務を担った武断派の派閥争いがあった。徳川家《とくがわいえ》康《やす》は武断派に接近し文治派の石《いし》田三成《だみつなり》と衝突、関ケ原《せきがはら》の戦いとなった。

家康《いえやす》は1603年に**征夷大将軍**《せいいたいしょうぐん》となり、武士のトップとなる。しかし当時は関白《かんぱく》（事実上の公家の最高位）・太閤《たいこう》の子の秀頼《ひでより》とどちらがトップであるかが明確でない体制だった。1614～15年に家康《いえやす》は秀頼《ひでより》を倒して（**大坂の陣**）江戸幕府《えどばくふ》の将軍を頂点とする体制を作った。

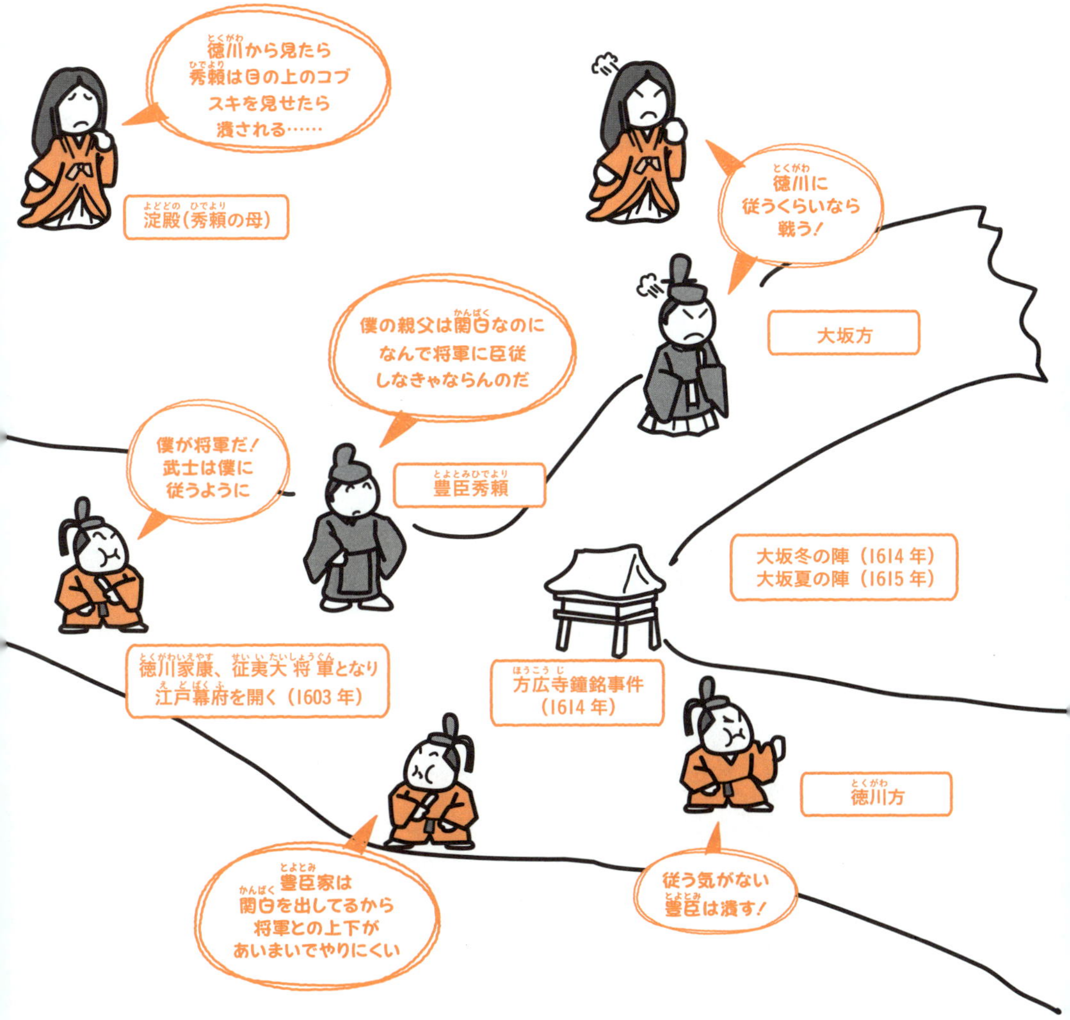
徳川《とくがわ》から見たら秀頼《ひでより》は目の上のコブ スキを見せたら潰される……
淀殿《よどどの》（秀頼《ひでより》の母）
徳川《とくがわ》に従うくらいなら戦う！
大坂方
僕の親父は関白《かんぱく》なのになんで将軍に臣従しなきゃならんのだ
僕が将軍だ！武士は僕に従うように
豊臣秀頼《とよとみひでより》
大坂冬の陣（1614年）
大坂夏の陣（1615年）
徳川家康《とくがわいえやす》、征夷大将軍《せいいたいしょうぐん》となり江戸幕府《えどばくふ》を開く（1603年）
方広寺《ほうこうじ》鐘銘事件（1614年）
徳川方《とくがわ》
豊臣《とよとみ》家は関白《かんぱく》を出してるから将軍との上下があいまいでやりにくい
従う気がない豊臣《とよとみ》は潰す！

02 江戸幕府《えどばくふ》の支配はどうやって固められたか?

江戸幕府《えどばくふ》は、武士が守るべき法の**武家諸法度《ぶけしょはっと》**を定めた。さらに全国の大名を従える勢力を背景に、天皇や公家を従わせる**禁中並《きんちゅうならびに》公家《くげ》諸法度《しょはっと》**、寺を従わせる**寺院諸法度《じいんしょはっと》**などを定めて守らせ、武士以外の身分も支配した。こうした支配のための組織は、17 世紀中盤の徳川家光《とくがわいえみつ》の頃までにおおむね形成された。

武士も朝廷も
僧侶も民衆も
決まりは幕府が
決める!
将軍が武士以外も
支配するように
なったの!?
源頼朝《みなもとのよりとも》
徳川家康《とくがわいえやす》
本当は
天皇のほうが
えらいのに……
大名《だいみょう》、寺社、朝廷
民衆

江戸《えど》時代の身分構成

幕末の記録によれば、江戸《えど》時代の人口は 8 割強が農民で、残りが武士、町人、えた・非人、宗教関係者、公家であった。ただ農民も季節労働者として出稼ぎに出ることもあった。

家康《いえやす》～家光《いえみつ》の武断政治

幕府《ばくふ》に逆らう
大名《だいみょう》は潰す
潰され
ちゃった……
僕らはどうやって
食べていけば……
徳川家康《とくがわいえやす》
改易《かいえき》された大名《だいみょう》
大名《だいみょう》の家臣たち、浪人《ろうにん》となる

もう一度
戦国の世だ!
これはまずい
浪人《ろうにん》たち、過激化する
保科正之《ほしなまさゆき》
(徳川家光《とくがわいえみつ》の側近)

家綱《いえつな》～家継《いえつぐ》の文治政治

大名《だいみょう》の
取り潰しを少なく
物騒に
ならないよう
法度も変えよう
徳川綱吉《とくがわつなよし》
でも生類憐《しょうるいあわれ》み
の令はやり過ぎ
じゃない?
柳沢吉保《やなぎさわよしやす》
(徳川綱吉《とくがわつなよし》の側近)

しかし、島原《しまばら》の乱や慶安《けいあん》の変など、武力で幕府《ばくふ》の秩序を破壊しようとする動きもまだ多かった。これらの反乱は、幕府《ばくふ》によって取り潰された大名配下の元武士が中心だった。1651年に将軍になった徳川家綱《とくがわいえつな》の時代以降、これらの不満分子を生み出さないよう大名の取り潰しなどを控える**文治政治**が始まった。

03 幕府《ばくふ》が定めたとされる鎖国《さこく》の真実とは?

幕府《ばくふ》は当初、東南アジア各地に**朱印船《しゅいんせん》**を派遣するなど、貿易に積極的だった。しかし貿易の利益を受けやすいのは、忠誠心に疑問のある九州の大名であった。幕府《ばくふ》はこれに危機感を強め、キリスト教との対立もあって幕府《ばくふ》の管理下以外の貿易を禁止した。これはのちに**鎖国《さこく》**と呼ばれた。

朱印船《しゅいんせん》の航路と当時の主要港

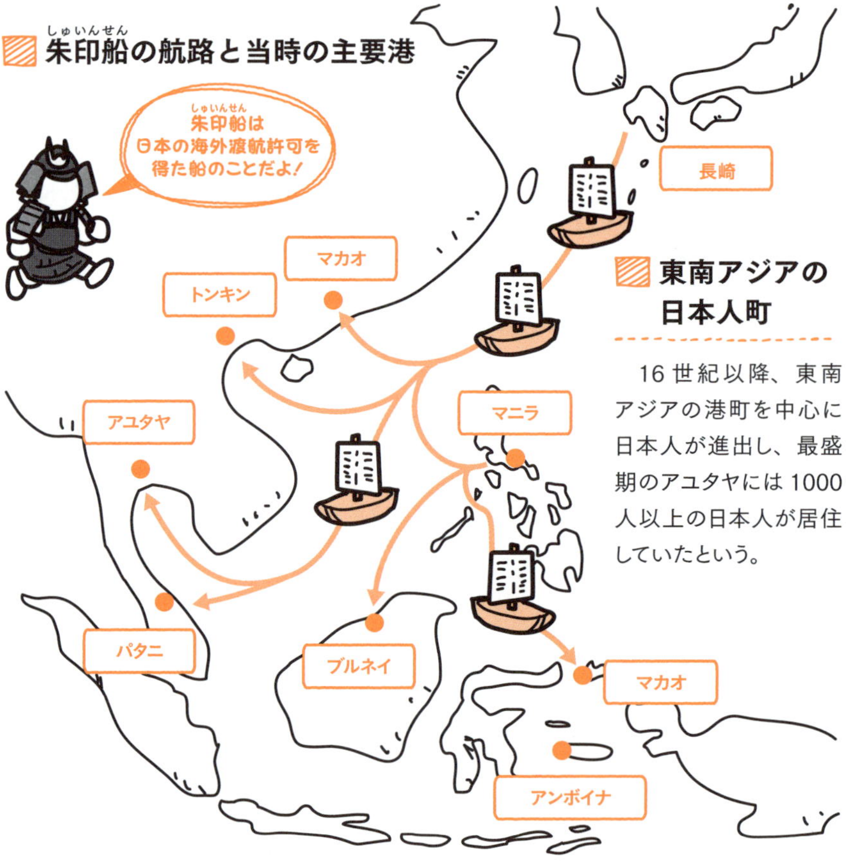
朱印船《しゅいんせん》は
日本の海外渡航許可を
得た船のことだよ!
長崎
マカオ
トンキン
アユタヤ
マニラ
パタニ
ブルネイ
マカオ
アンボイナ

東南アジアの日本人町

16世紀以降、東南アジアの港町を中心に日本人が進出し、最盛期のアユタヤには1000人以上の日本人が居住していたという。

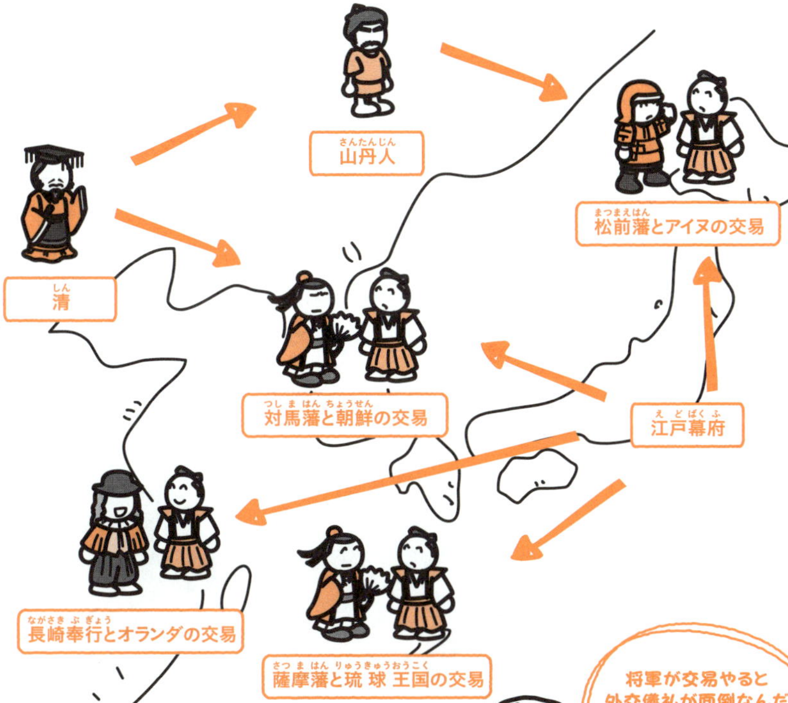
山丹人《さんたんじん》
清《しん》
松前藩《まつまえはん》とアイヌの交易
対馬藩《つしまはん》と朝鮮《ちょうせん》の交易
江戸幕府《えどばくふ》
長崎奉行《ながさきぶぎょう》とオランダの交易
薩摩藩《さつまはん》と琉球王国《りゅうきゅうおうこく》の交易

将軍が交易やると
外交儀礼が面倒なんだ
だから間に
誰か挟んでるんだね

足利義持《あしかがよしもち》
(室町幕府《むろまちばくふ》の4代将軍。
明《みん》に外交儀礼の上で
臣従することをいやがり、
国交を断ったとされる)

オランダ風説書《ふうせつがき》

幕府《ばくふ》は海外の情報源が少ないのを補うため、オランダ商館長にオランダ風説書《ふうせつがき》として海外の情報を提出させ、ある程度外国事情をつかんでいた。

鎖国《さこく》下で幕府《ばくふ》と海外との貿易は主に４つのルートがあった。松前《まつまえ》を経由する**アイヌ・山丹人《さんたんじん》**のルート、対馬《つしま》を経由する**朝鮮《ちょうせん》**のルート（この２つを通じ清《しん》とも間接的に貿易をしていた)、長崎奉行《ながさきぶぎょう》を経由する**オランダ**のルート、薩摩《さつま》を経由する**琉球王国《りゅうきゅうおうこく》**のルートである。幕府《ばくふ》はこの４ルートで小規模の**管理貿易**を行っていた。

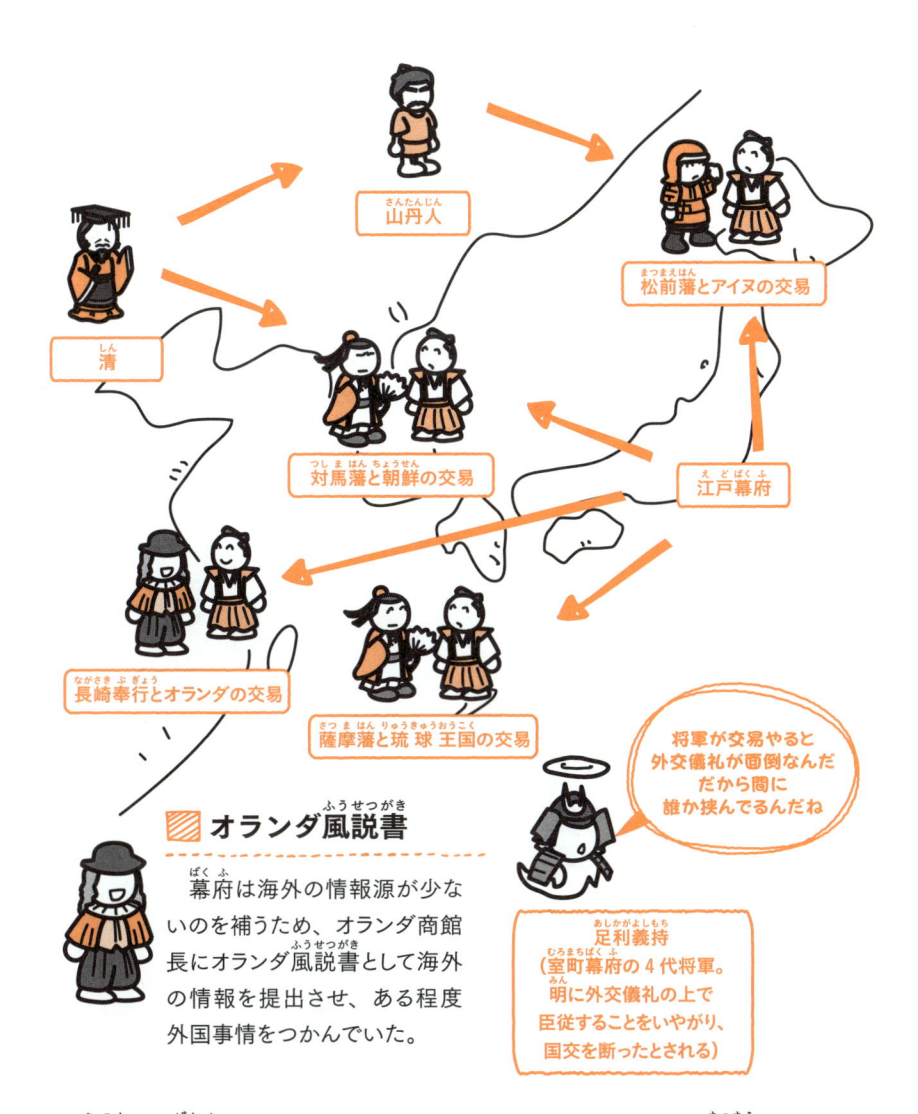

04 江戸《えど》時代の身分と経済の関係は？

江戸《えど》時代の身分は職業と密接に結びついており、各職業に社会集団が形成された。幕府《ばくふ》や大名《だいみょう》はその集団に「**役《やく》（上納金、労力の提供など）**」を申し付け、役《やく》を果たすことで社会集団は公認された。主な集団は農民の村であったが、職人、商人、僧侶、神職、芸能者、えた、非人などの集団もいた。

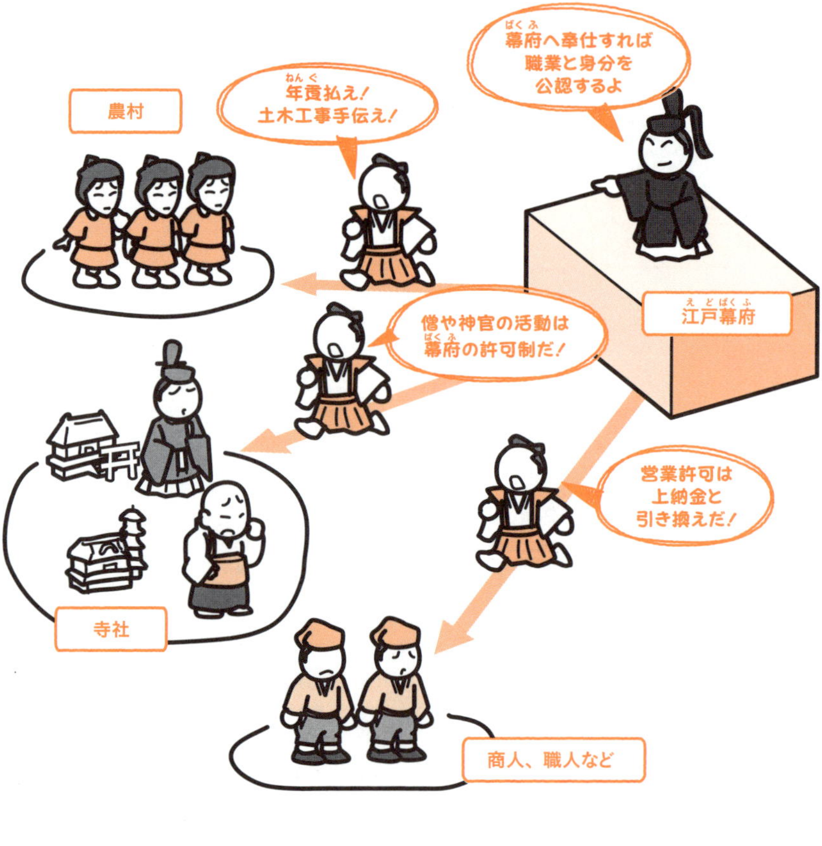
幕府《ばくふ》へ奉仕すれば
職業と身分を
公認するよ
年貢《ねんぐ》払え！
土木工事手伝え！
農村
江戸幕府《えどばくふ》
僧や神官の活動は
幕府《ばくふ》の許可制だ！
営業許可は
上納金と
引き換えだ！
寺社
商人、職人など

田畑永代売買禁止令《でんぱたえいたいばいばいきんしれい》

幕府《ばくふ》は1643年に土地の売買を制限する同令を出した。土地を買い集めて富農が出現するのを防ごうとしたのである。が、実際は不作などで土地を手放さざるをえない農民が続出し、同令は徹底されなかった。

幕府《ばくふ》が重視したのは、人口で7～8割を占める**農民**で、五人組《ごにんぐみ》や寺請《てらうけ》制度で統制を強めた。また農耕技術の向上で農民に貧富の差が出て、富農が小作人《こさくにん》を使うようになった。富農の中間搾取を嫌った幕府《ばくふ》は**田畑の売買を禁止**した。しかし禁止の実効性は薄く、農民の貧富の差はどんどん開いた。

05 江戸《えど》時代には どんな産業があったのか?

江戸《えど》時代には、農業技術がさらに進み、農具が改善された。その主なものは、先をとがらせて固い土を耕しやすくした**備中鍬**《びっちゅうくわ》、稲束からもみを落とす脱穀のスピードを上げた**千歯こき**《せんば》である。また干鰯《ほしか》、油粕《あぶらかす》などの金肥《きんぴ》（購入肥料）も普及した。これらの技術は『**農業全書**《のうぎょうぜんしょ》』などの書物で全国へ広まった。

農業技術の変化

安土桃山《あづちももやま》時代以前
江戸《えど》時代後期
耕作……硬い土が耕せない
備中鍬《びっちゅうくわ》……硬い土の耕作が可能に
脱穀……稲束を叩きつけ、もみを落とす
千歯こき……稲束を引くだけでもみが落ちる
全国の石高……1851万石(1598年)
全国の石高……3056万石（1834年）

石高は『一目でわかる江戸時代』（小学館）による

江戸《えど》時代の主要な港町と航路

当時の海路は酒田《さかた》から江戸《えど》までを西廻りで行くか東廻りで行くかに分かれており、距離は長いが大消費地を経由し、安全性の高い西廻り航路が主に使われた。

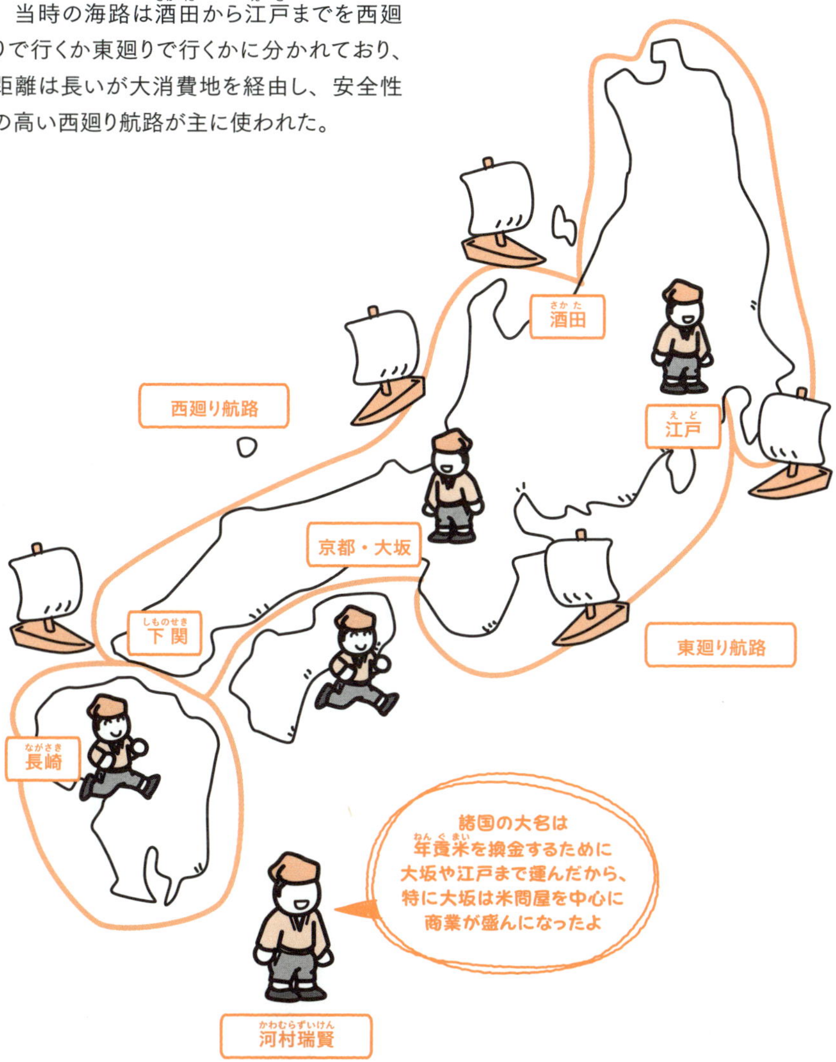
酒田《さかた》
江戸《えど》
西廻り航路
京都・大坂
下関《しものせき》
東廻り航路
長崎《ながさき》
諸国の大名は
年貢米《ねんぐまい》を換金するために
大坂や江戸まで運んだから、
特に大坂は米問屋を中心に
商業が盛んになったよ
河村瑞賢《かわむらずいけん》

また江戸《えど》で暮らす大名《だいみょう》たちが、領地で取れた年貢《ねんぐ》を換金するため、多くの荷物を運べる**海上輸送**が発達した。その主なものは、17 世紀に活躍した商人・河村《かわむら》瑞賢《ずいけん》が開拓した**東廻り航路、西廻り航路**である。海上輸送が発達すると、江戸《えど》などの人口密集地に売るために各地で特産品が開発された。

06 三大改革に見る幕政の行き詰まりとは？

享保《きょうほう》・寛政《かんせい》・天保《てんぽう》の改革で、徳川吉宗《とくがわよしむね》をはじめとする改革者は、農民にたくさん米を作らせ、**幕府《ばくふ》の財政を再建**しようとした。しかし現実には、農業・流通の技術向上で米の流通量が上がり、**米価は下落傾向**にあって、年貢米《ねんぐまい》を換金して収入を得る幕府《ばくふ》の財政再建は厳しかった。

諸物価に対する米価

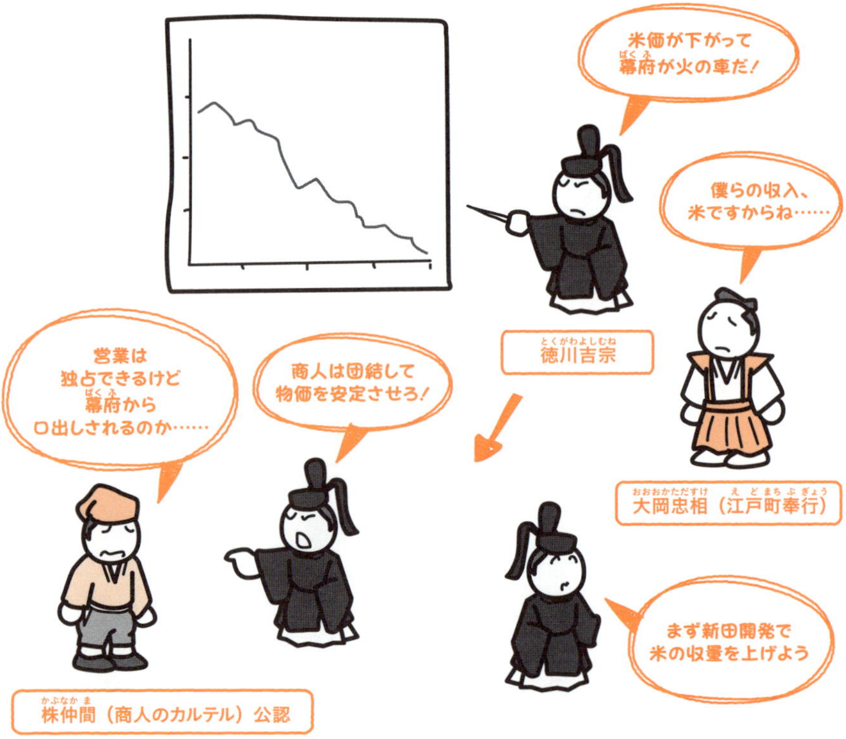
米価が下がって
幕府《ばくふ》が火の車だ！
徳川吉宗《とくがわよしむね》
僕らの収入、
米ですからね……
大岡忠相《おおおかただすけ》（江戸町奉行《えどまちぶぎょう》）
営業は
独占できるけど
幕府《ばくふ》から
口出しされるのか……
商人は団結して
物価を安定させろ！
まず新田開発で
米の収量を上げよう
株仲間《かぶなかま》（商人のカルテル）公認

人足寄場《にんそくよせば》

農村から江戸《えど》へ出稼ぎに来た者は、伝手《つて》がなく犯罪者になることが多かったため、犯罪者に職業訓練を行い更生する施設として 1790 年に創設された。

農村から江戸《えど》などの都市へ人口が流入する理由も主に米価の下落であった。収入が減って**没落した農民**は、小作人《こさくにん》となる以外では、**都市へ出稼ぎ**に行って日雇いの仕事で食べていこうとした。三大改革は新田開発や人返しによって農村へ人を戻そうとしたが、農民の没落を止められず効果は限られていた。

07 一揆《いっき》・打ち壊しはなぜ発生した？

17世紀後半頃の一揆《いっき》は、村役人などの有力な農民が領主と対立して、領主よりも上級の行政機関に訴えを起こすこと（**越訴《おっそ》**）が主流であった。領主との対立が激化して徒党を組んで実力行使に及ぶこともあり、その場合は幕府《ばくふ》もその指導者に対して極刑などの厳しい対応で臨んだ。

17世紀後半頃の一揆《いっき》

村の有力者が代表して上級行政機関に村の要求を訴える代表越訴《だいひょうおっそ》が主なものだが、実力行使に及ぶこともあった。

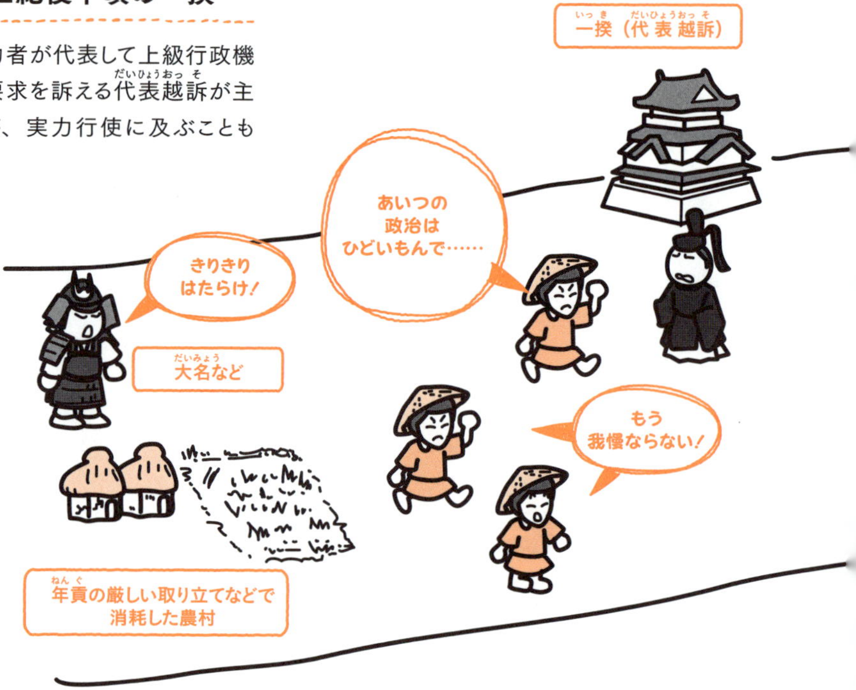
一揆《いっき》（代表《だいひょう》越訴《おっそ》）
あいつの政治はひどいもんで……
きりきりはたらけ！
大名《だいみょう》など
もう我慢ならない！
年貢《ねんぐ》の厳しい取り立てなどで消耗した農村

江戸《えど》時代後半になると、物価の乱高下があった際などに生活が苦しくなった民衆は、その不満を政治に転嫁して幕府《ばくふ》や領主などに実力行使を伴う一揆《いっき》（**世直し一揆《いっき》**）を行った。また都市民は物価上昇を商人の買い占めが原因と考え、商人の蔵などを破壊して制裁する**打ち壊し**に及ぶこともあった。

幕末の一揆《いっき》

幕末は物価の高騰などの社会不安を背景に、実力行使を伴う一揆《いっき》・打ち壊しが増加。これらは明治政府に対しても行われた。

一揆《いっき》（世直し一揆《いっき》）
物価が高いのは政治が悪い！
物価が高すぎて生活できない！
物価が高いのは商人が買い占めしてるからだ！
打ち壊し

08 元禄《げんろく》文化の後世への影響とは？

17 世紀後半から 18 世紀初頭に、**元禄文化《げんろくぶんか》**が栄えた。この文化の背景は、各地で商品作物や手工業による特産物生産が盛んとなり、それを扱う**商人**たちも経済力を高めたことにある。そのため元禄《げんろく》文化は、商人たちが好む庶民的・写実的なものとなり、その中心は経済・流通が盛んだった**京都・大坂**であった。

17 世紀後半頃の特産物

17 世紀後半は、物流の中心であった大坂・京都に向けての特産物が多く開発された。産地も主に西日本であった。

諸国の特産品で大もうけしたら芸術に凝りたくなったわ
京都、大坂の商人
萩焼《はぎやき》
阿波藍《あわあい》
紀州《きしゅう》みかん
有田焼《ありたやき》
大名《だいみょう》たちも財政再建のため、特産物の開発・販売を奨励したよ。僕の地元・紀州《きしゅう》もみかんが有名だね。
徳川吉宗《とくがわよしむね》

朱子学《しゅしがく》

儒学《じゅがく》の一派で、日本では身分上下の区別を重視すると解釈された。反乱を抑えるため幕府《ばくふ》が広めたが、のちに尊王論の理論的基盤となる。

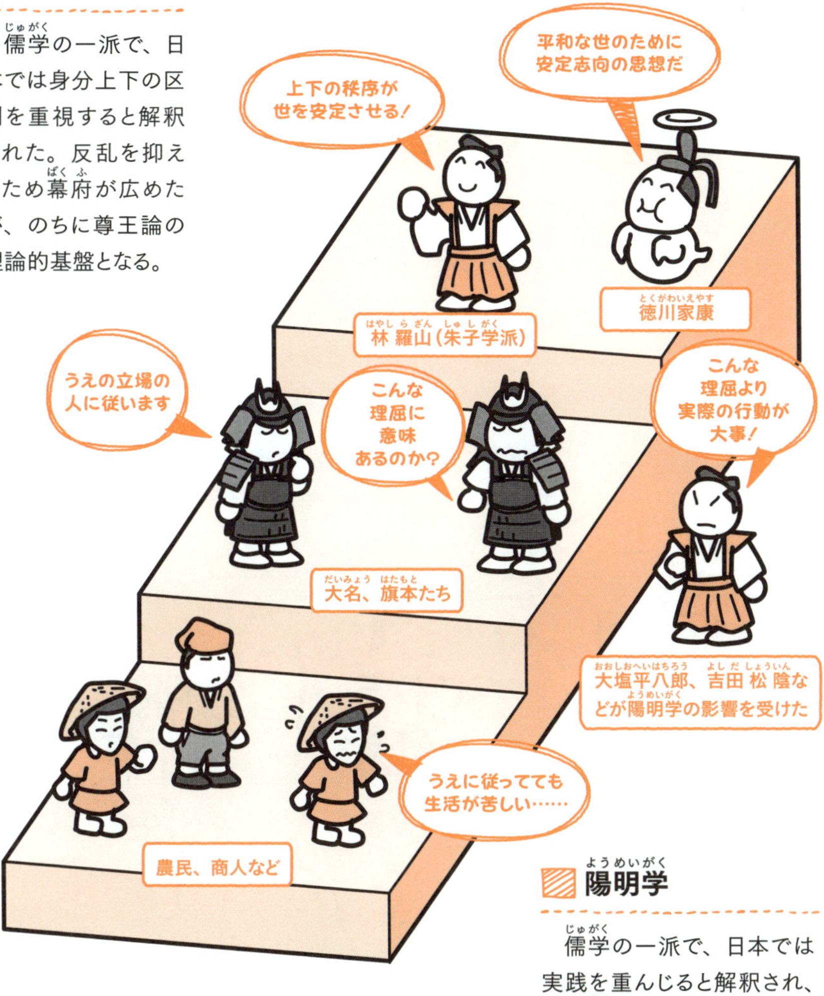
上下の秩序が
世を安定させる！
平和な世のために
安定志向の思想だ
林《はやし》羅山《らざん》(朱子学《しゅしがく》派)
徳川家康《とくがわいえやす》
うえの立場の
人に従います
こんな
理屈に
意味
あるのか？
こんな
理屈より
実際の行動が
大事！
大名《だいみょう》、旗本《はたもと》たち
大塩平八郎《おおしおへいはちろう》、吉田松陰《よしだしょういん》などが陽明学《ようめいがく》の影響を受けた
うえに従ってても
生活が苦しい……
農民、商人など

陽明学《ようめいがく》

儒学《じゅがく》の一派で、日本では実践を重んじると解釈され、朱子学《しゅしがく》に飽き足らない者や反体制派に広まった。

元禄《げんろく》時代は**朱子学《しゅしがく》・陽明学《ようめいがく》**という儒学の２大潮流が広まった。君臣関係など**封建的秩序**を重んじるとされた朱子学《しゅしがく》は幕府《ばくふ》に重んじられ、公式の学問とされた。しかし朱子学《しゅしがく》に飽き足らない者のなかには、**道徳の実践**を重視するとされ、現実社会の問題を解決しようとした陽明学《ようめいがく》に傾倒する者もいた。

09 宝暦《ほうれき》・天明《てんめい》文化の後世への影響とは？

宝暦《ほうれき》年間（1751 ～ 64 年）以降、各地で**寺子屋**《てらこや》（手習指南《てならいしなん》）が増加した。その背景には、行政手続の多くを文書で行う幕府《ばくふ》の**文書主義**があり、ほとんどの身分でよいポストにつく際にある程度の読み書き計算を必要とした、という状況があった。寺子屋《てらこや》は私立の教育機関で、先生の多くは下級武士や僧の副業だった。

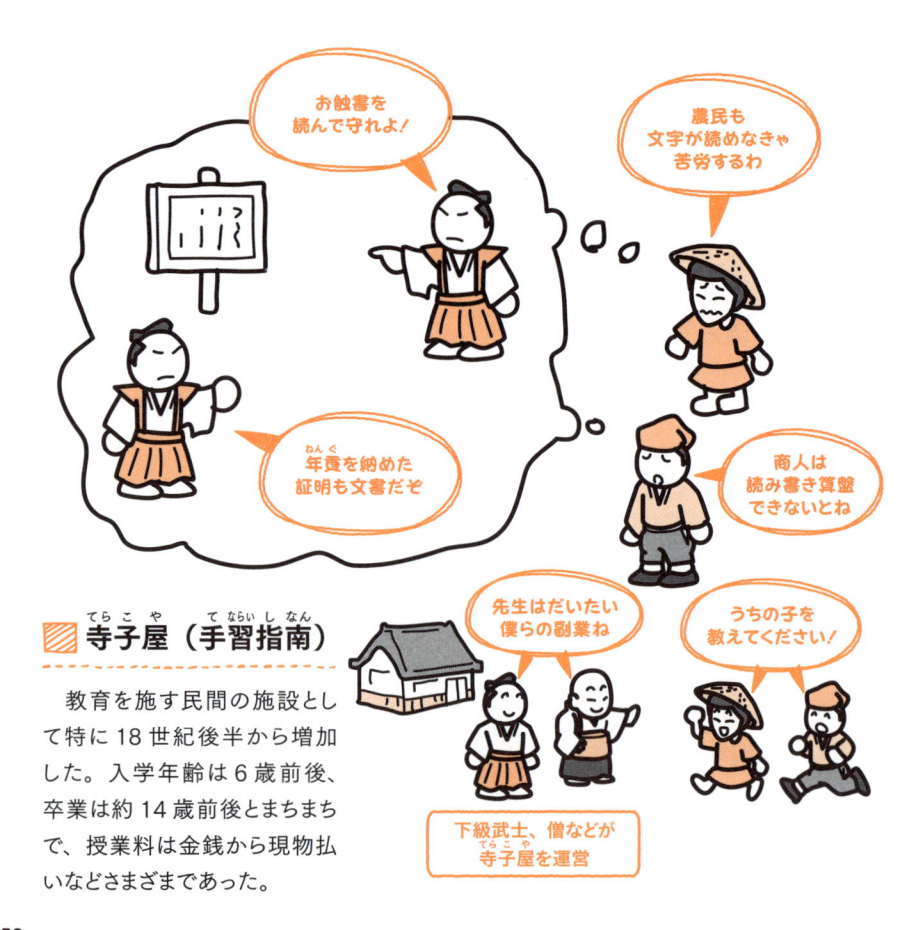

お触書を
読んで守れよ！
年貢《ねんぐ》を納めた
証明も文書だぞ
農民も
文字が読めなきゃ
苦労するわ
商人は
読み書き算盤
できないとね

寺子屋《てらこや》（手習指南《てならいしなん》）

教育を施す民間の施設として特に 18 世紀後半から増加した。入学年齢は 6 歳前後、卒業は約 14 歳前後とまちまちで、授業料は金銭から現物払いなどさまざまであった。

先生はだいたい
僕らの副業ね
うちの子を
教えてください！
下級武士、僧などが
寺子屋《てらこや》を運営

庶民が文字を
読めるなら
庶民へ文学が
売れる！
庶民は
恋愛が
好きなはず！
色恋の本など
風紀が乱れる！
蔦屋《つたや》重三郎《じゅうざぶろう》
（出版元）
山東京伝《さんとうきょうでん》、黄表紙《きびょうし》（大人
向けの絵本）をヒットさせる
松平定信《まつだいらさだのぶ》、山東京伝《さんとうきょうでん》らを処罰
お前らの本は
発禁！
需要はある……
発禁本とか
貸してもうけよう
そんなぁ……
日本人は
みんな
本読んでるなぁ
幕末に来日したペリーらは、
庶民の識字率の高さに驚
いたという。

庶民の識字率が上がると、**庶民向けの文学**も発達した。主に活躍した絵師・戯作者の**山東京伝《さんとうきょうでん》**などは、挿絵付きで恋愛など大人向けの世情を扱った**黄表紙《きびょうし》**を書き人気を博した。これらはときに幕府《ばくふ》から弾圧されたが、貸本屋などで読み継がれ、幕末に来日した外国人が驚くほどの識字率の高さの一因となった。

10 化政《かせい》文化はなぜ花開いたか？

宝暦《ほうれき》・天明《てんめい》のあと、**松平定信《まつだいらさだのぶ》**が主導した**寛政《かんせい》の改革**で思想統制が行われ、山東京伝《さんとうきょうでん》などの戯作者や蔦《つた》屋《や》重三郎《じゅうざぶろう》などの出版関係者が処罰された。このためいったん文化はしぼんでいった。しかし松平定信《まつだいらさだのぶ》が解任され、定信《さだのぶ》の政策を引き継いだ寛政《かんせい》の遺老も政治から去ると、華やかな**化政《かせい》文化**が生まれる。

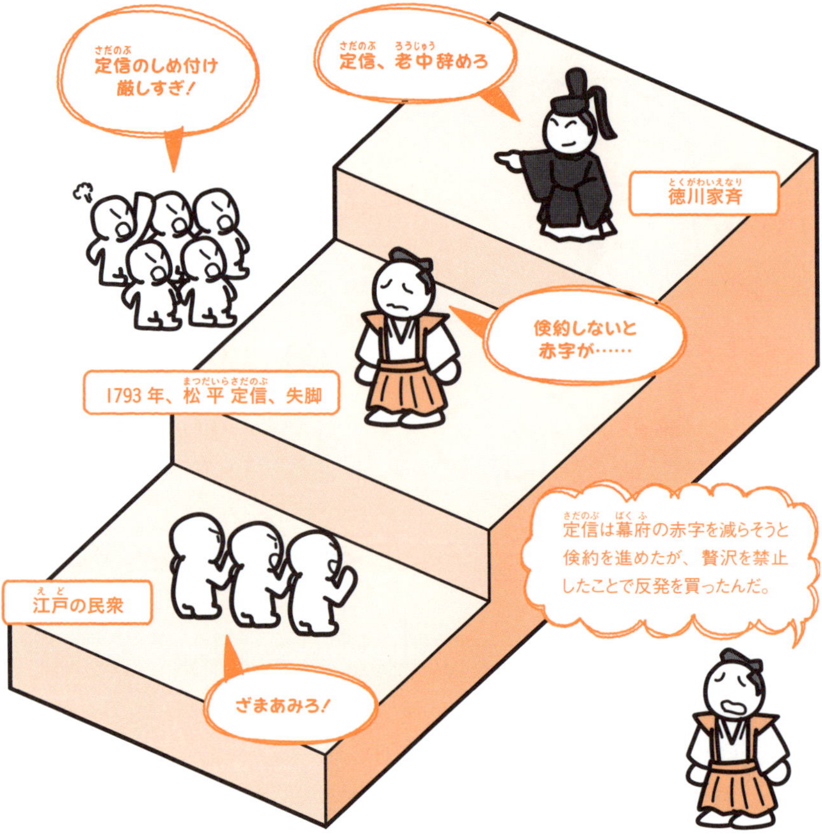
定信《さだのぶ》のしめ付け厳しすぎ！
定信《さだのぶ》、老中《ろうじゅう》辞めろ
徳川家斉《とくがわいえなり》
倹約しないと赤字が……
1793年、松平定信《まつだいらさだのぶ》、失脚
江戸《えど》の民衆
ざまあみろ！
定信《さだのぶ》は幕府《ばくふ》の赤字を減らそうと倹約を進めたが、贅沢を禁止したことで反発を買ったんだ。

主な化政文化《かせい》

定信《さだのぶ》の仲間たちも
いなくなったし、
伸び伸びやろう！
徳川家斉《とくがわいえなり》

しめ付けがないし、
大長編をやるぞ！
曲亭馬琴《きょくていばきん》、南総里見八犬伝《なんそうさとみはっけんでん》を著す

徳川家斉《とくがわいえなり》の時代

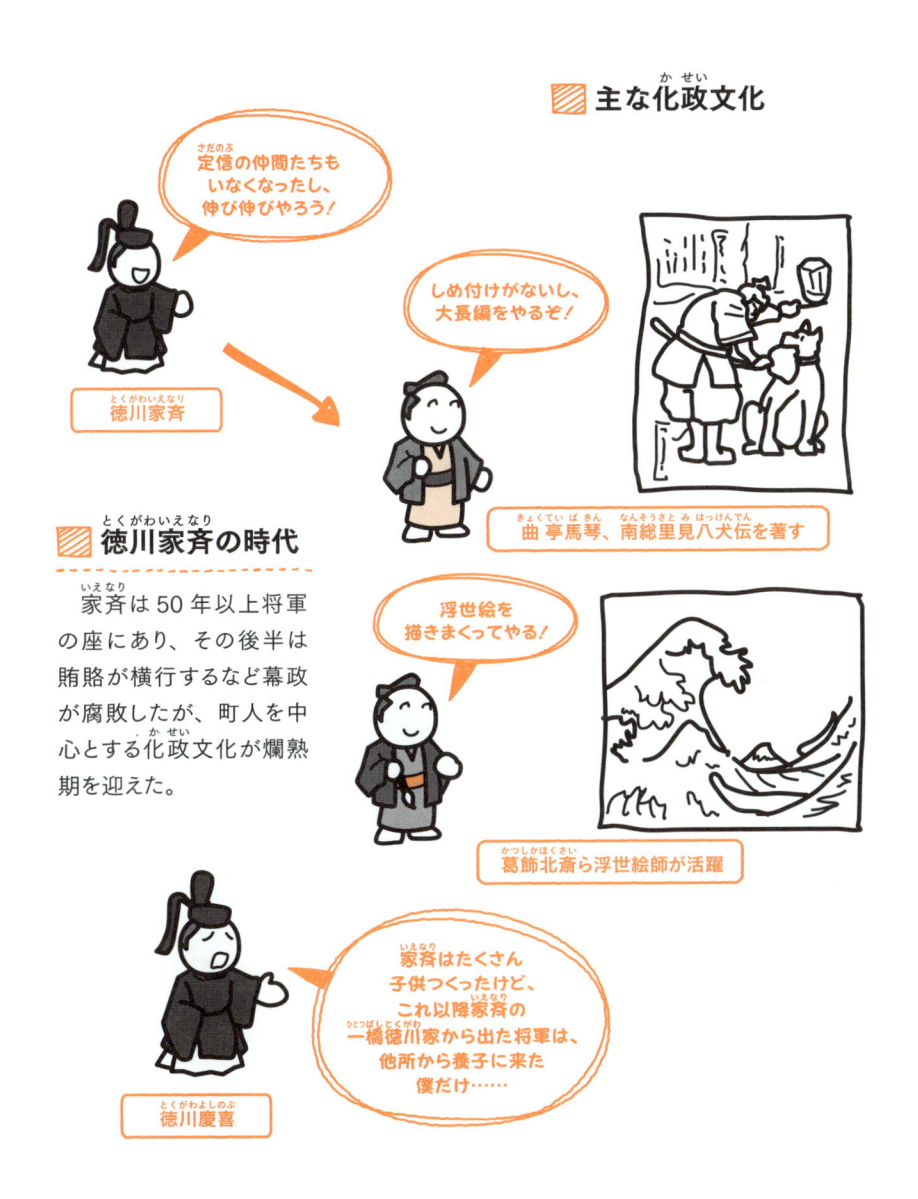

家斉《いえなり》は50年以上将軍の座にあり、その後半は賄賂が横行するなど幕政が腐敗したが、町人を中心とする化政《かせい》文化が爛熟期を迎えた。

浮世絵を
描きまくってやる！
葛飾北斎《かつしかほくさい》ら浮世絵師が活躍

家斉《いえなり》はたくさん
子供つくったけど、
これ以降家斉《いえなり》の
一橋徳川家《ひとつばしとくがわ》から出た将軍は、
他所から養子に来た
僕だけ……
徳川慶喜《とくがわよしのぶ》

化政《かせい》文化の時代を代表する作品は、文芸では**曲亭馬琴《きょくていばきん》の『南総里見八犬伝《なんそうさとみはっけんでん》』**、絵画では**葛飾北斎《かつしかほくさい》の『富嶽三十六景《ふがくさんじゅうろっけい》』**が挙げられる。こうした絢爛豪華な文化が花開く一方、定信《さだのぶ》の時代から厳しかった幕府《ばくふ》の財政は、この時代でさらに悪化し、のちの天保《てんぽう》の改革でも取り返せないほどとなった。

11 開国前夜の日本の国際関係は？

イギリス、ロシア、オランダ、アメリカなどが植民地や領土を広げつつ日本の周辺まで勢力を広げてきた。そして18世紀後半には、これらの国々から**自由な通商を求める使者が来日していた**。しかし幕府《ばくふ》は、あくまで幕府《ばくふ》の管理下にある長崎でのみ貿易を受け付けるという態度を保った。

オランダの開国勧告

オランダは幕府《ばくふ》に、清《しん》がアヘン戦争で敗北して開国を強要されたことを伝え、少しずつ通商するよう勧めたが、幕府《ばくふ》はその策を採らなかった。

開国したほうがいいよ
お断りだ！
外国船は追い払え！
いや、追い払えるの？
アメリカは1846年にビッドル提督を派遣、穏健な態度で幕府《ばくふ》に開国を求めたが失敗した。これがペリーの強硬な態度につながったといわれている。

インド（イギリス領）から
密輸されるアヘンで
みんなアヘン中毒、
国がボロボロ……
道光帝《どうこうてい》（清《しん》の皇帝）
アヘン
取り締まるわ
清《しん》が
アヘン買わないと
イギリスが
貿易赤字だろ！
じゃあ
戦争だ！
豊臣秀吉《とよとみひでよし》
僕の時代より
エグくない？
清《しん》とイギリスの間でアヘン戦争（1840 年）
アヘン
買えよ
土地と金も
よこせ
清《しん》、敗戦し貿易を強要される
今の国の
仕組みじゃ
西洋に勝てない

アヘン戦争の日本への影響

清《しん》の敗北は日本の武士たちに、西洋諸国の圧倒的な軍事力を知らしめ、変革が必要だという風潮が武士たちに広まった。

清《しん》とイギリスの間で、アヘン密貿易をめぐる争いから 1840 年に**アヘン戦争**が勃発。これに清《しん》が大敗し、欧米列強の圧倒的な軍事力が知られると、幕府《ばくふ》は欧米列強への態度を軟化させた。また武士たちの間で、欧米列強に対抗するための大規模な変革の必要性が叫ばれるようになった。

ファッションCHECK

江戸《えど》時代

二つ折髷《おりまげ》

前髪を剃り、後ろ髪を結ぶ髷《まげ》のスタイルは、髪で兜がずれないようにするのが由来らしい。

肩衣《かたぎぬ》

胸に自分の家紋が入る大事なアイテム。ピンと伸ばすことで謹厳実直さをアピール。

長袴《ながばかま》

殿中《でんちゅう》ではよからぬことができないよう、長すぎる裾でわざと動きにくくするのがマナーだ。

大名《だいみょう》が３月３日、５月５日などの節日に江戸《えど》城へ登城した際の礼装。いわゆる殿中で着るべき服である。江戸《えど》時代の武士は特に外見の威儀を整えることが重視されていて、髷《まげ》を結えなくなった武士は（髪の毛が少なくなった＝老いた、という理由で）家督を譲って引退したともいわれている。

二つ折髷《おりまげ》
もともと髷《まげ》は武士の髪型だったけれど、江戸《えど》時代には町人もこれを真似るようになったよ。
紙子《かみこ》羽織《はおり》
紙子《かみこ》は和紙をもんだ物に布を貼り付けた上着。粋人は貴重な絵や書をわざわざ使ったとか。
帯
平和な時代が続くと、帯も実用より意匠をアピールする役目が大きくなり、幅が太くなっていった。
江戸《えど》時代・町人

威儀を示さなければならない武士たちと比べて、町人たちの服装はその経済力もあって自由であった。羽織《はおり》は比較的取り替えやすいため、流行の変化も目まぐるしかったという。寛政《かんせい》の改革などで華美な服装が取り締まられたときは、ぜいたくな模様を裏地や下着など表に出ない部分に施して競ったという。

column 07

江戸出府《えどしゅっぷ》中の大名《だいみょう》は意外と忙しい

江《え》戸《ど》城では暇だったが、屋敷では?

参勤交代《さんきんこうたい》は徳川家光《とくがわいえみつ》の時代に定められた制度で、ほとんどの大名《だいみょう》が1年ごとに領地と江戸《えど》を往復させられていた。大《だい》名《みょう》が江戸《えど》に出ている状態を出府《しゅっぷ》というが、出府《しゅっぷ》中の大名《だいみょう》は毎日江戸《えど》城に登城して仕事をしていたのだろうか?

実際は、大名《だいみょう》が江戸《えど》城に出仕するのは定められた**出仕日**と、五節句など特別な日のみで、月に数日程度であった。また登城中も基本的には伺候席《しこうせき》という控室で、同じく登城した大名《だいみょう》と雑談している時間がほとんどであったという。

そのほかは各大名《だいみょう》が江戸《えど》に構えた**屋敷**にいる。これではやることもなく退屈であろう、かと思いきや、本国と江戸《えど》の間には飛脚《ひきゃく》が通っていて、その報告を頼りに江戸《えど》にいながらにして領地の政務を取らなければならなかった。大きな問題が発生した際には家老《かろう》が江戸《えど》までやってきて、大名《だいみょう》と意見を交わしたりした。大名《だいみょう》も楽ではなかったのである。

chapter 08

「明治時代」

太平の眠りも終わりが来た。風雲急を告げる世界情勢に、日本は因習をかなぐり捨てて飛び込んでいく。立ちはだかるのは眠れる獅子か、北天の熊か、それとも……

section

01 日本が開国したときにどんな影響があった？

1853年にアメリカの**ペリー**が太平洋《たいへいよう》艦隊を率いて浦賀《うらが》に来航した。ペリーは海岸を測量するなど威圧的な態度で江戸幕府《えどばくふ》に開国を迫り、幕府《ばくふ》は**開国（日米和《にちべいわ》親《しん》条約の調印）**を余儀なくされる。その後幕府《ばくふ》や一部の進歩派大名《だいみょう》は、西欧列強に対抗するため海外の技術を取り入れようとする。

1853年、浦賀《うらが》にアメリカのペリー来航

開国してよね！
ペリー

鎖国《さこく》の動揺

ペリーの来航をきっかけに、幕府《ばくふ》では老中《ろうじゅう》の阿部正弘《あべまさひろ》などから、もう開国の拒絶は困難、むしろ海外の技術を摂取して国力を高めるべき、という意見が出てきた。

こいつに逆らうのはまずそう……もう開国しかないっぽい……

清《しん》を潰して漢《かん》民族の国を!
ひえぇ……
太平天国《たいへいてんごく》の乱で清《しん》が混乱
咸豊帝《かんぽうてい》(清《しん》の皇帝)
物が江戸《えど》から横浜に流れて物価が上がっちゃう!
外国人のいる横浜がもうかる!
清《しん》に軍事介入するから物が欲しいな
江戸《えど》
高く買うよ!
横浜《よこはま》
幕府《ばくふ》の文官
ヨーロッパ諸国
こら! 品物はまず江戸《えど》に回せ!
外国との貿易が始まると、生糸などが輸出されて品薄になり、物価が上がってみんなが不安がったから、幕府《ばくふ》は貿易統制をかけたよ。外国の圧力ですぐやめたけど……。

開国によって貿易が解禁されたが、生糸を中心に日本の輸出超過となった。このため**国内の物資が不足して物価が上昇**し、民衆の間に社会不安が高まった。幕府《ばくふ》は五品江戸廻送令《ごひんえどかいそうれい》を発して貿易統制をかけ物価を安定させようとするが、西欧列強の干渉で頓挫した。このため**幕府《ばくふ》の政策に対する不満がたまっていった**。

02 公武合体《こうぶがったい》vs尊皇攘夷《そんのうじょうい》とは？

江戸幕府《えどばくふ》は朝廷の許可を得ず開国した。そして開国後の経済的混乱などを背景に、「幕府《ばくふ》は朝廷に従うべき」という**尊皇《そんのう》思想**が一部の武士に広まる。幕府《ばくふ》は尊皇《そんのう》思想を弾圧する（安政《あんせい》の大獄）が、井伊直弼《いいなおすけ》が暗殺され断念。幕府《ばくふ》は朝廷に接近し（**公武合体《こうぶがったい》**）反幕府《ばくふ》の動きに備えた。

江戸幕府《えどばくふ》、朝廷の許可を得ず開国

今のうちに
開国したほうが
条件マシだと思うよ
開国するから
せめてアヘンは
禁輸で……
幕府《ばくふ》が勝手に
決めるな！
ハリス（アメリカ領事）
井伊直弼《いいなおすけ》（大老《たいろう》）
孝明《こうめい》天皇

日米修好通商条約《にちべいしゅうこうつうしょうやく》

1858年に幕府《ばくふ》がアメリカと署名した条約。ハリスは「清《しん》のようにイギリスに侵略されたくないなら、あらかじめアメリカと条約を結んでおくべき」と井伊《いい》直弼《なおすけ》を説得した。

開国に
朝廷の許可は
いらないと
思ったんだけど
1860年、井伊直弼《いいなおすけ》
桜田門外《さくらだもんがい》で暗殺される

薩摩《さつま》・長州《ちょうしゅう》が倒幕に走るまで

逆らうなら
戦争で倒す！
薩英《さつえい》戦争（1863年）薩摩《さつま》敗北
下関《しものせき》戦争（1863～64年）長州《ちょうしゅう》敗北
ヨーロッパが
強すぎて
勝てない……
開国して
力を蓄える
しかないよ
でも幕府《ばくふ》は
朝廷と組んで
攘夷《じょうい》とか
言いだしてるよ
幕府《ばくふ》
朝廷
薩摩《さつま》
長州《ちょうしゅう》
公武合体《こうぶがったい》

尊皇攘夷《そんのうじょうい》は天皇をうやまい西欧列強を武力で追い払おうとする思想であったが、有力な大名の**薩摩《さつま》・長州《ちょうしゅう》**は薩英《さつえい》戦争や下関《しものせき》戦争などで外国の力を思い知り、**中央集権国家**を作って国力を高めなければ外国には勝てないという意見に傾いた。そこで現状の地方分権的な体制を保持しようとする幕府《ばくふ》を倒そうとした。

03 倒幕運動はなぜ成功したか？

薩摩《さつま》・長州《ちょうしゅう》は朝廷と幕府《ばくふ》を武力で倒そうとする。対して幕府《ばくふ》は朝廷へ統治権を返す**大政奉還**《たいせいほうかん》を行う。この狙いは、幕府《ばくふ》は表面上で朝廷に従うふりをして朝廷と幕府《ばくふ》が戦う理由をなくし、その後で親幕府《ばくふ》派の大名と結託し朝廷の政治に口出しすることだった。倒幕側は将軍・徳川慶喜《とくがわよしのぶ》に冠位と土地を返上する**辞官納地**《じかんのうち》を迫る。

幕府《ばくふ》が政権を朝廷に返す大政奉還《たいせいほうかん》って意味あるの?
将軍・徳川慶喜《とくがわよしのぶ》
朝廷が政権返されたら、政府はたぶん有力者の合議になって、旧幕府《ばくふ》派が多数派だし主導権取れるよ
大名《だいみょう》・山内容堂《やまうちようどう》
幕府《ばくふ》や穏健派はこんな考えだろうけどさ
大久保利通《おおくぼとしみち》
徳川《とくがわ》は維新の邪魔だから叩き潰したいよね
岩倉具視《いわくらともみ》

慶喜《よしのぶ》、
土地よこせ
土地なくなったら
臣下食わせ
られんぞ！
薩摩《さつま》や長州《ちょうしゅう》め
好き勝手
やりやがって！
岩倉具視《いわくらともみ》
徳川慶喜《とくがわよしのぶ》
松平容保《まつだいらかたもり》
江戸《えど》城が
落ちても
戦うぞ！
将軍が
逃げた？
もう戦えないよ
江戸《えど》城渡そう
榎本武揚《えのもとたけあき》
鳥羽伏見《とばふしみ》の戦い（1868年1月）
勝海舟《かつかいしゅう》
僕は
朝敵には
なれない
……
明治天皇
幕府《ばくふ》は
朝敵ね
1868年4月、江戸《えど》城が明治政府に引き渡され、江戸幕府《えどばくふ》は滅んだ。しかし東北の大名《だいみょう》や一部の幕臣（榎本武揚《えのもとたけあき》）などは抗戦を続けた。
慶喜《よしのぶ》、逃亡

辞官納地《じかんのうち》では土地を朝廷に献上することになり、幕府《ばくふ》は臣下を養えなくなる。幕府《ばくふ》は辞官納地《じかんのうち》を拒み、鳥羽伏見《とばふしみ》の戦いから**戊辰《ぼしん》戦争**が開戦。兵力は幕府《ばくふ》がうえであったが、倒幕側が武器に優れていたこと、また開国からの幕府《ばくふ》政治の混乱で民衆も幕府《ばくふ》を支持せず敗戦、江戸《えど》城を明け渡して**幕府《ばくふ》は滅亡**する。

04 海外に学ぼうとした幕末・明治の日本人とは？

西欧列強の国力が優れていると知った幕府《ばくふ》や大名《だいみょう》は、若く優秀な人間を使節や留学生として欧米に送り込んだり、外国人の専門家を大金で雇って技術を得ようとした。そのなかには、幕府《ばくふ》からアメリカに送り込まれた**福沢諭吉《ふくざわゆきち》**、長州《ちょうしゅう》からイギリスに留学した**伊藤博文《いとうひろぶみ》**など、明治時代に活躍する人物も多くいた。

薩摩《さつま》・長州《ちょうしゅう》の留学生

薩摩《さつま》や長州《ちょうしゅう》は欧米列強に学ぶことを特に重視し、優秀な若者を留学させていた。そのなかには長州《ちょうしゅう》の伊藤博文《いとうひろぶみ》、薩摩《さつま》の森有礼《もりありのり》など、明治時代に活躍する人物が多く含まれた。

初代文部大臣として学校教育を整備したよ！
森有礼《もりありのり》
日本の初代総理大臣になったよ
伊藤博文《いとうひろぶみ》
英語の先生として呼ばれたけど日本は面白い国だ
ハーン（小泉八雲《こいずみやくも》）

またこうして海外から雇われた専門家のなかには、貝塚《かいづか》を発見し日本の考古学を発展させた**モース**、当時は西欧に傾倒するあまり軽視され荒廃していた日本の伝統美術・建築を保護しようとした**フェノロサ**、日本の文化について著述し海外に広めた**ハーン（小泉八雲《こいずみやくも》）**など、技術指導以上の影響を与えた者もいた。

お雇い外国人

江戸幕府《えどばくふ》、諸藩《しょはん》、明治政府などは、海外の技術、学問、制度を学ぶため、専門家を多額の報酬で招聘《しょうへい》し、日本の近代化に貢献した。

僕は農学を教えるため雇われたのよ
クラーク

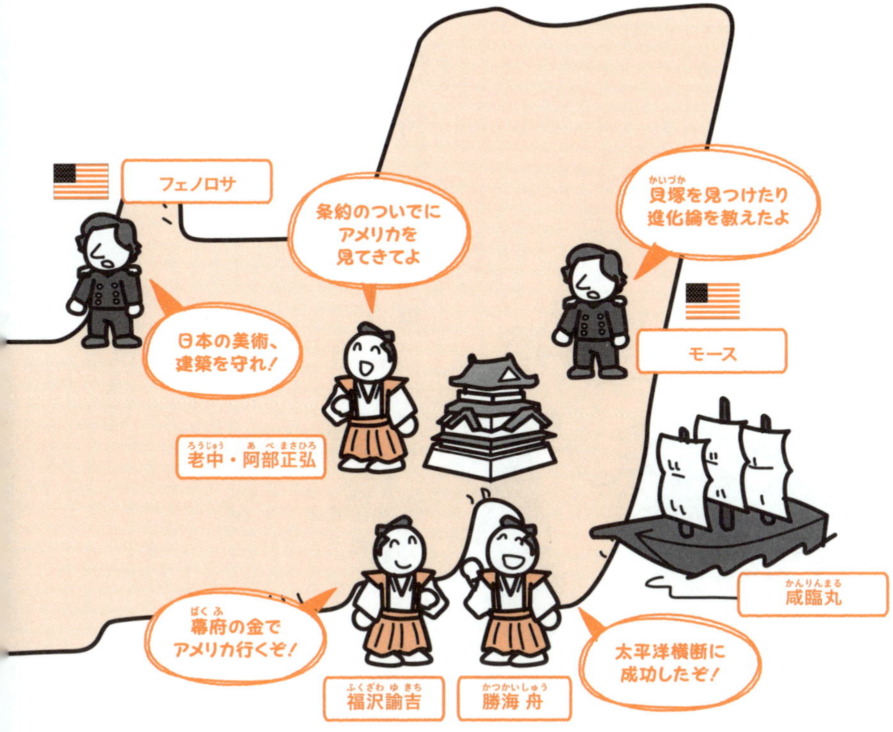
フェノロサ
日本の美術、建築を守れ！
条約のついでにアメリカを見てきてよ
老中《ろうじゅう》・阿部正弘《あべまさひろ》
貝塚《かいづか》を見つけたり進化論を教えたよ
モース
咸臨丸《かんりんまる》
幕府《ばくふ》の金でアメリカ行くぞ！
福沢諭吉《ふくざわゆきち》
勝海舟《かつかいしゅう》
太平洋横断に成功したぞ！

05 明治政府の政治改革の狙いは何か？

明治政府は大名《だいみょう》による支配を踏襲した藩《はん》という行政単位を廃止して県にし、県政は政府が行う決定をした（**廃藩置県《はいはんちけん》**）。これは明治政府が日本全国を一元的に支配するという仕組みで、平安時代前期以来の中央集権である。明治政府は藩《はん》の借金を肩代わりするなどして、これを断行した。

廃藩置県《はいはんちけん》の意図

何百年ぶりに、やっと武士から土地を取り戻せたのか……
後鳥羽上皇《ごとば》
全国を明治政府の法律で支配するから、大名は土地を全部明治政府へよこせ！
明治天皇

僕の辞官納地《じかんのうち》をほかの大名《だいみょう》にもやらせたのか
徳川慶喜《とくがわよしのぶ》

廃藩置県《はいはんちけん》の影響

廃藩置県《はいはんちけん》で大名《だいみょう》の土地が明治政府のものとなり、それまで各大名《だいみょう》が支配していた土地が、明治政府により日本という一国にまとめて統治される契機となった。このおかげで地租改《ちそかい》正《せい》や徴兵令などの政策を全国的に施行することができた。

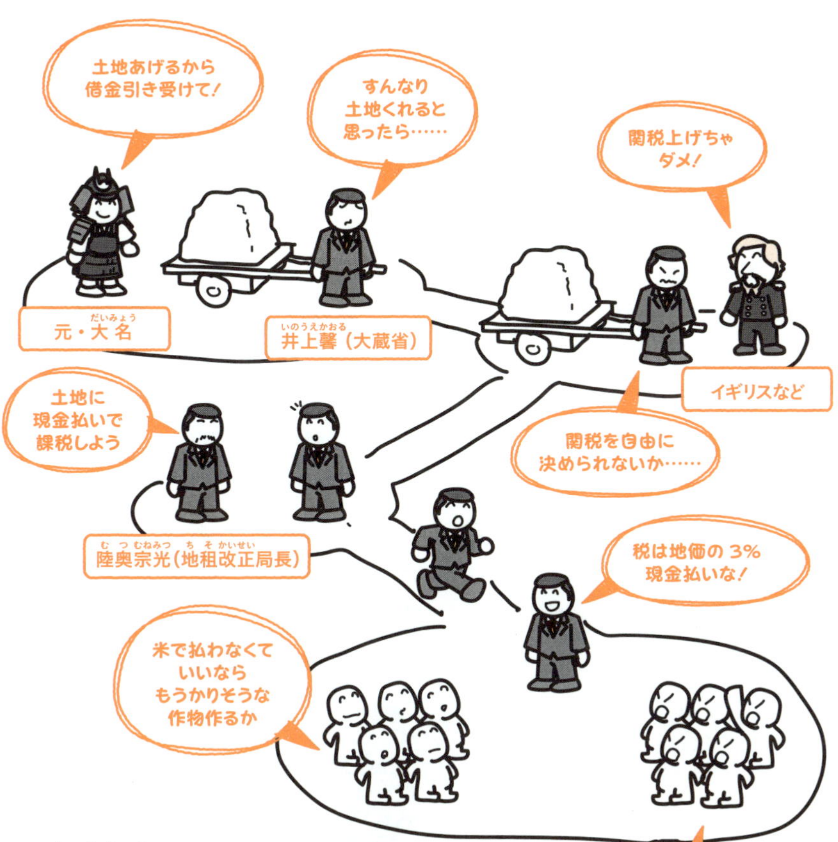
土地あげるから
借金引き受けて！
すんなり
土地くれると
思ったら……
関税上げちゃ
ダメ！
元・大名《だいみょう》
井上馨《いのうえかおる》（大蔵省）
イギリスなど
土地に
現金払いで
課税しよう
関税を自由に
決められないか……
陸奥宗光《むつむねみつ》（地租改正《ちそかいせい》局長）
税は地価の 3%
現金払いな！
米で払わなくて
いいなら
もうかりそうな
作物作るか

負担重すぎ！
一揆《いっき》だ！

地租改正《ちそかいせい》・農民から見た損得

地租改正《ちそかいせい》は、農民にとって自分で農作物を換金して税を金納しなければならないため、農作物が下落したときのリスクを押し付けられる損があった。一方、米以外の作物を自由に作れるようになり、売れる商品作物に投資できる富農には得だった。

明治政府は、藩《はん》の借金引き受けなどで資金不足だった。また江戸幕府《えどばくふ》と同様に税を米で取り立てており、換金の手間や保管の不便さなどの不備もあった。明治政府はこれを解決するため、廃藩置県《はいはんちけん》で手に入れた土地から税を徴収した（**地租改正《ちそかいせい》**）。これは富農に有利な制度で、農民の貧富の差が広がった。

06 富国強兵《ふこくきょうへい》はどうやって進められたか?

明治政府は大工場を造って製品を大量生産し、海外へ輸出してもうけようとした(**富国**《ふこく》)。しかし民間にはその資金がないため、政府の資金で手本となる工場を建てることにし、1872 年に大規模な**富岡製糸場**《とみおかせいしじょう》を建てた。これら工場の製品輸出で稼いだ資金で軍事力の強化を進める(**強兵**《きょうへい》)予定だった。

富国《ふこく》は製造業から官営主導で

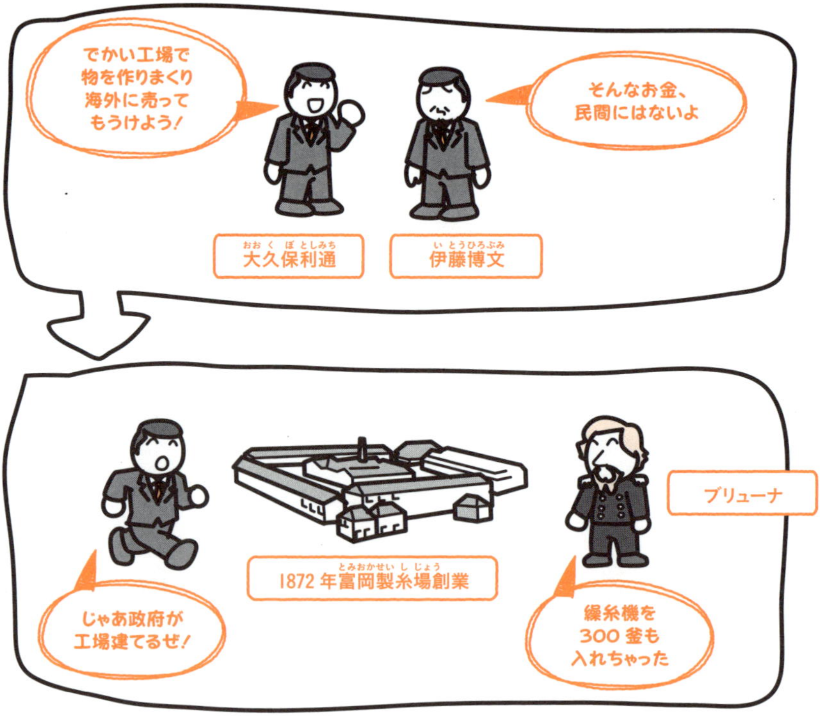
でかい工場で
物を作りまくり
海外に売って
もうけよう!
そんなお金、
民間にはないよ
大久保利通《おおくぼとしみち》
伊藤博文《いとうひろぶみ》
ブリューナ
1872 年富岡製糸場《とみおかせいしじょう》創業
じゃあ政府が
工場建てるぜ!
繰糸機を
300 釜も
入れちゃった

強兵《きょうへい》の方策と士族（元武士）の反発

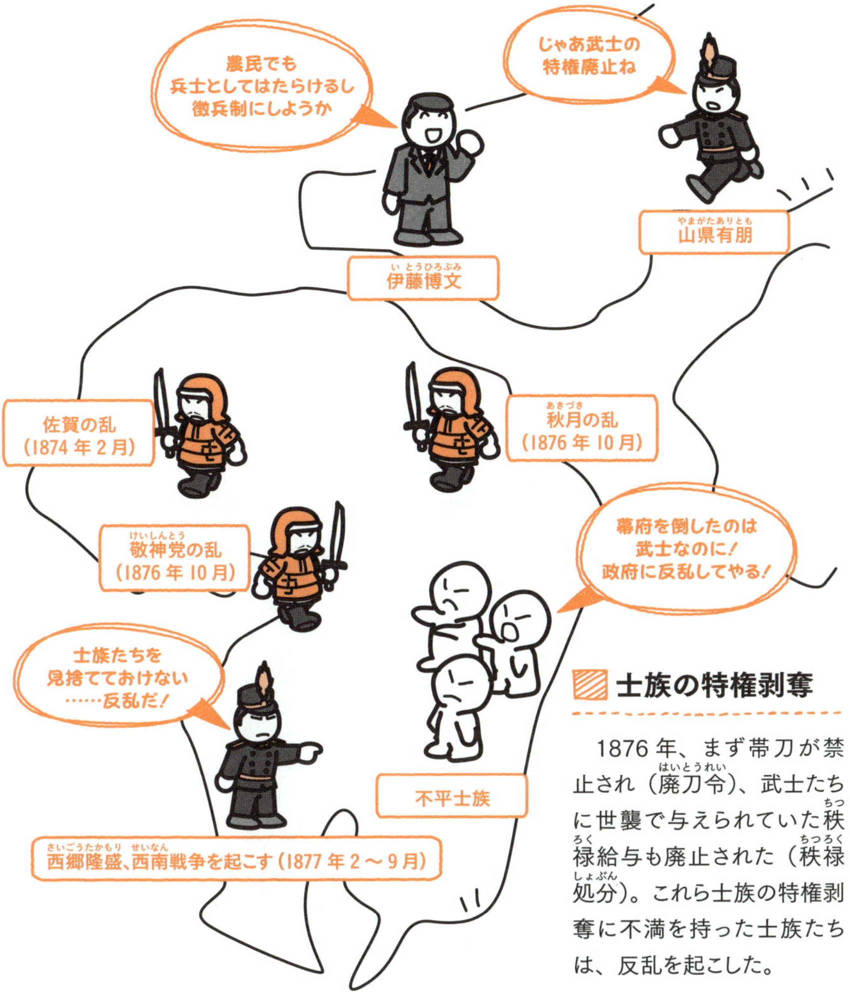
農民でも
兵士としてはたらけるし
徴兵制にしようか
伊藤博文《いとうひろぶみ》
じゃあ武士の
特権廃止ね
山県有朋《やまがたありとも》
佐賀の乱
（1874 年 2 月）
秋月《あきづき》の乱
（1876 年 10 月）
敬神党《けいしんとう》の乱
（1876 年 10 月）
幕府を倒したのは
武士なのに！
政府に反乱してやる！
士族たちを
見捨てておけない
……反乱だ！
不平士族
西郷隆盛《さいごうたかもり》、西南《せいなん》戦争を起こす（1877 年 2 ～ 9 月）

士族の特権剥奪

1876 年、まず帯刀が禁止され（廃刀令《はいとうれい》）、武士たちに世襲で与えられていた秩《ちつ》禄《ろく》給与も廃止された（秩禄《ちつろく》処分《しょぶん》）。これら士族の特権剥奪に不満を持った士族たちは、反乱を起こした。

幕末の戦いで農民が兵士として活躍したため、明治政府は**徴兵制**を取った。すると武士以外も戦争に出るため、戦う身分としての**武士の特権（帯刀、世襲の収入である秩禄《ちつろく》）が廃止**された。特権を失った武士は一部を除いて経済的に困窮し、明治政府に不満を持つ**士族として西南《せいなん》戦争などの反乱を起こす**が鎮圧された。

07 大《だい》日《にっ》本《ぽん》帝《てい》国《こく》憲《けん》法《ぽう》の意味とは？

西欧諸国と外交・交渉するには、**自国の法律の基準となる憲法が必要だった**。憲法は、君主権の濫用を防ぐための法律が由来である（イギリスの大憲章《だいけんしょう》）。幕末の日本は主権がどこにあるかあいまいで憲法が定まっておらず、西欧列強と不平等な条約を結ばされた。明治政府は憲法を制定することにした。

憲法がなく交渉はかどらず

日本は
誰が OKって
言ったら
開国するの？
幕府《ばくふ》かな？
あ、でも
朝廷かも……
ペリー
阿《あ》部《べ》正弘《まさひろ》（老中《ろうじゅう》）
対立する幕府《ばくふ》と朝廷
誰がその国の
意思決定するか
法で決まってなかったら
まともな外交に
ならないよね
聖《しょう》 徳《とく》太《たい》子《し》

民定憲法（アメリカ、フランスなど）

民定憲法の特徴

国民主権に基づいて、国民が直接あるいは議会などを通して制定する憲法。19世紀の時点では、アメリカ合衆国憲法やフランス1791年憲法などがあった。現在の日本国憲法も国会の承認を受けているという点で民定憲法といえる。

欽定憲法（ドイツなど）

欽定憲法の特徴

国民主権に基づかず、主に君主や大統領などが制定した憲法。19世紀の時点では、ドイツのビスマルク憲法やフランス1830年憲章などがあった。天皇が国民に示す形となった大日本帝《だいにっぽんてい》国憲法《こくけんぽう》は欽定憲法に該当する。

憲法には、民が定める**民定憲法**と、君主が定める**欽定憲法**があった。明治政府は、民から横槍を入れられにくい欽定憲法を作ることに。そのため欽定憲法を持つドイツの法学者・ロエスレルを招いて憲法を定め発布した。当時、アジアで憲法を定めていた国（**立憲《りっけん》国家**）は日本とトルコのみだった。

08 脱《だつ》亜《あ》論《ろん》の背景とは？

脱《だつ》亜《あ》論《ろん》は、日本が近代化を拒否するアジア（主に清《しん》・朝鮮《ちょうせん》）をさげすみ西欧列強に接近するべき、という論である。しかし日本は、日本に近い清《しん》・朝鮮《ちょうせん》が欧米列強の植民地とされると、日本も欧米列強から攻撃を受けやすくなるため、両国を日本と同様に近代化し植民地化を防止するよう誘導すべき、という論もあった。

清《しん》・朝鮮《ちょうせん》が欧米に支配された場合

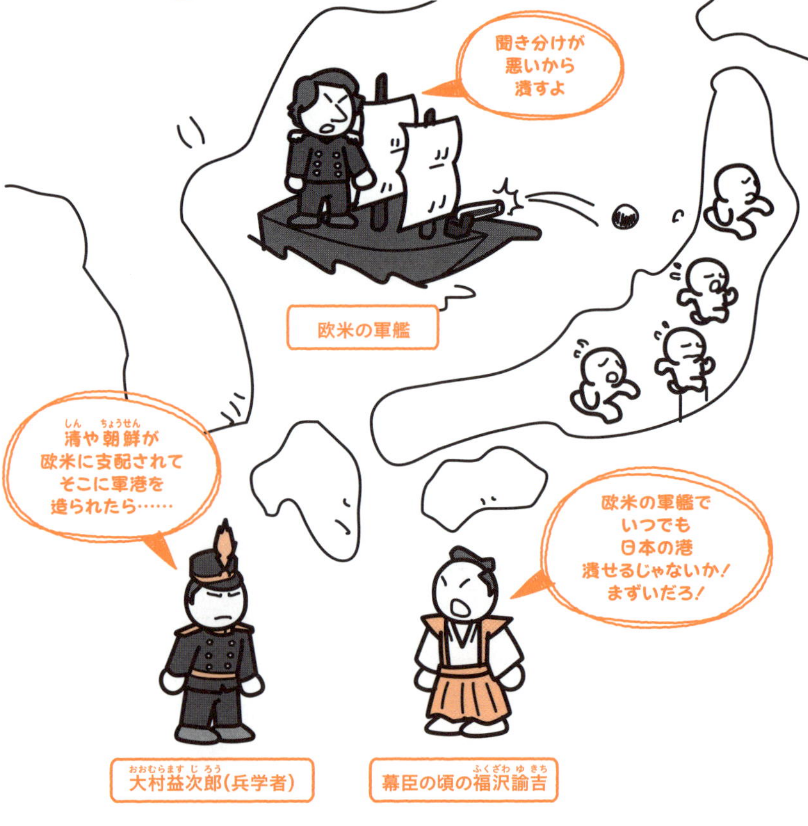
聞き分けが
悪いから
潰すよ
欧米の軍艦
清《しん》や朝鮮《ちょうせん》が
欧米に支配されて
そこに軍港を
造られたら……
欧米の軍艦で
いつでも
日本の港
潰せるじゃないか!
まずいだろ!
大村益次郎《おおむらますじろう》(兵学者)
幕臣の頃の福沢諭吉《ふくざわゆきち》

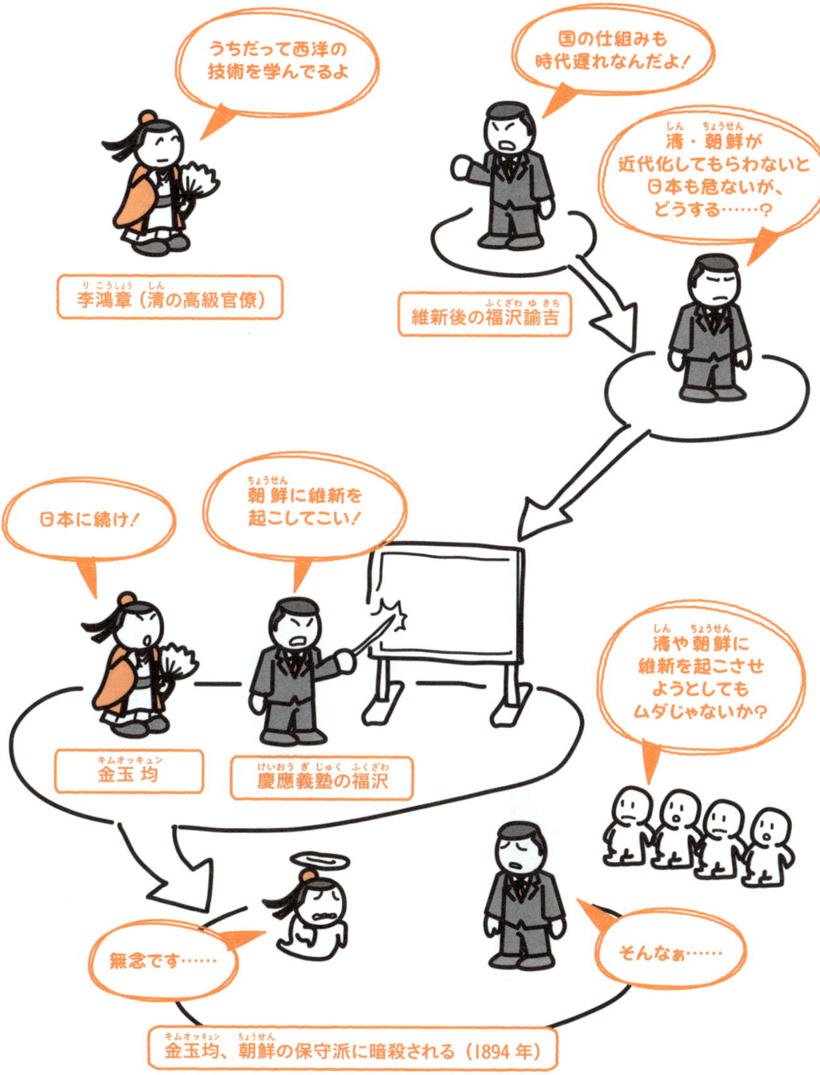
うちだって西洋の
技術を学んでるよ
李鴻章《りこうしょう》（清《しん》の高級官僚）
国の仕組みも
時代遅れなんだよ！
維新後の福沢諭吉《ふくざわゆきち》
清《しん》・朝鮮《ちょうせん》が
近代化してもらわないと
日本も危ないが、
どうする……？
日本に続け！
朝鮮《ちょうせん》に維新を
起こしてこい！
金玉均《キムオッキュン》
慶應義塾《けいおうぎじゅく》の福沢《ふくざわ》
清《しん》や朝鮮《ちょうせん》に
維新を起こさせ
ようとしても
ムダじゃないか？
無念です……
そんなぁ……
金玉均《キムオッキュン》、朝鮮《ちょうせん》の保守派に暗殺される（1894年）

朝鮮《ちょうせん》を近代化しようとした日本人に**福沢諭吉《ふくざわゆきち》**がいる。福沢《ふくざわ》は**金玉均《キムオッキュン》**・**朴泳孝《パクヨンヒョ》**などを教育して、朝鮮《ちょうせん》に維新を起こさせることを狙っていたが、金玉均《キムオッキュン》が暗殺されるなどして挫折した。福沢《ふくざわ》らの挫折によって、日本はむしろ西洋列強に先駆けて清《しん》・朝鮮《ちょうせん》を征服しようという風潮が生まれた。

09 対欧米・不平等条約はどうやって改正した？

江戸幕府《えどばくふ》が西欧列強と結ばされた条約の不平等な点は主に**領事裁判権《りょうじさいばんけん》**（日本で外国人が裁判にかかる場合、領事裁判権《りょうじさいばんけん》のある国では日本の裁判官ではなく本国の領事が裁く）と**関税自主権《かんぜいじしゅけん》なし**（日本は輸入品に対し、自由に関税をかけられず、関税で自国の産業を保護できない）の2点だった。

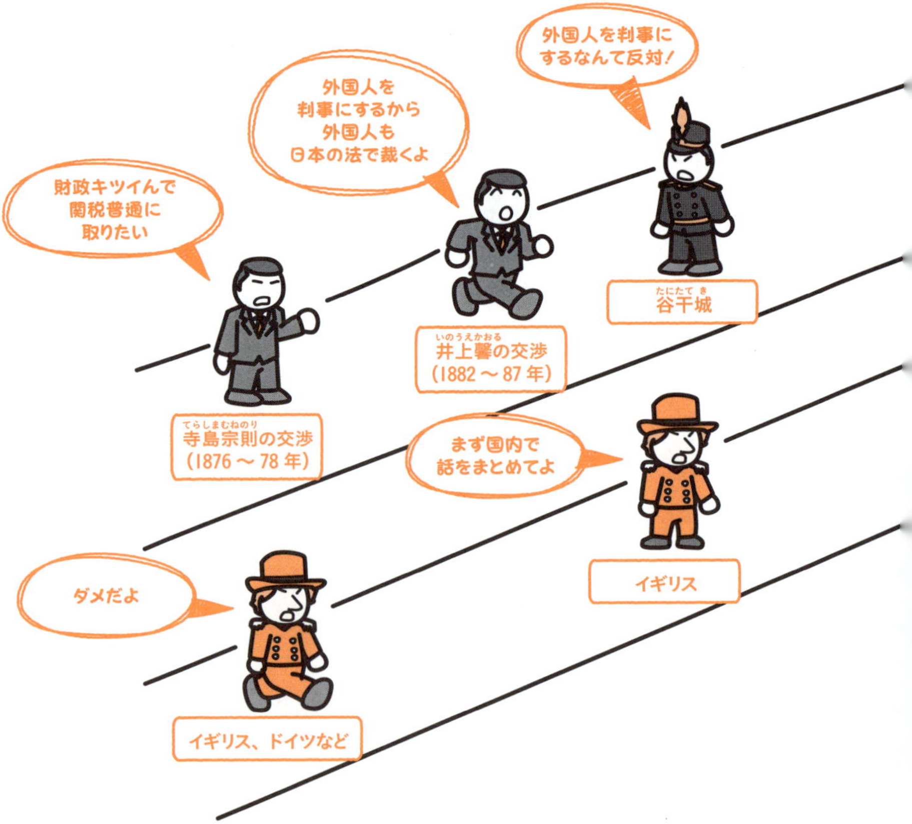
財政キツイんで
関税普通に
取りたい
寺島宗則《てらしまむねのり》の交渉
（1876～78年）
外国人を
判事にするから
外国人も
日本の法で裁くよ
井上馨《いのうえかおる》の交渉
（1882～87年）
外国人を判事に
するなんて反対！
谷干城《たにたてき》
ダメだよ
イギリス、ドイツなど
まず国内で
話をまとめてよ
イギリス

条約改正の契機は、対ロシアにおけるイギリスとの協調だった。ロシアが東アジアでの動きを警戒するイギリスに、日本がロシアを止めると交渉して、1894年**陸奥《むつ》宗光《むねみつ》**外相のとき治外法権《ちがいほうけん》の撤廃に成功。その後1911年、国際的地位を高めたことを背景に**小村寿太郎《こむらじゅたろう》**外相が関税自主権《かんぜいじしゅけん》を完全回復した。

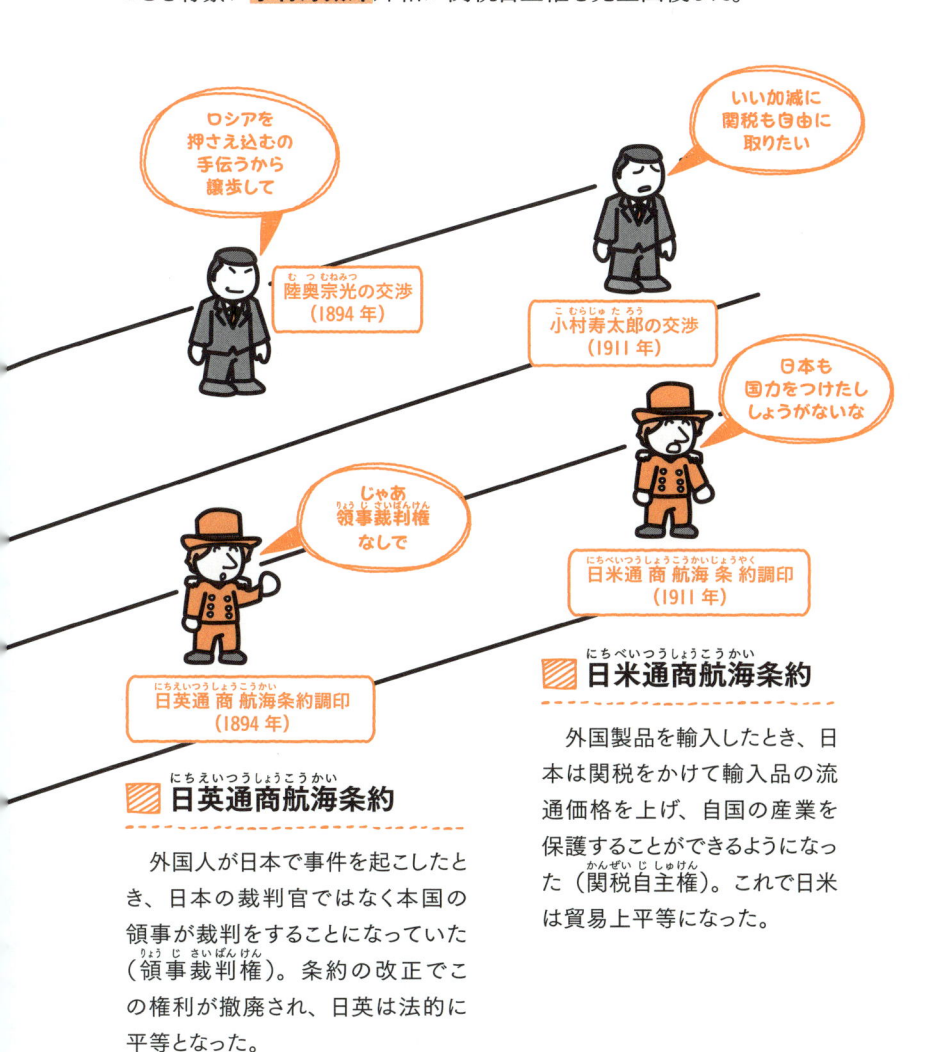

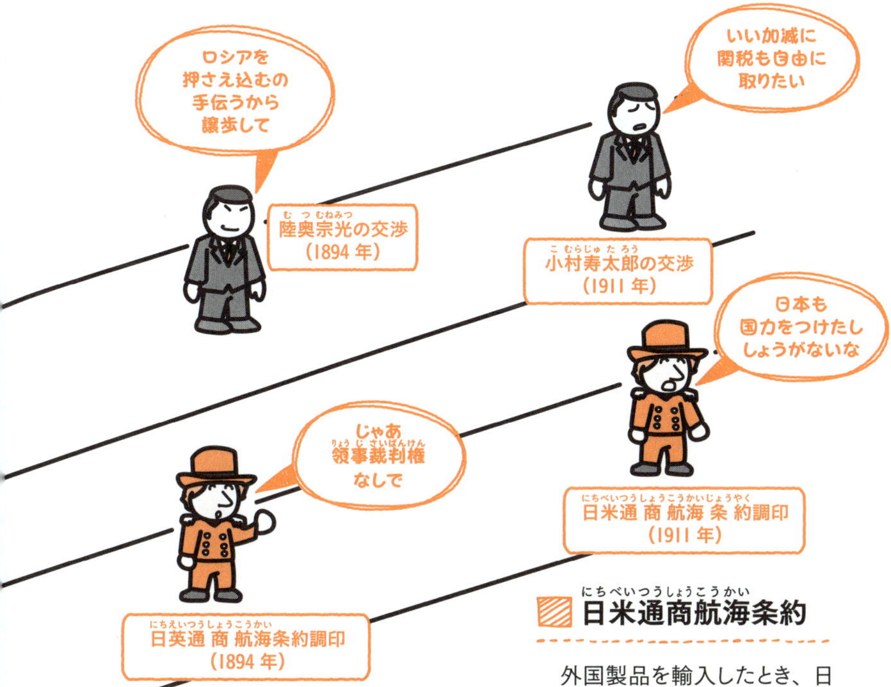
ロシアを押さえ込むの手伝うから譲歩して
陸奥宗光《むつむねみつ》の交渉（1894年）
いい加減に関税も自由に取りたい
小村寿太郎《こむらじゅたろう》の交渉（1911年）
日本も国力をつけたししょうがないな
じゃあ領事裁判権《りょうじさいばんけん》なしで
日米通商航海条約《にちべいつうしょうこうかいじょうやく》調印（1911年）
日英通商航海条約《にちえいつうしょうこうかい》調印（1894年）

日英通商航海条約《にちえいつうしょうこうかい》

外国人が日本で事件を起こしたとき、日本の裁判官ではなく本国の領事が裁判をすることになっていた（領事裁判権《りょうじさいばんけん》）。条約の改正でこの権利が撤廃され、日英は法的に平等となった。

日米通商航海条約《にちべいつうしょうこうかい》

外国製品を輸入したとき、日本は関税をかけて輸入品の流通価格を上げ、自国の産業を保護することができるようになった（関税自主権《かんぜいじしゅけん》）。これで日米は貿易上平等になった。

10 日本が列強まで成り上がった道のりとは？

1894年に始まった**日清《にっしん》戦争**で日本が勝利したとき、ロシアは「清《しん》が日本に土地を取られてしまったら、ロシアが清《しん》から奪うはずだった土地がもらえなくなる」と思い、1895年に**三国干渉《さんごくかんしょう》**で日本に撤退を要求、日本はその要求に従った。日本はロシアと東アジアの土地権利などについて交渉したが、不調に終わった。

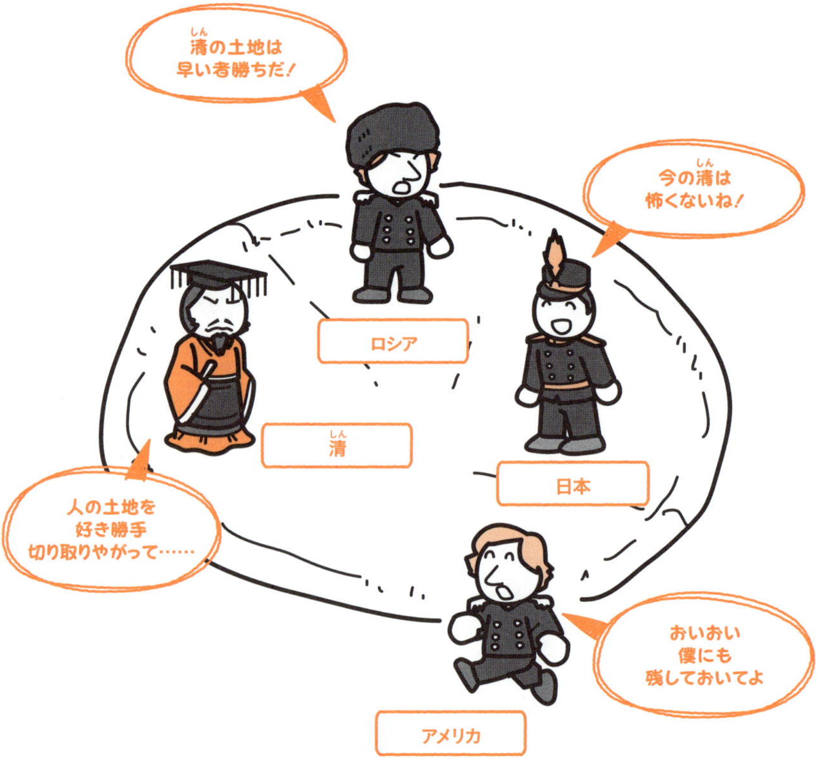
清《しん》の土地は早い者勝ちだ！
今の清《しん》は怖くないね！
人の土地を好き勝手切り取りやがって……
おいおい僕にも残しておいてよ
ロシア
清《しん》
日本
アメリカ

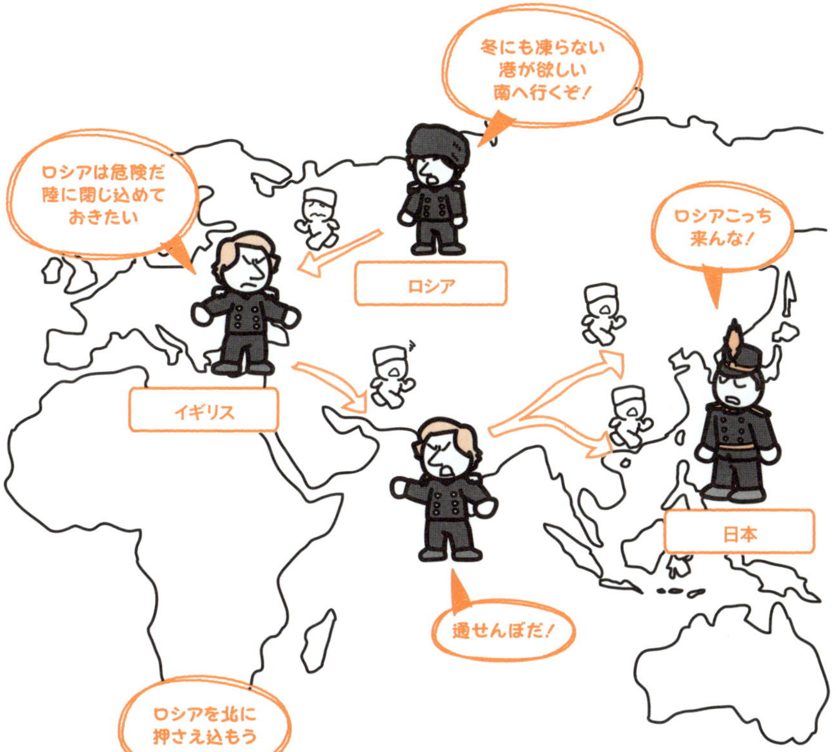

孤立主義の放棄

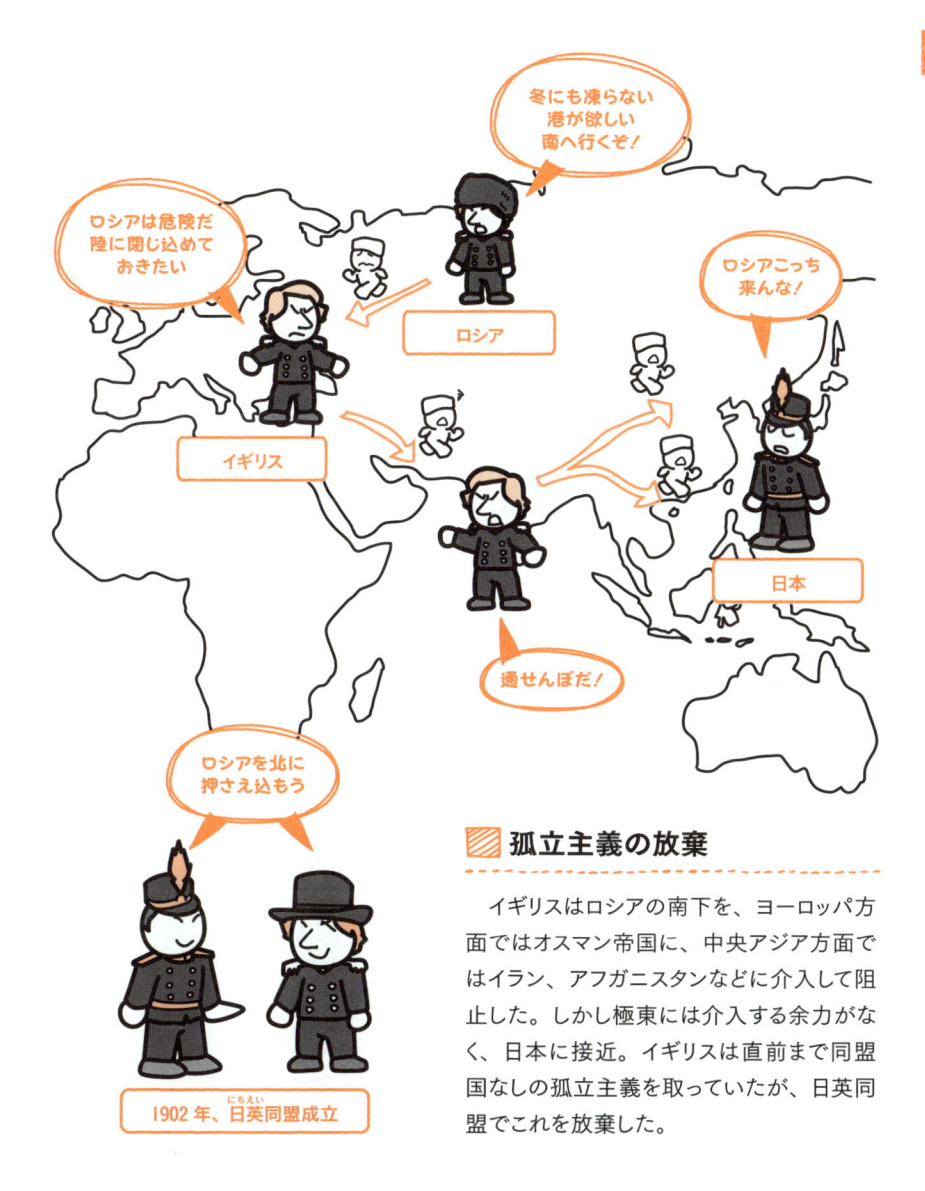

イギリスはロシアの南下を、ヨーロッパ方面ではオスマン帝国に、中央アジア方面ではイラン、アフガニスタンなどに介入して阻止した。しかし極東には介入する余力がなく、日本に接近。イギリスは直前まで同盟国なしの孤立主義を取っていたが、日英同盟でこれを放棄した。

そこで日本は、ロシアと対立しているイギリスに接近。日本は、世界の列強であるイギリスと同盟を組めば国際的地位が上がると目論んだ。イギリスは、ロシアがユーラシア大陸の北部から南下してくるのを阻止するため日本を利用した。この両国の利害の一致で1902年に**日英《にちえい》同盟**が組まれた。

11 日露《にちろ》戦争は日本をどう変えたか？

日本は**日露《にちろ》戦争**でロシアの南下を阻止し、国際的な存在感を高め、列強の一角へのし上がっていく。アメリカの仲介で日露《にちろ》戦争が終結したあと、日本は財政難、ロシアは革命で対立どころでなくなった。そこで**日露《にちろ》協約**が結ばれ、満州《まんしゅう》・朝鮮《ちょうせん》をめぐる日本とロシアの争いはいったん手打ちとなる。

日露の戦争事情

日本は戦闘では優勢だったが、戦費が底をついていた。一方ロシアも戦時下で国民生活が悪化し、政府への抵抗運動が頻発して、両国は戦争継続が困難だった。

もう戦争を続けるのは限界かも……
ロシア
日本
日露《にちろ》戦争で両国消耗
ほらほら手打ちしな!
T・ローズヴェルト（アメリカ大統領）
アジアからの南下は止めてバルカン半島から南下しよう
満州《まんしゅう》利権は取れたけど賠償金は取れなかった……
ポーツマス条約調印、日露《にちろ》戦争終結（1905年）

お前も
遠慮ないなぁ
ロシア
満州《まんしゅう》の
利権もっと
ちょうだい
日本
日露協約《にちろきょうやく》（1907～17年）により、日本
は朝鮮《ちょうせん》や南満州《まんしゅう》、ロシアは外モンゴルや
北満州《まんしゅう》の利権を認め合う
日露《にちろ》両国にとって満州《まんしゅう》を支配するメリットは、
清《しん》へ干渉しやすくなること、満州《まんしゅう》に眠っている
鉄や石炭を採掘できること、満州《まんしゅう》の人々に物
を売ってもうけられることなどがあった。
僕も満州《まんしゅう》とか
欲しかったから
介入したのに！
ロシアの
アジア方面の
南下を
阻止できたぞ！
アメリカ
イギリス

日本は朝鮮《ちょうせん》半島へ勢力を拡大し、そこから北上して満州《まんしゅう》へ勢力を広げた。。一方、満州《まんしゅう》への進出を狙って日本とロシアの仲介をしたアメリカは、日本に満州《まんしゅう》進出を阻止されて対立することとなり、**日本人移民排斥**など反日感情が生じる。この日米の対立は、太平洋戦争の遠因となる。

12 日本における産業革命の影響は？

産業革命は、工場の機械で製品を大量生産することである。それが広まる条件は、機械を購入し工場を運営できるほどの財産を持つ**資本家**と、工場ではたらく**労働者**の増加である。資本家は有力な商人や土地を買い集めた富農から生まれ、労働者は土地を失った農民から生まれた。

一般的な産業革命の構造

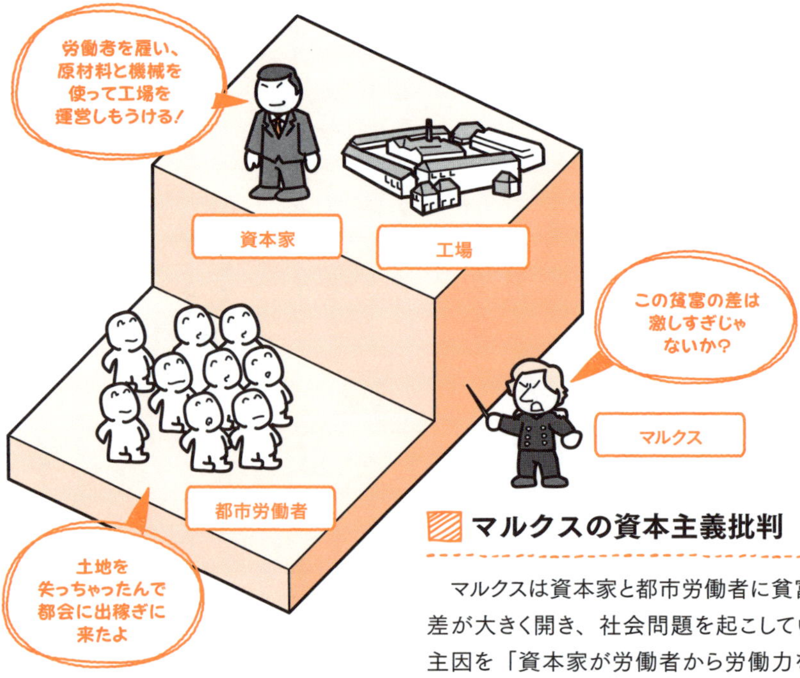
労働者を雇い、原材料と機械を使って工場を運営しもうける！
資本家
工場
この貧富の差は激しすぎじゃないか？
マルクス
都市労働者
土地を失っちゃったんで都会に出稼ぎに来たよ

マルクスの資本主義批判

マルクスは資本家と都市労働者に貧富の差が大きく開き、社会問題を起こしている主因を「資本家が労働者から労働力を買い叩いているせいだ」と批判し、これを資本主義と呼んだ。

日本における産業革命の影響

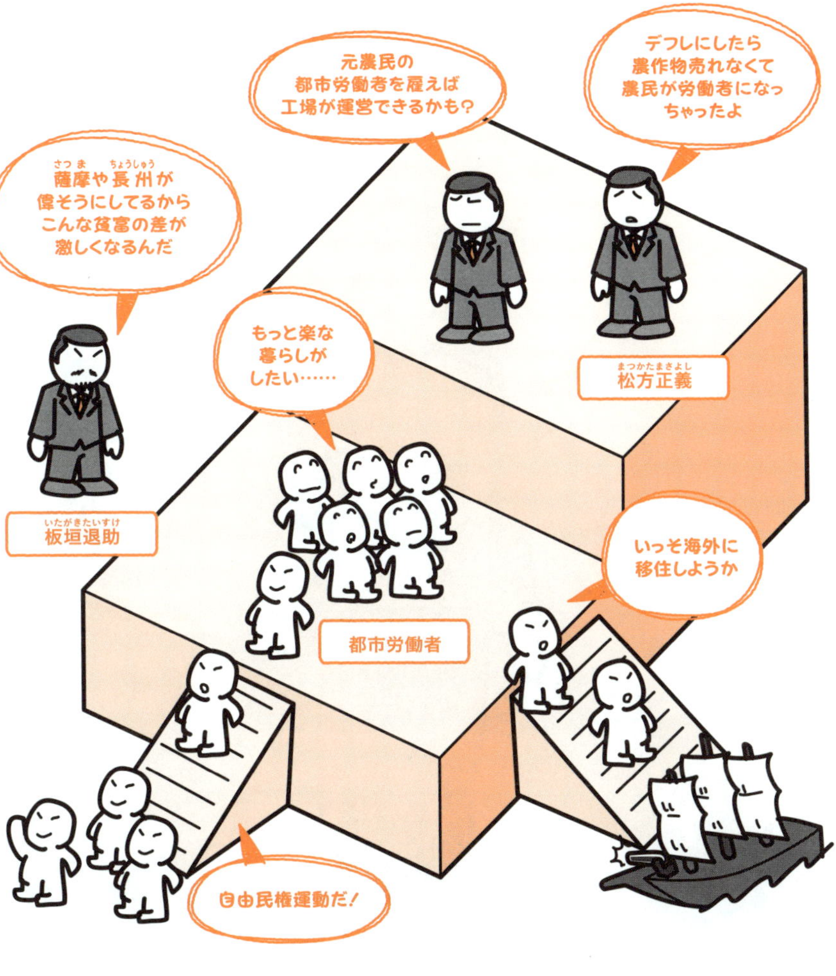
元農民の
都市労働者を雇えば
工場が運営できるかも?
デフレにしたら
農作物売れなくて
農民が労働者になっ
ちゃったよ
薩摩《さつま》や長州《ちょうしゅう》が
偉そうにしてるから
こんな貧富の差が
激しくなるんだ
松方正義《まつかたまさよし》
もっと楽な
暮らしが
したい……
板垣退助《いたがきたいすけ》
いっそ海外に
移住しようか
都市労働者
自由民権運動だ!

日本では1880年代に**松方正義《まつかたまさよし》**の緊縮財政でデフレとなり、農産物も値下がりし、零細農家は土地を売って労働者に、富農は土地を買って資本家になった。こうして日本に産業革命が起きた。労働者は生活改善を求めて自由民権運動、労働運動や海外への移住に走った。資本家の一部は政治家と結び付いた。

ファッションCHECK

明治時代

飾毛《しょくもう》つき帽子
白い飾毛は勅任（天皇から直接任命された）文官の証！　それ以外は黒などのパターンがあった。
コート
コートの飾りでもポストの偉さが分かる。お役人の考えることは古代から似ているね。
剣
腰に下げる剣も真っ直ぐなサーベルに。小物も西洋化にこだわりたい。
明治時代・勅任文官大礼服

1872 年、明治政府は制服を西洋風の物に改めた。大礼服は最上級の正装で、従来の和装は祭礼のときなど着る場面が限定された。これらは 1945 年の敗戦まで踏襲されていた。この大礼服を着込んだ勅任文官は、中央省庁本省の次官や局長、府県の知事など高級官僚が該当する。

明治時代・陸軍武官正装

正帽《せいぼう》の前立《まえたて》
もしかすると、この形の飾毛《しょくもう》を採用したのは、武士の前《まえ》立《たて》を意識したのかも？
肩章《けんしょう》
元は背負った荷物を固定するためにつけられたけど、この時代は階級を示す役割が主。ここはドイツではなくフランス風を採用。
正衣《せいい》
胸元の装飾がひかえめに見えるが、偉い人はここに勲章をたくさんぶら下げて半分以上覆われてしまうこともあるぞ。

日本軍の陸軍はドイツ式、海軍はイギリス式を採用した。ここではドイツ式の陸軍で、1900 ～ 45 年まで用いられた陸軍中佐の物を掲載する。上級将校の軍服はある程度の規格はあったが、おおむね私物としてオーダーメイドとして揃えるものだった。下士官兵の軍服は軍で製造していた。

column 08

西郷隆盛《さいごうたかもり》に味方した他県の士族

西郷《さいごう》の影響力は旧薩摩藩《さつまはん》以外にも及んだ

西南《せいなん》戦争は、西郷隆盛《さいごうたかもり》率いる旧薩摩藩《さつまはん》の士族と、それを鎮圧しようとした政府軍の戦いと思われがちである。ただ、西《さい》郷隆盛《ごうたかもり》の軍には、他県の士族も数多く参戦している。

具体的には、熊本の士族・池辺吉十郎《いけべきちじゅうろう》は学校党（熊本藩の藩校・時習館《じしゅうかん》で学んだグループ）を中心として約 1500 人を集め参戦。熊本民権党の宮崎八郎《みやざきはちろう》も呼応して協同隊を結成し参戦した。熊本のほかにも、日向《ひゅうが》・豊前《ぶぜん》・豊後《ぶんご》などの士族が隊を組んで参戦していた記録が残っている。

西郷《さいごう》軍に応じた動きは各地で見られた。福岡では越智彦《おちひこ》四郎《しろう》が約 500 人の士族を集めて決起し、福岡城の攻撃を試みた（**福岡の変**）。高知では立志社《りっししゃ》の林有造《はやしゆうぞう》、大江卓《おおえたく》、片《かた》岡健吉《おかけんきち》らが陸奥宗光《むつむねみつ》と共謀して挙兵を準備したが捕らえられた（**立志社《りっししゃ》の獄**）。西南《せいなん》戦争が最大の士族反乱と呼ばれたゆえんである。

ERASER

chapter 09

「大正・昭和初期（戦中）時代」

世界を席巻する、取ったもん勝ちの帝国主義。この二十世紀の怪物に、日本は飲み込まれてしまうのか？　その口はあのときも今も、すぐそばに空いているかもしれない

section

01 大正政変とは何か？

明治政府では、薩摩《さつま》・長州《ちょうしゅう》出身の政治家が政策決定を独占していた（**有司専制**《ゆうしせんせい》）。政治参加を求める民衆がこれに抗議して**自由民権運動**を形成した。その主な流れは、フランス流の主権在民を唱えた**板垣退助**《いたがきたいすけ》と、イギリス流の君民同治を唱えた**大隈重信**《おおくましげのぶ》の２人のもので、これらが**大正政変**の元となった。

大正政変の源流・自由民権運動の二大巨頭

板垣《いたがき》の政治姿勢

自由党《じゆうとう》を結成し、フランス流の主権在民（国家の主権が国民にあること）を主張。主な支持層は士族や豪農。合流した貧農や労働者が過激化したため、自由党《じゆうとう》を解党したことも。

重大な政策を
薩摩《さつま》や長州《ちょうしゅう》の連中だけで
決めるのはおかしい！

板垣退助《いたがきたいすけ》（土佐《とさ》出身）

大隈《おおくま》の政治姿勢

立憲改進党《りっけんかいしんとう》を結成し、イギリス流の君民同治（君主と国民が協力して政務にあたること）を主張。主な支持層は知識人や資本家。三菱《みつびし》財閥との関係が強い。

国民の
話し合いの場、
国会を作れ！

大隈重信《おおくましげのぶ》（肥前《ひぜん》出身）

軍による倒閣への反発から大正政変へ

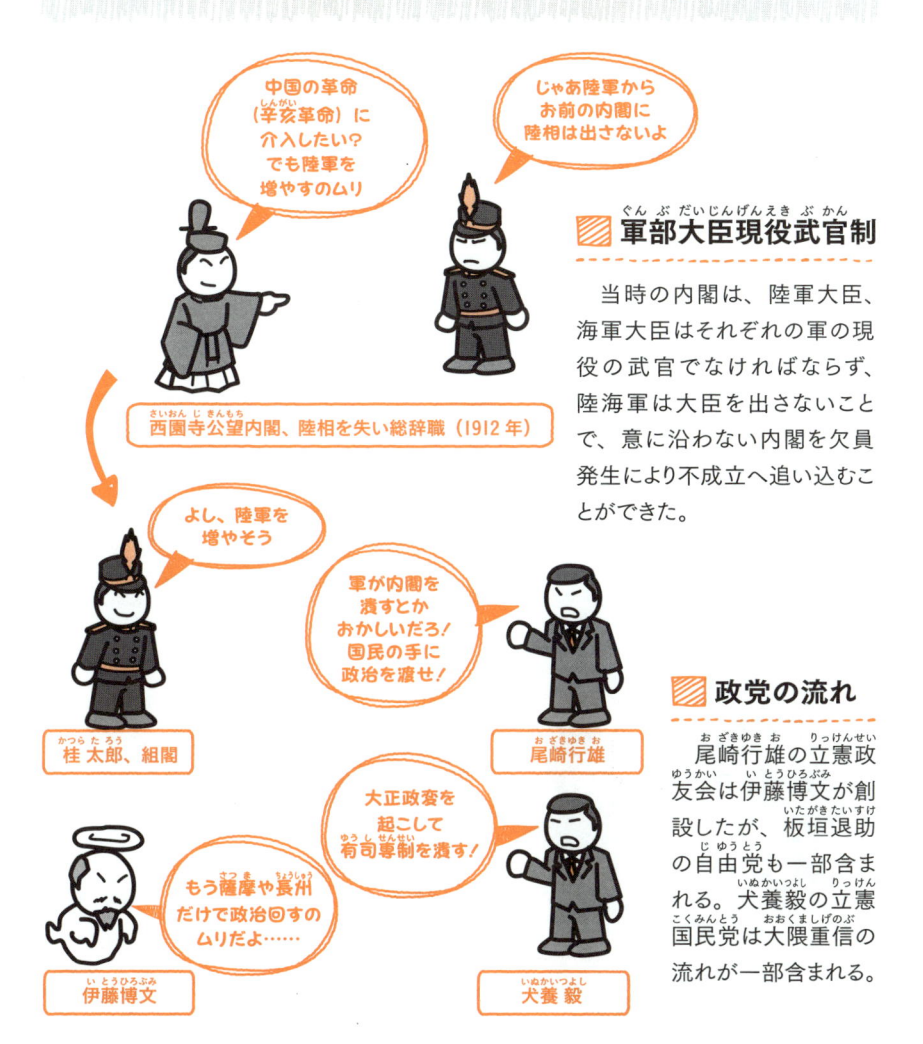

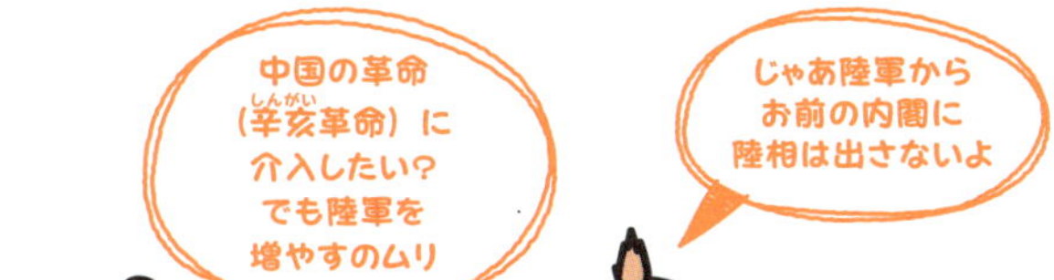
中国の革命（辛亥《しんがい》革命）に介入したい？でも陸軍を増やすのムリ
じゃあ陸軍からお前の内閣に陸相は出さないよ

西園寺公望《さいおんじきんもち》内閣、陸相を失い総辞職（1912年）
よし、陸軍を増やそう
軍が内閣を潰すとかおかしいだろ！国民の手に政治を渡せ！
桂 太郎《かつらたろう》、組閣
尾崎行雄《おざきゆきお》
大正政変を起こして有司専制《ゆうしせんせい》を潰す！
もう薩摩《さつま》や長州《ちょうしゅう》だけで政治回すのムリだよ……
伊藤博文《いとうひろぶみ》
犬養 毅《いぬかいつよし》

軍部《ぐんぶ》大臣《だいじん》現役《げんえき》武官《ぶかん》制

当時の内閣は、陸軍大臣、海軍大臣はそれぞれの軍の現役の武官でなければならず、陸海軍は大臣を出さないことで、意に沿わない内閣を欠員発生により不成立へ追い込むことができた。

政党の流れ

尾崎行雄《おざきゆきお》の立憲政《りっけんせい》友会《ゆうかい》は伊藤博文《いとうひろぶみ》が創設したが、板垣退助《いたがきたいすけ》の自由党《じゆうとう》も一部含まれる。犬養毅《いぬかいつよし》の立憲《りっけん》国民党《こくみんとう》は大隈重信《おおくましげのぶ》の流れが一部含まれる。

1912年、**西園寺公望**《さいおんじきんもち》内閣が陸軍の反発によって倒され、長州《ちょうしゅう》・陸軍の後ろ盾で**桂太郎**《かつらたろう》が次の内閣を組んだ。この陸軍の横暴に**尾崎行雄**《おざきゆきお》、**犬養毅**《いぬかいつよし》らを中心とした政党が反桂《かつら》運動を起こして桂《かつら》を辞職に追い込んだ。これを大正政変という。後継の首相で薩摩《さつま》・海軍出身の**山本権兵衛**《やまもとごんべえ》も政策で政党に譲歩した。

02 第一次世界大戦が日本に与えた影響は？

イギリスは、勢力を拡大し始めた**ドイツ**と対立していた。また**オーストリア＝ハンガリー二重帝国**は**ロシア**とバルカン半島の主導権をめぐり争っていた。これらの対立が過激化し、ヨーロッパが２つの陣営に分かれる大戦が勃発（**第一次世界大戦**）。日本は日英同盟を理由にイギリス側で参戦した。

第一次世界大戦の背景

ドイツは フランスと 潰し合ってろ！
お前を 倒さねば ドイツに 平和はない！
お前が バルカン半島 欲しいだけだろ！
バルカン半島は スラヴ人に くれてやれよ
イギリス
ドイツ
オーストリア＝ハンガリー二重帝国
ロシア

敵の敵だから 同盟を結ぶとか まるで 戦国時代だな！
織《お》田《だ》信《のぶ》長《なが》

連合国と中央同盟国

連合国のイギリスは、勢力を伸ばすドイツを警戒。ロシアはバルカン半島の主導権をめぐってドイツ・オーストリアと対立。ドイツ・オーストリアなどが中央同盟国としてロシアやフランスに宣戦布告すると、イギリスはドイツに宣戦布告してロシアらと連合国を形成し、２陣営による対立が明確化した。

第一次世界大戦、日本は濡れ手に粟？

袁世凱《えんせいがい》と中華民国

1911年、清《しん》への反乱軍が中華民国を樹立（辛亥《しんがい》革命）。袁世凱《えんせいがい》は清《しん》の大臣だが私兵集団を有していた。軍事力を背景に清《しん》を滅ぼし中華民国と取引し、中華民国大総統となった。のちには皇帝即位を狙った。

土地よこせとか
政府に
日本人雇えとか
ふっかけすぎ……
それに
三国干渉のとき
みたいに
ヨーロッパが
口出しする
余裕もない！
ヨーロッパは
戦争中で
物が足りない……
そこに物を売って
大もうけだね！
袁世凱《えんせいがい》（中華民国大総統）
1915年、中国へ二十一箇条の要求
大隈重信《おおくましげのぶ》（開戦時の首相）

日本の第一次世界大戦の好況

日本は1915年頃から、戦争による生産力不足で後退したヨーロッパ製品の市場を奪い、空前の好景気となった。日本は貿易赤字を解消し、大戦後には債務国から債権国へ転じた。

日本は戦争で軍需品を西欧列強に売りつけ、また西欧列強が本国での戦いに注力しているスキにアジア市場を奪って輸出を増やし、**景気がよくなった**。また西欧列強が利権を奪い合う場となっていた中国大陸に干渉し、**中華民国《ちゅうかみんこく》**の**袁世凱《えんせいがい》**に**二十一箇条要求**を突きつけ中国大陸へ勢力を拡大しようとした。

03 政党政治はなぜ終わってしまったのか？

政党政治は、1918 年の**原敬**《はらたかし》内閣で本格化した。この背景は、第一次世界大戦の好景気などで資本家たちが資金力＝政治での発言力を持ったことと、ロシア革命によって労働者の政治への関心が高まったことだった。政党政治は、天皇主権のもとで国民本位の政治を行おうとする（**民本主義**《みんぽん》）を目指した。

山県《やまがた》さんごめん
もう国民の不満を
抑えられない……
寺内正毅《てらうちまさたけ》内閣、米騒動を
収拾できず退陣（1918 年）
もう薩摩《さつま》や長州《ちょうしゅう》だけの
政治はムリだよ
山県《やまがた》もいい加減
こっちに来い
伊藤博文《いとうひろぶみ》
やっと政党主導の
内閣を組んだぞ
原敬《はらたかし》、初の本格的
政党内閣を組む
また国民に
内閣を倒される
なんて……
山県有朋《やまがたありとも》

政党内閣の発達

政党内閣とは、主要閣僚を政党員が務める内閣のことである。政党内閣より前は、元老（明治維新の功労者）などが閣僚を決めていたが、国民が政治に関心を高め、政党の影響力が増したことで政党内閣が発達した。

選挙で勝つには、
地主や資本家を利権で釣るのが
一番ですよ
貧乏人はすぐマスコミに
煽られるからアテになりません
近頃の政治家は
金に汚く
なってますよね？

1920年代以降、政党政治で政争や汚職が多発

なんのための
普通選挙だと
思ってるんだ！

犬養毅《いぬかいつよし》

こんな政治家に
つき合って
られるか！

労働者、軍人を中心に不満がたまる

でも普通選挙で
規模が大きくなって
選挙に金かかるように
なったよね
それでみんな金のために
汚職に手を染めちゃった

浜口雄幸《はまぐちおさち》

政治家など暗殺の横行

政党政治に不満を持った過激派の右翼団体などは政治家などを敵視し、1930年の浜口雄幸《はまぐちおさち》銃撃、1932年の五・一五事件など暗殺を仕掛け、政党政治が崩壊することとなる。

しかし政党は、1925年の**普通選挙法**により選挙民が増えて、多大な選挙資金を必要としたことなどから、政争や資本家と結びついた汚職を繰り返した。これにより政党政治への失望・反発が広がり、政治家に対する暗殺が横行。陸軍が首相を襲撃した**五・一五事件**や**二・二六事件**により政党政治は崩壊した。

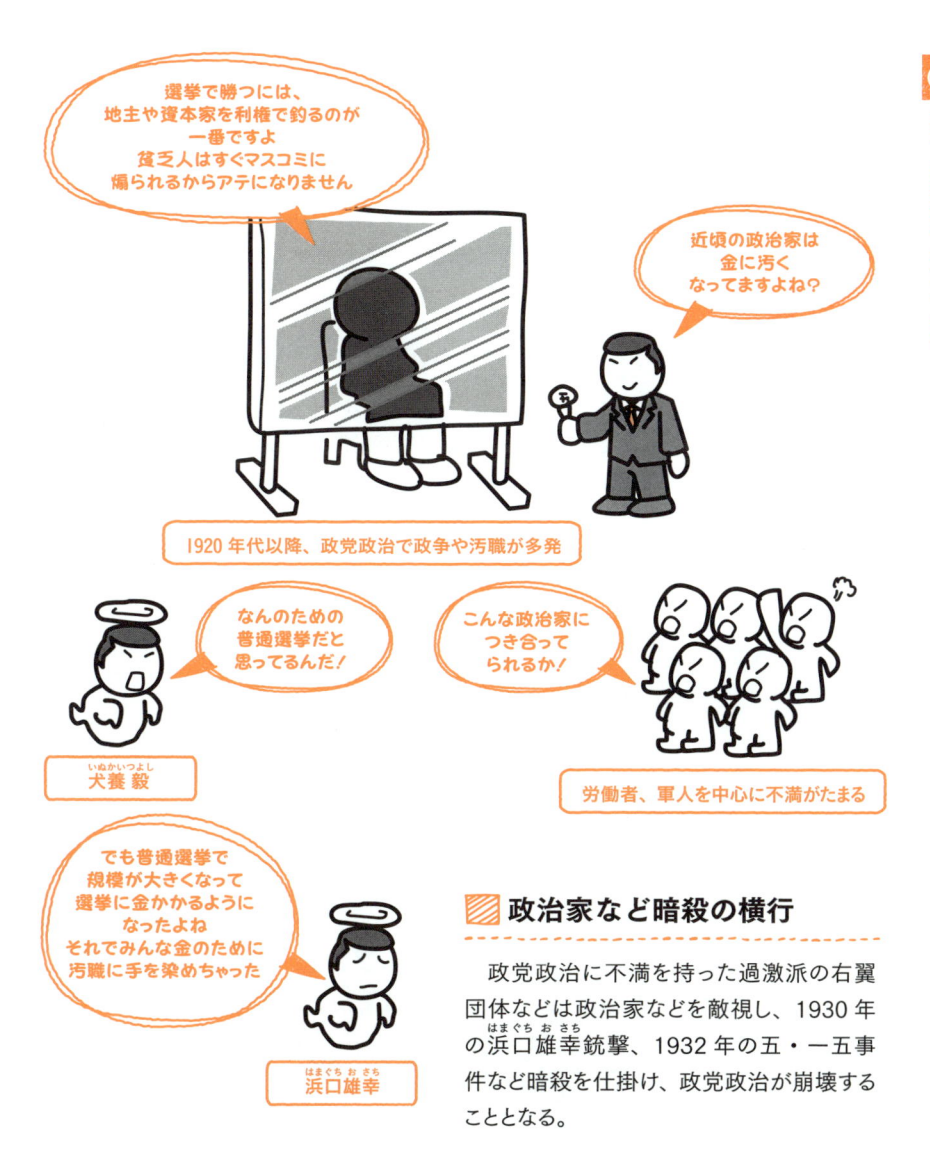

04 世界恐慌と軍部の台頭の関係は？

1929 年の**世界恐慌**の主因は、アメリカが第一次世界大戦の好景気の勢いのまま投資を続け投資過剰・生産過剰となり、実態を離れて上がった株価が急落し不況となったことにある。当時の**世界経済はアメリカの資金に依存しており**、社会主義で世界経済から孤立していたソ連を除いて**不況は各国に波及した**。

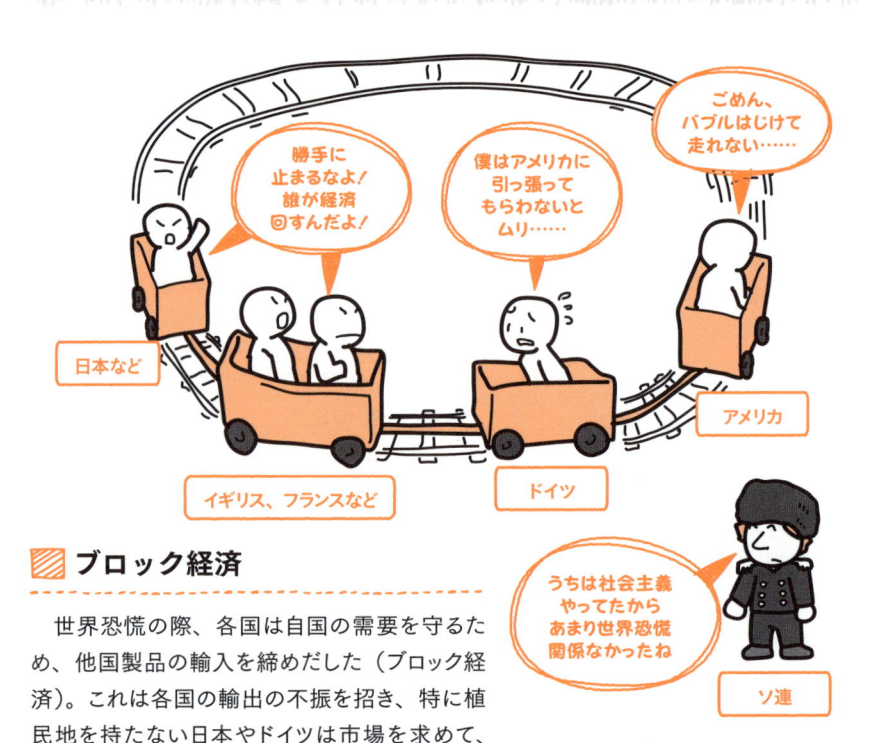

世界恐慌の連鎖的な広がり

ごめん、
バブルはじけて
走れない……
勝手に
止まるなよ！
誰が経済
回すんだよ！
僕はアメリカに
引っ張って
もらわないと
ムリ……
日本など
アメリカ
イギリス、フランスなど
ドイツ

うちは社会主義
やってたから
あまり世界恐慌
関係なかったね
ソ連

ブロック経済

世界恐慌の際、各国は自国の需要を守るため、他国製品の輸入を締めだした（ブロック経済）。これは各国の輸出の不振を招き、特に植民地を持たない日本やドイツは市場を求めて、他国へ侵略する遠因となったといわれる。

経済の行き詰まりから、軍部に期待がかかるが……？

二・二六事件と陸海軍の対立

1936年2月26～29日、陸軍青年将校がクーデターを試み東京・永田町《ながたちょう》一帯を占拠した事件。このとき、海軍出身の斎藤実《さいとうまこと》が暗殺され、同じく海軍出身の岡田啓介《おかだけいすけ》、鈴木貫太郎《すずきかんたろう》も襲撃された。これが陸海軍の対立を深めたとされている。

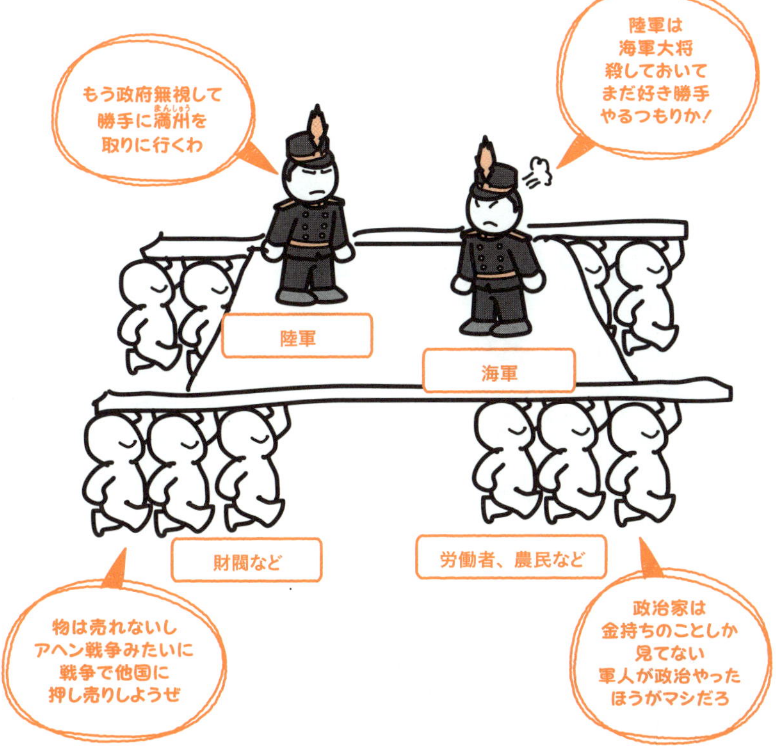
もう政府無視して
勝手に満州《まんしゅう》を
取りに行くわ
陸軍は
海軍大将
殺しておいて
まだ好き勝手
やるつもりか！
陸軍
海軍
財閥など
労働者、農民など
物は売れないし
アヘン戦争みたいに
戦争で他国に
押し売りしようぜ
政治家は
金持ちのことしか
見てない
軍人が政治やった
ほうがマシだろ

各国は自国の市場を守るため、関税を高くする**保護貿易主義**を取った。しかし日本は植民地がないため市場が少なく、財閥などの資本家は**戦争によって海外市場を奪おうと軍部に協力した**。また政党政治に失望した労働者や農民などの国民も軍部に期待した。しかし軍部の陸海軍は二・二六事件などで対立していた。

05 日本はなぜアメリカと戦争したのか？

アメリカと日本は、**満州《まんしゅう》・中国の利権**（鉄道敷設、資源採掘、製品を売る市場など）を争っており、潜在的に対立していたが、日本はアメリカから石油や鉄を輸入していたので、貿易を通して関係は保たれていた。しかし軍部は、日本の産業や国防が**アメリカとの貿易に依存**する状況を危険視していた。

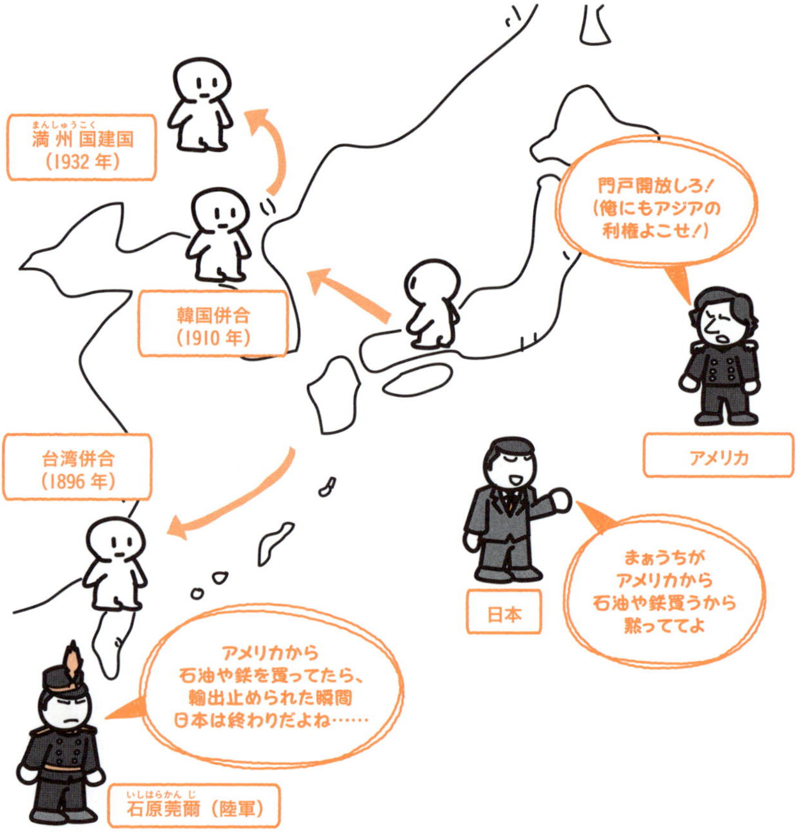
満州国《まんしゅうこく》建国
（1932年）
韓国併合
（1910年）
台湾併合
（1896年）
門戸開放しろ！
（俺にもアジアの
利権よこせ！）
アメリカ
まぁうちが
アメリカから
石油や鉄買うから
黙っててよ
日本
アメリカから
石油や鉄を買ってたら、
輸出止められた瞬間
日本は終わりだよね……
石原莞爾《いしはらかんじ》（陸軍）

第二次世界大戦と日米開戦

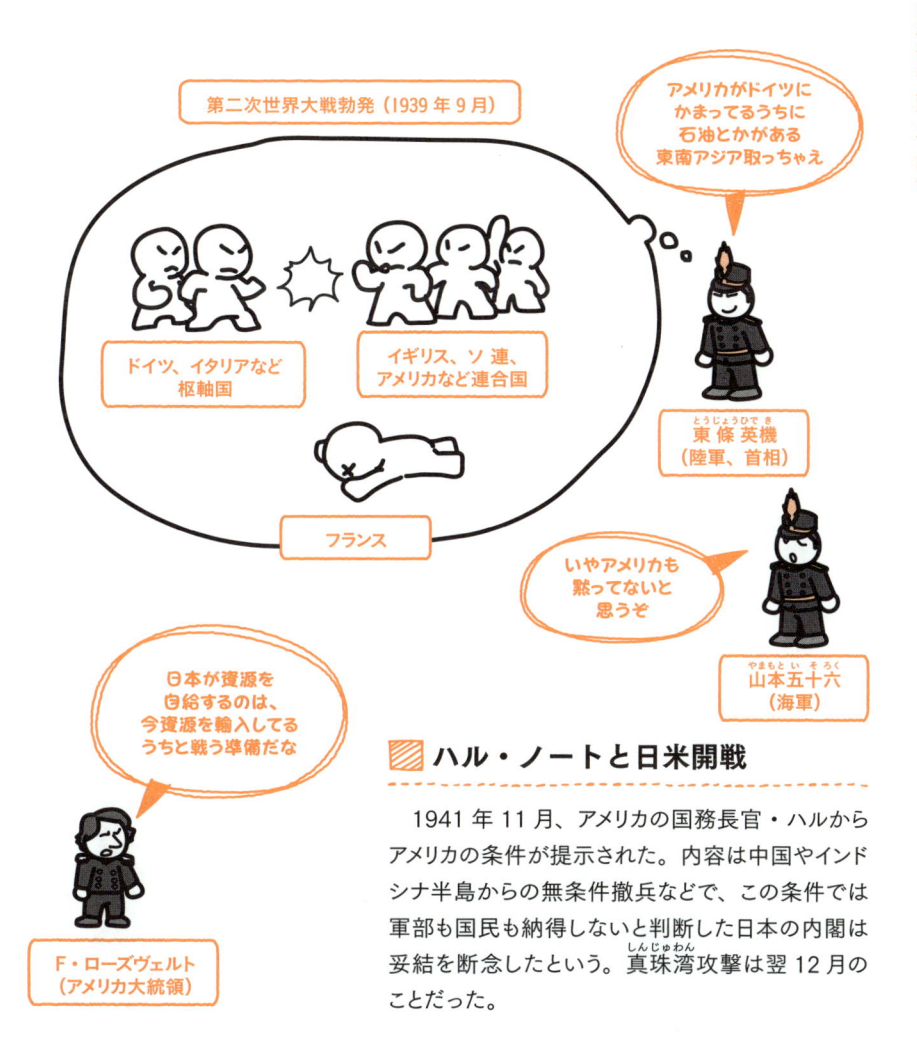

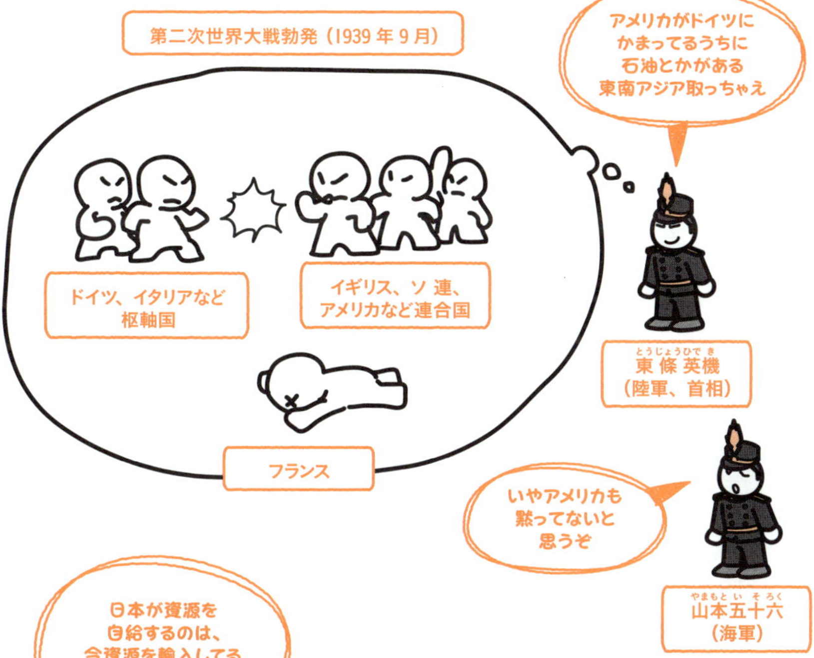
第二次世界大戦勃発（1939 年 9 月）
ドイツ、イタリアなど
枢軸国
イギリス、ソ 連、
アメリカなど連合国
フランス
アメリカがドイツに
かまってるうちに
石油とかがある
東南アジア取っちゃえ
東條英機《とうじょうひでき》
（陸軍、首相）
いやアメリカも
黙ってないと
思うぞ
山本五十六《やまもといそろく》
（海軍）

日本が資源を
自給するのは、
今資源を輸入してる
うちと戦う準備だな
F・ローズヴェルト
（アメリカ大統領）

ハル・ノートと日米開戦

1941 年 11 月、アメリカの国務長官・ハルからアメリカの条件が提示された。内容は中国やインドシナ半島からの無条件撤兵などで、この条件では軍部も国民も納得しないと判断した日本の内閣は妥結を断念したという。真珠湾《しんじゅわん》攻撃は翌 12 月のことだった。

日本が中国や東南アジアへ勢力を拡大し（満州《まんしゅう》事変《じへん》、日中戦争、仏領インドシナ進駐など）、**アメリカとの貿易依存から脱する動き**を見せた。アメリカはこれが日本の対米戦争への準備と思い、**東南アジアや中国からの撤兵を求めた**。日本は多大な軍費をかけた勢力圏を捨てられず、交渉は決裂し開戦となった。

06 日本の東南アジア経営のつまずきとは？

太平洋《たいへいよう》戦争の直前、日本はアメリカとその同盟国から**経済封鎖**を受けた。これを軍部などによってABCDラインと呼ばれた。この封鎖で石油、鉄、ゴム、スズなどの資源が不足した。それをまかなうべく日本は、当時欧米列強の植民地であった東南アジアに勢力を広げ、植民地を奪い取った。

日本への経済制裁・ABCDライン

買えないなら分捕るしかないか
日本には石油も鉄も禁輸だ！
中国国民党《こくみんとう》(China)
日本
植民地は渡さん！
来るなら来い！
アメリカ(America)
イギリスの海峡植民地(Britain)
オランダ領東インド(Dutch)

日本占領と経済混乱の原因

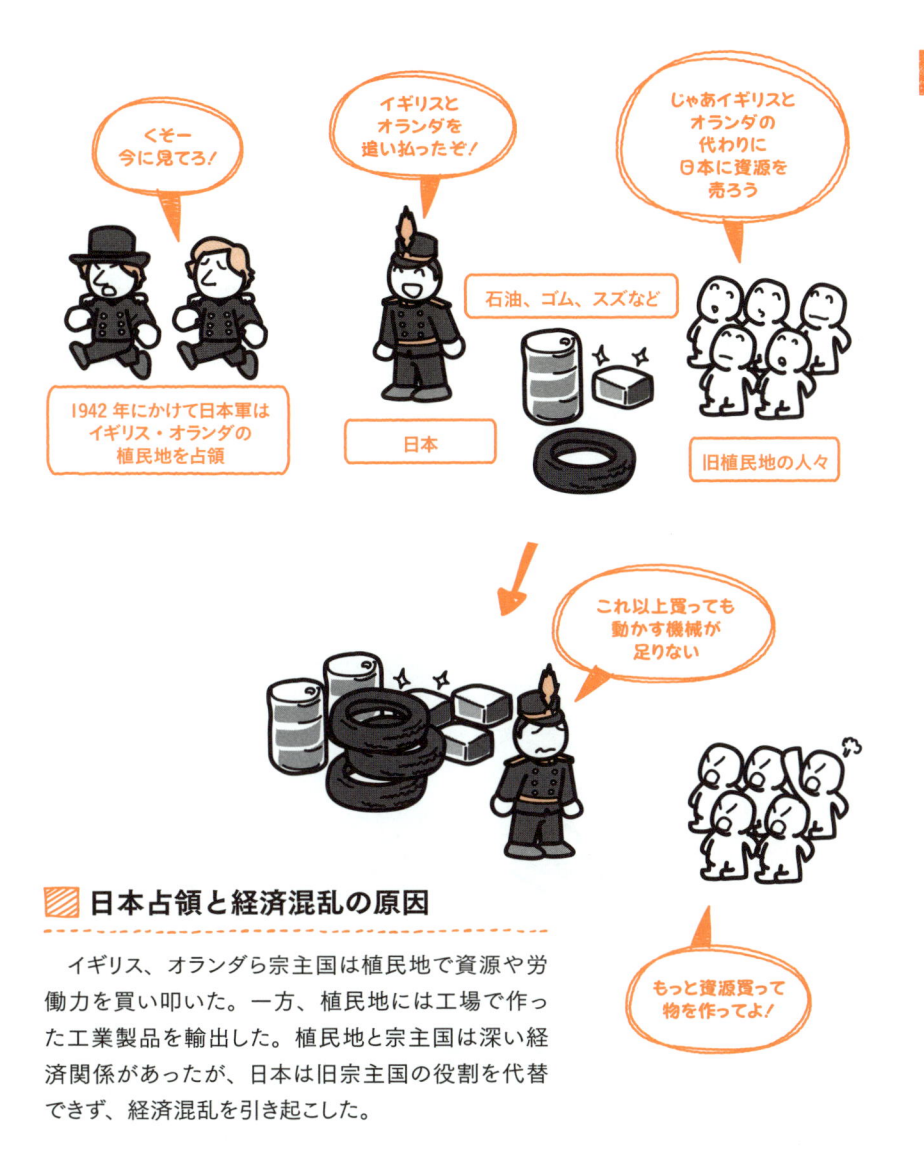

イギリス、オランダら宗主国は植民地で資源や労働力を買い叩いた。一方、植民地には工場で作った工業製品を輸出した。植民地と宗主国は深い経済関係があったが、日本は旧宗主国の役割を代替できず、経済混乱を引き起こした。

しかし欧米列強が掘っていた資源を使い切るほどの生産力が日本にはなかった。そのため資源を採掘していた人々は仕事を失った。また欧米列強の生産した製品がなくなり、物も不足して急激なインフレが起きた。これらが重なって**経済混乱**が広がり、日本の資源不足は十分に解決しなかった。

07 太平洋《たいへいよう》戦争がアジアに残した影響は？

日本が軍を進駐させた**中国大陸や東南アジア**では、戦闘による戦死者のほか、経済的な混乱や物資不足に悩まされていた軍の物資徴発などによる餓死者や、強制労働による死亡者などで、**多くの犠牲者が生まれた**。戦後、これら人的被害を含む賠償請求のほとんどはサンフランシスコ講和条約で放棄された。

第二次世界大戦中の主なアジア地域の犠牲者

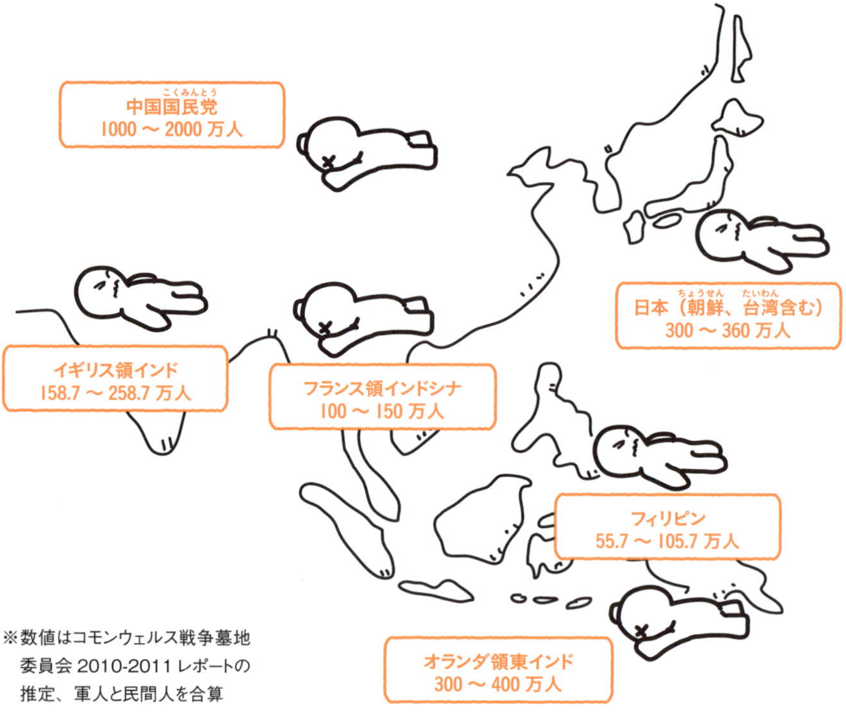
中国国民党《こくみんとう》
1000 〜 2000 万人
日本（朝鮮《ちょうせん》、台湾《たいわん》含む）
300 〜 360 万人
イギリス領インド
158.7 〜 258.7 万人
フランス領インドシナ
100 〜 150 万人
フィリピン
55.7 〜 105.7 万人
オランダ領東インド
300 〜 400 万人

※数値はコモンウェルス戦争墓地委員会 2010-2011 レポートの推定、軍人と民間人を合算

植民地支配からのインドネシアの独立

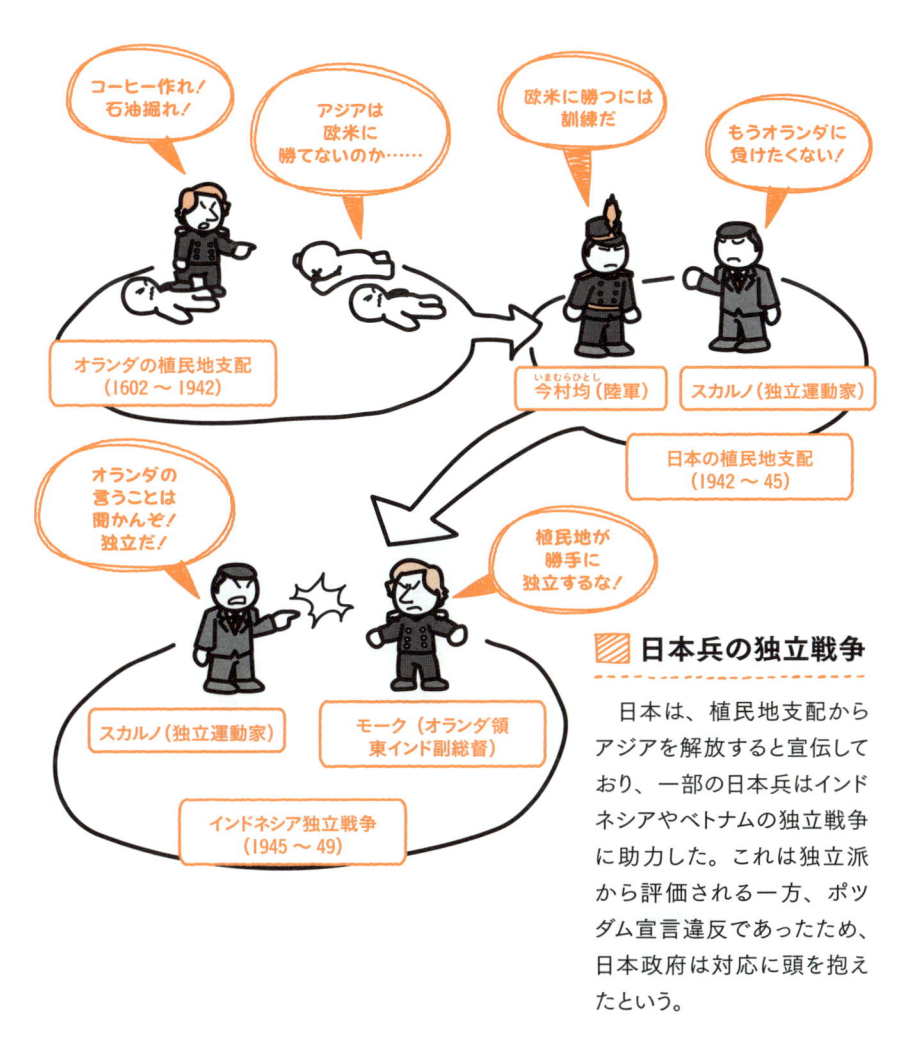

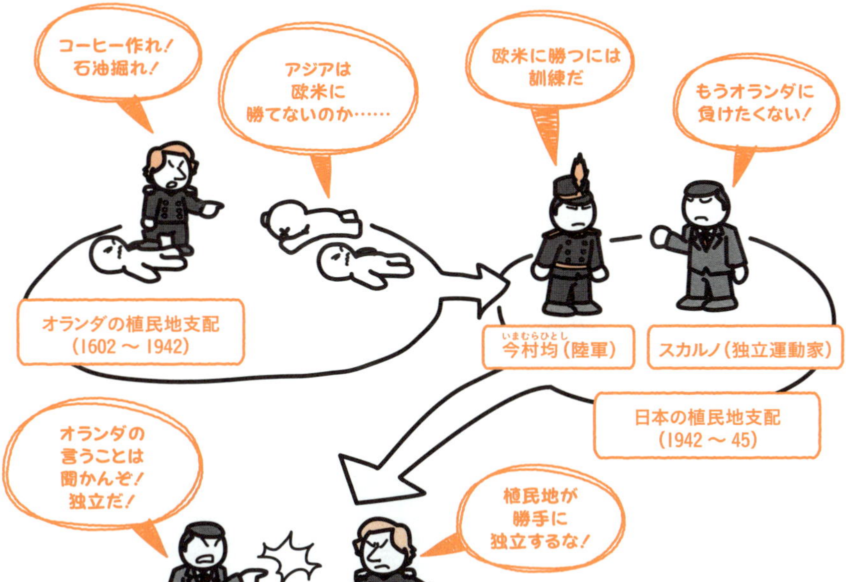
コーヒー作れ！
石油掘れ！
アジアは
欧米に
勝てないのか……
欧米に勝つには
訓練だ
もうオランダに
負けたくない！
オランダの植民地支配
（1602 ～ 1942）
今村均《いまむらひとし》（陸軍）
スカルノ（独立運動家）
日本の植民地支配
（1942 ～ 45）

オランダの
言うことは
聞かんぞ！
独立だ！
植民地が
勝手に
独立するな！
スカルノ（独立運動家）
モーク（オランダ領
東インド副総督）
インドネシア独立戦争
（1945 ～ 49）

日本兵の独立戦争

日本は、植民地支配からアジアを解放すると宣伝しており、一部の日本兵はインドネシアやベトナムの独立戦争に助力した。これは独立派から評価される一方、ポツダム宣言違反であったため、日本政府は対応に頭を抱えたという。

一方で、欧米列強に支配されていた東南アジアの植民地に近代的教育や軍事的な訓練などを普及させ、第二次世界大戦後に**東南アジア諸国が独立戦争を行う力を養った**とする評価もある。インドネシアの独立戦争の際には、約 900 人の日本兵がインドネシアに協力・参戦した。

column 09

いわゆる人間宣言の真の狙いは?

冒頭の五箇条の御誓文《ごせいもん》が示す主題

1946年の元日に発布された官報は、昭和天皇の神性を否定したものとされ、俗に「人間宣言」と呼ばれている。しかし、そもそもこの文面に**「人間」「宣言」という語句は出てこない**。原文のそれらしい部分も「朕《ちん》ト爾《なんじ》等《ら》国民トノ間ノ紐帯《ちゅうたい》ハ、終始相互ノ信頼ト敬愛トニ依《よ》リテ結バレ、単ナル神話ト伝説トニ依《よ》リテ生ゼルモノニ非《あら》ズ。天皇ヲ以《もっ》テ現《あきつ》御《み》神《かみ》トシ、且《かつ》日本国民ヲ以《もっ》テ他ノ民族ニ優越セル民族ニシテ、延《のべ》テ世界ヲ支配スベキ運命ヲ有ストノ架空ナル観念ニ基《もとづ》クモノニモ非《あら》ズ」とあるのみである。当時の日本でも大きな物議はかもしていない。

むしろ注目すべきは、「人間宣言」の冒頭に引用された**五箇条の御誓文《ごせいもん》**である。昭和天皇は1977年に会見で、民主主義は明治天皇が採用されたもので、決して外国からの輸入ではないということを国民に思い起こさせるのが主旨だった、と語っている。

chapter 10

「昭和中期以降（戦後）・現代」

自分が生まれたあとの出来事を「歴史」と言われると、年寄り扱いされた気がする。でも、ここまで登場した人々も、私たちと同じくらい一生懸命生きて、歴史を生みだしてきたんだよ

section

01 占領下の日本と冷戦体制の関係は？

第二次世界大戦後、日本はアメリカ軍主導の**GHQ（連合国軍総司令部）**によって占領された。他国に領土を全面的に占領されることは日本史上初だった。日本政府はGHQから指示された政策を施行していたが、GHQ内部の対立があり、武装解除から再軍備に転じるなど政策は二転三転した。

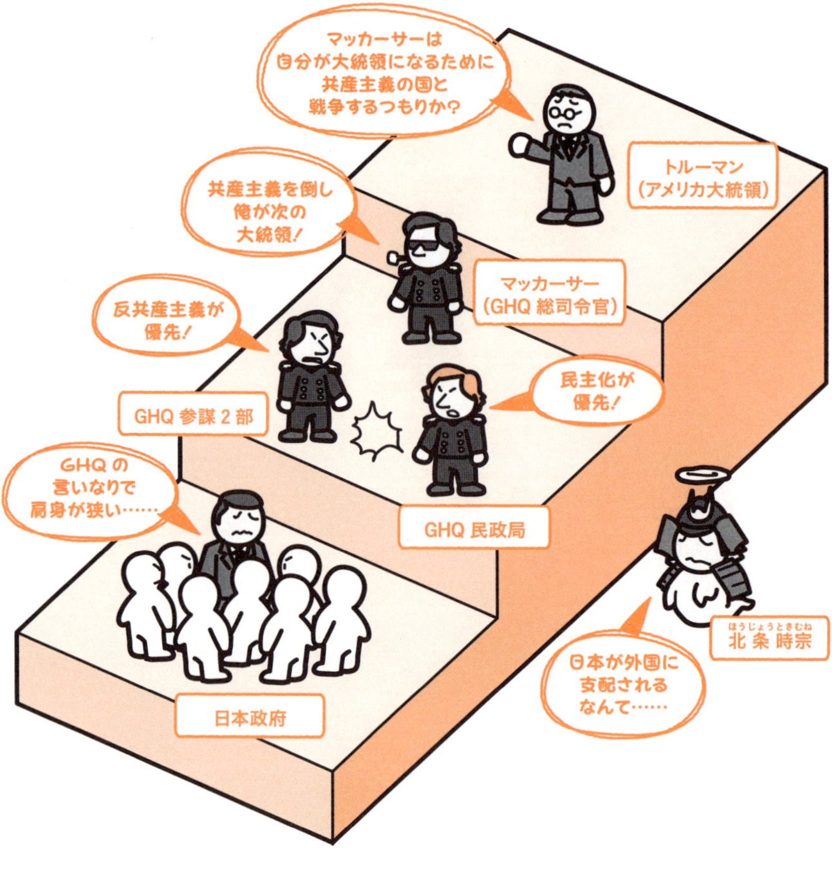
マッカーサーは
自分が大統領になるために
共産主義の国と
戦争するつもりか？
トルーマン
（アメリカ大統領）
共産主義を倒し
俺が次の
大統領！
マッカーサー
（GHQ 総司令官）
反共産主義が
優先！
GHQ 参謀 2 部
民主化が
優先！
GHQ 民政局
GHQ の
言いなりで
肩身が狭い……
日本政府
北条時宗《ほうじょうときむね》
日本が外国に
支配される
なんて……

アジアでの アメリカとソ連

アメリカは中国国民党《こくみんとう》や韓国、ソ連は中国共産党《きょうさんとう》や北朝鮮など、アメリカとソ連は各地で自分の息の掛かった勢力を支援していた。

共産主義国家をどんどん増やすぞ！
国民党《こくみんとう》から台湾《たいわん》も分捕るぞ！
ソ連
中国共産党《きょうさんとう》
朝鮮《ちょうせん》半島を共産主義に！
北朝鮮
ソ連よりアメリカだろ
韓国
共産党《きょうさんとう》から中国を取り戻す！
中国国民党《こくみんとう》
日本も手伝えよ
アメリカ
もし中立をかかげても両方から攻め込まれるだけだな
日本

朝鮮《ちょうせん》戦争（1950～53年に休戦）

ソ連を中心とする共産主義と、アメリカを中心とする資本主義は、それぞれの味方の国・地域を増やそうと各地に介入を行い、朝鮮半島でついに両派が軍事衝突した。この戦争は痛み分けで休戦となり、それぞれの勢力圏が現在の北朝鮮と韓国になっている。

東アジアで、**ソ連、中国共産党《きょうさんとう》、北朝鮮**などの共産主義陣営と、**アメリカ、中国国民党《こくみんとう》、韓国**などの資本主義陣営の対立が過激化すると、日本はアメリカに協力することになった。1950年に始まった**朝鮮《ちょうせん》戦争**では、日本で（資本主義陣営の）国連軍の物資を生産したり、海上保安庁が海中爆弾の処理などを行ったりした。

02 サンフランシスコ講和条約と安保《あんぽ》条約の意味は？

サンフランシスコ講和条約によって日本はGHQ占領下から脱し、**独立した**。このとき、日本はソ連や中国（中華人民共和国）などいわゆる共産主義陣営の国との講和をあきらめ、アメリカなど資本主義陣営を優先して講和することになった（片面講和）ので、日本は完全に資本主義陣営に立つこととなった。

全面講和と片面講和

日本も独立して
資本主義陣営に
入ってくれ
アイゼンハワー（アメリカ大統領）
そっちの国と
太平洋戦争の
講和条約を
結ばないとね
吉《よし》田《だ》茂《しげる》（首相）
その条約結んだら
完全に資本主義陣営に
取り込まれるぞ！
共産主義陣営とも
講和する全面講和にしろ！
南原繁《なんばらしげる》（東京大学総長）
独立のほうが
優先だ

1951 年、サンフランシスコ講和条約に調印

安保《あんぽ》条約を必要とした東アジア情勢

共産主義を
広げるぞ！
ソ連
北朝鮮
スキあらば
占領してやる
韓国
軍隊なしじゃ
独立しても
攻め込まれ
ちゃうよ
日本
国民党《こくみんとう》を
追い出したぞ！
1949 年、中華人民共和国成立
日本がソ連とかに
攻め込まれたらまずいな
安保《あんぽ》条約を結ばせて
日本を取り込もう
いつか共産党《きょうさんとう》を
ぶっ倒してやる
1949 年、中国国民党《こくみんとう》は台湾《たいわん》へ
アメリカ

独立した場合、日本は国を自衛しなければならなくなるが、日本は占領中に武装解除されており、ソ連などに対抗できる軍事力がなかった。日本が共産主義陣営に占領されることを防止するため、**安保《あんぽ》条約**によってアメリカ軍を日本の一部に駐留させることとなった。これは 1960 年に改定され現在も続いている。

03 高度経済成長の光と影とは？

1950年代から、日本は輸出を中心に経済成長し、日本の経済指標は戦前の水準を回復した。さらに60年代には工業生産・輸出入・実質GDPなどが戦前の2倍を超えた。好況や経済成長の継続によって、家電などの**耐久消費財**が広く普及するなど、国民の生活は大きく向上した。

日本の購買力平価GDPの推移（実質、一人あたり）

電化製品・三種の神器

三種の神器とは天皇が継承する剣・鏡・勾玉のこと。それになぞらえ、50年代後半に普及し始めた3つの主な電化製品（白黒テレビ、冷蔵庫、洗濯機）が三種の神器と呼ばれた。

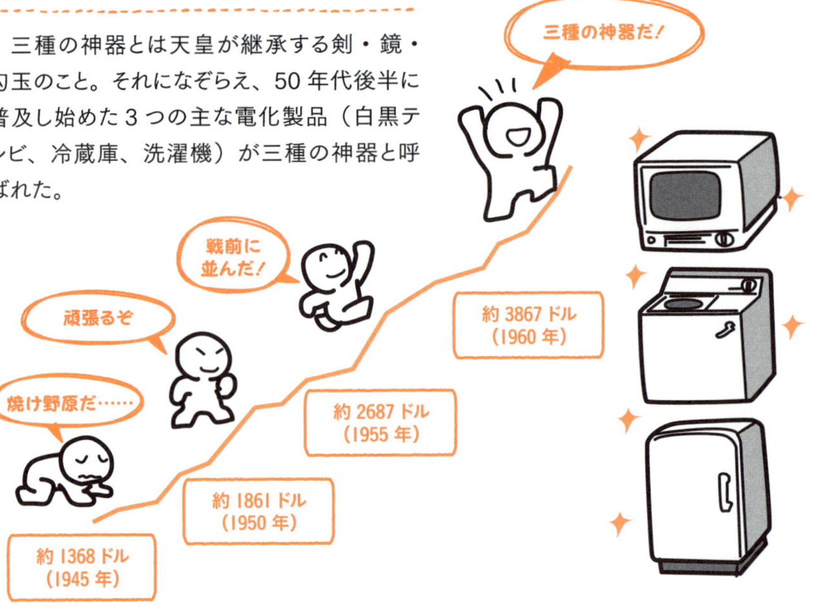
焼け野原だ……
頑張るぞ
戦前に並んだ！
三種の神器だ！
約1368ドル（1945年）
約1861ドル（1950年）
約2687ドル（1955年）
約3867ドル（1960年）

※数値は総務省「長期統計系列」による

もっとも深刻とされた公害・水俣病《みなまたびょう》

有機水銀の廃液

1951 年、チッソの技術者が工場廃液へ有機水銀が混入する危険性を指摘。しかしチッソはこれを黙殺。

（株）チッソ水俣《みなまた》工場
仕事が減っちゃう！
工場を止めろ！
1959 年には熊本大学や厚生省（現・厚生労働省）が、チッソの工場廃液を病因と唱えた。しかしチッソは側は反論。水俣《みなまた》市にはチッソに勤務する住民も多く、経済面から住民間で対立が生じた。
1968 年、厚生省（現・厚生労働省）が水俣病《みなまたびょう》の原因をチッソの工場と発表、工場の操業停止

水俣病《みなまたびょう》の始まり

1953 年頃、熊本県水俣《みなまた》市でイヌやネコが運動障害を起こし死亡する事例が多発。同様の症状が人間にも現れるが病因つかめず。

一方で、そうした生産・経済活動を重視するあまり、工場から出た廃液や排ガスの処理が軽視された。その結果、工場の周辺に汚染が広がり、**水俣病《みなまたびょう》、イタイイタイ病、四日市《よっかいち》ぜんそく**などの公害も発生。1970 年代に公害防止のための法律が定められ、環境庁（現・環境省）や公害等調整委員会が設置された。

04 護送船団方式がなくなった理由は？

戦前の日本では、資金力が弱体な銀行の破綻から企業倒産が連鎖して社会不安が広がった。戦後はこうした**銀行破綻や企業倒産の連鎖を防ぐ**ため、官公庁がそれぞれの業界に指導・規制をかけ、過当競争を抑止していた。これは一番スピードの遅い船に合わせる護送船団にたとえて、**護送船団方式**と呼ばれていた。

護送船団方式の意義

僕らはちょっとぐらいの
不況じゃ倒れない
経営体力が
あるけれど……
大銀行、大企業など
僕らは不況で
潰れちゃうかも……
僕らが潰れたら、
取引先も危ない！
だから助けて！
中小銀行、中小企業など

護送船団方式からの転換

みんなで競争力の
弱い船に合わせてたら
世界との競争に
置いていかれちゃう!?
日本の護送船団
ついていけなくて
倒産しちゃった……
自由競争で
ついていける
会社だけ
残ればいい!
自由競争に
するため
国営企業も
民営化だ!
アメリカ、イギリスなど
中《なか》曽《そ》根《ね》康弘《やすひろ》（首相）

民営化で生まれた企業

80年代は政権の主導で国営JT（元・専売公社）、NTT（元・電電公社）、JR（元・国鉄）などが生まれた。そして自由競争のための規制撤廃が行われた。

しかし護送船団方式によって海外との競争に後れを取るとの危惧が80年代に広がり、護送船団方式による規制や法律を緩和する**新保守主義**が台頭。自由競争によって効率化をはかり、専売公社や電電公社や国鉄が民営化されて**JT、NTT、JR**に変わるなどした。

05 バブル経済と平成不況はなぜ起きたのか？

1985 年、アメリカの貿易赤字過多が原因で、各国は**ドル安**誘導へ合意した。ドル安（円高）になると、輸出企業を中心に利益が減って日本は不況になり、不況になると企業がお金を借りて投資しなくなり、ますます不況になることが予想された。日本銀行はそれを防ぐため**政策金利を引き下げ**、お金を借りやすくした。

日本のバブルがふくらむまで

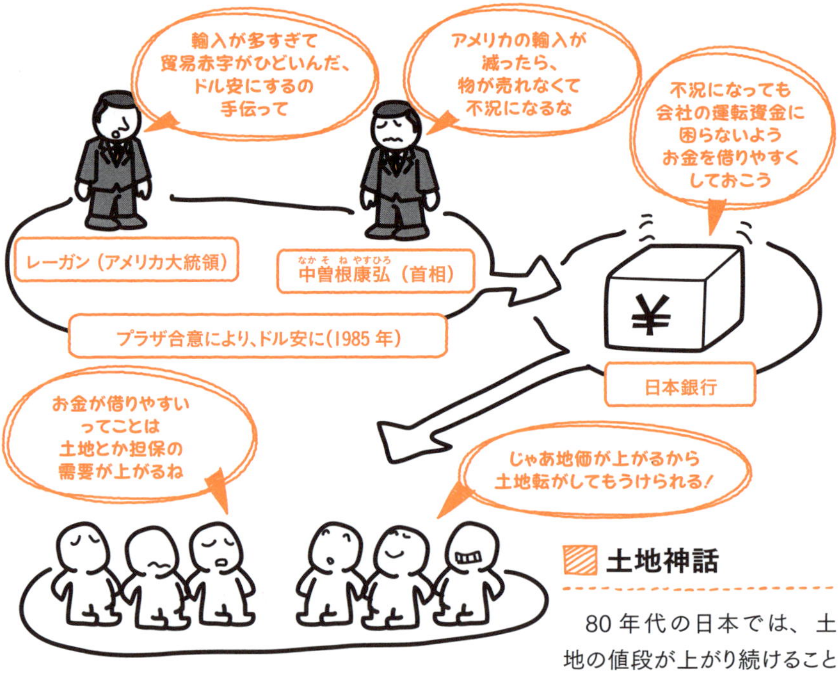
輸入が多すぎて貿易赤字がひどいんだ、ドル安にするの手伝って
アメリカの輸入が減ったら、物が売れなくて不況になるな
不況になっても会社の運転資金に困らないようお金を借りやすくしておこう
レーガン（アメリカ大統領）
中《なか》曽《そ》根《ね》康弘《やすひろ》（首相）
プラザ合意により、ドル安に（1985 年）
¥
日本銀行
お金が借りやすいってことは土地とか担保の需要が上がるね
じゃあ地価が上がるから土地転がしてもうけられる!

土地神話

80 年代の日本では、土地の値段が上がり続けることが信じられていて、のちに土地神話と呼ばれた。

バブルが崩壊してなぜ不況になった？

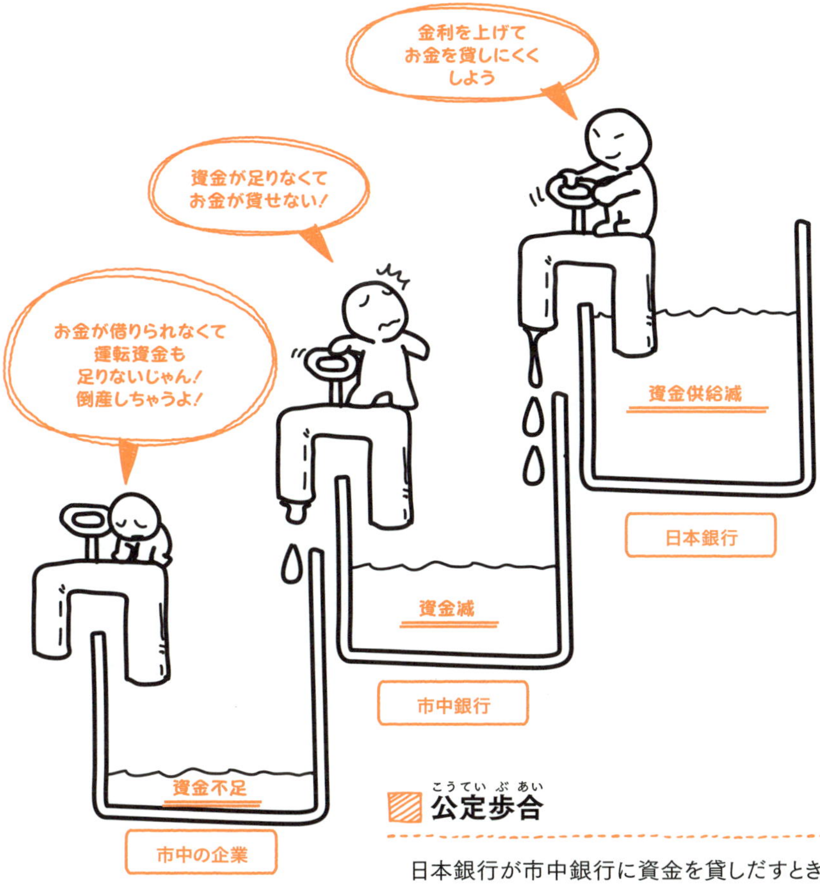
金利を上げて
お金を貸しにくく
しよう
資金供給減
日本銀行
資金が足りなくて
お金が貸せない！
資金減
市中銀行
お金が借りられなくて
運転資金も
足りないじゃん！
倒産しちゃうよ！
資金不足
市中の企業

公定《こうてい》歩《ぶ》合《あい》

日本銀行が市中銀行に資金を貸しだすときの金利。金利が高いほどお金を借りにくくなるので、市中銀行は貸しだし資金が不足した。現在は資金量調節の手段としては用いられていない。

すると借金の担保となる土地の需要が増え、**地価が値上がり**を続け、土地の転売でもうけようとする人々が増加。日本銀行は土地の値上がりによる**インフレを警戒**し、政策金利を引き上げ、銀行からの貸しだしも規制した。結果、地価は急落し、企業は借金がしづらくなり運転資金が不足、倒産が相次ぎ不況となった。

06 TPPの狙いは何なのか？

2015年、**TPP（環太平洋連携《かんたいへいようれんけい》協定）**が日本も含め大筋で合意した。TPPで協定国間の関税撤廃・引き下げを行い、輸出入を増やし、経済活動を活発化させるのが狙いである。経済関係が深まると戦争を起こした際の損失が大きくなり、戦争のリスクが高まるので戦争を抑止する効果もある。

なぜ自由貿易が必要なのか？

老人を支えきれない……
給料が上がらない……
日本だけで景気よくするとかムリ！
少子高齢社会
デフレスパイラル
安倍晋三《あべしんぞう》（首相）

貿易で需要を刺激しよう
参加しなきゃジリ貧だし……
2015年10月、TPP大筋合意

※ 2016年11月24日現在の情報です。

貿易と戦争の関係

平常時の貿易が盛んな国同士では、戦争を起こして貿易が途切れたときの損失が大きく、戦争リスクが高まる。逆に第二次世界大戦では貿易が寸断され、戦争の一因となった。

なぜ協定国が環太平洋なのか?

TPP 大筋合意時点の参加国

参加国の人口を合わせると約 7 億 7 千万人で世界全体の 11%、GDPは約 36%にあたる。協定が発効すれば、世界最大規模の自由貿易圏が実現する。内容は関税引き下げのみならず、サービスや投資の分野の貿易自由化も含む。それだけに交渉は難航し、交渉開始の 2010 年 3 月から大筋合意まで 5 年以上を要した。

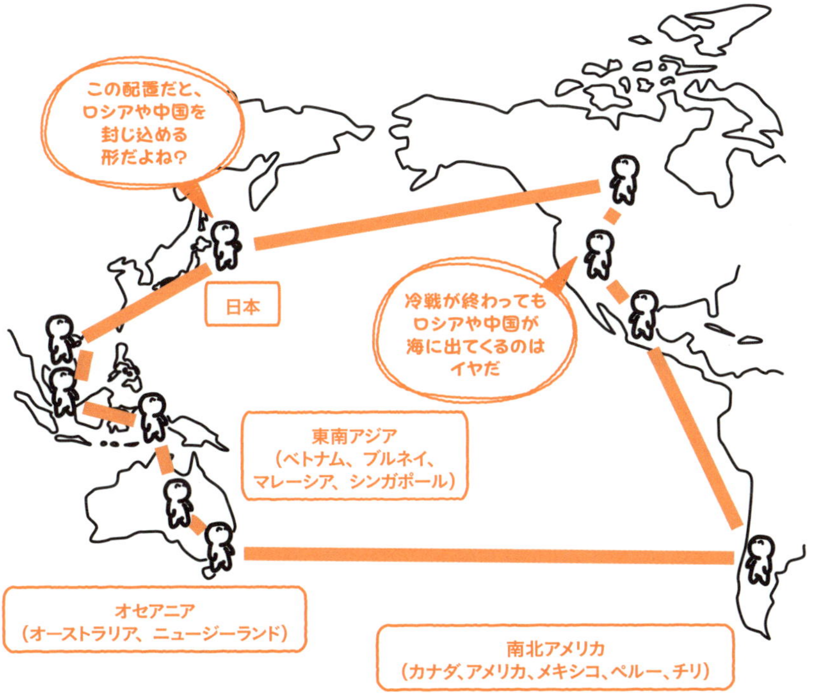
この配置だと、
ロシアや中国を
封じ込める
形だよね?
日本
冷戦が終わっても
ロシアや中国が
海に出てくるのは
イヤだ
東南アジア
(ベトナム、ブルネイ、
マレーシア、シンガポール)
オセアニア
(オーストラリア、ニュージーランド)
南北アメリカ
(カナダ、アメリカ、メキシコ、ペルー、チリ)

協定国同士が戦争をしにくくなるため、TPP にはアメリカが太平洋周辺の域内の国を囲い込み、中国やロシアに対抗しようとする意図もある。対して中国は**アジアインフラ投資銀行 (AIIB)** を結成・主導し、投資を中心とした経済関係を構築して TPP やアメリカに対抗しようとしている。

日本史年表

※年代などは特別にことわりがない場合、『日本史広辞典』（山川出版社）に準拠しています。

章	年代	出来事
	約 35000 年前	この頃、旧石器《せっき》時代が始まる。
	約 13000 年前	この頃、縄文《じょうもん》時代が始まる。
	前 3000	この頃、巨大な貝塚や環濠集落が造営される。
1	前 1500	この頃には稲作が開始されたとされる。
	前 300	この頃、弥生《やよい》時代が始まる。
	57	倭《わ》の奴国王《なこくおう》、後漢《ごかん》に朝貢《ちょうこう》し印綬《いんじゅ》を授けられる。
	239	倭《わ》の女王・卑弥呼《ひみこ》、親魏倭王《しんぎわおう》とされ、金印《きんいん》を授けられる。
	391	倭《わ》軍、渡海して百済《くだら》、新羅《しらぎ》を攻撃する。
	538	百済《くだら》より仏教公伝。
	552	崇仏《すうぶつ》論争が起こる。
	587	蘇我馬子《そがのうまこ》、物部《もののべ》氏を滅ぼす。
	593	厩戸《うまやどの》皇子（聖徳太子《しょうとくたいし》）が皇太子となり、政治に参画する。
	603	冠位十二階《かんいじゅうにかい》を制定。
	604	十七条憲法《じゅうしちじょうけんぽう》を制定。
2	607	小野妹子《おののいもこ》、隋《ずい》に派遣される。
	645	中大兄《なかのおおえの》皇子・中臣鎌足《なかとみのかまたり》ら、蘇我《そが》氏を滅ぼす（乙巳《いっし》の変）。
	646	大化《たいか》の薄葬令《はくそうれい》を定める。
	663	倭《わ》軍と百済《くだら》軍、白村江《はくそんこう》にて唐《とう》・新羅《しらぎ》軍に敗れる。
	670	庚午年籍《こうごねんじゃく》を作る。
	672	大海人《おおあまの》皇子、大友《おおともの》皇子を追い詰めて自殺させる（壬申《じんしん》の乱）。
	694	藤原京《ふじわらきょう》に遷都《せんと》。

701	大宝律令《たいほうりつりょう》制定。
710	平城京《へいじょうきょう》に遷都《せんと》。
723	三世一身《さんぜいっしん》の法を定める。
729	長屋王《ながやおう》、謀反の疑いにより自殺に追い込まれる（長屋王《ながやおう》の変）。
738	橘 諸兄《たちばなのもろえ》、右大臣となる。
740	藤原広嗣《ふじわらのひろつぐ》の乱。
743	墾田永年私財法《こんでんえいねんしざいほう》を定める。
752	奈良の大仏、開眼。
764	恵美押勝《えみのおしかつ》の乱。
765	道鏡《どうきょう》、太政大臣禅師《だいじょうだいじんぜんじ》となる。
770	道鏡《どうきょう》、追放される。
784	長岡京《ながおかきょう》に遷都《せんと》。
794	平安京《へいあんきょう》に遷都《せんと》。
805	徳政《とくせい》論争により平安京《へいあんきょう》造営停止。 最澄《さいちょう》、天台宗《てんだいしゅう》を始める。
806	空海《くうかい》、真言宗《しんごんしゅう》を始める。
894	菅原道真《すがわらのみちざね》、遣唐使《けんとうし》中止を進言。
1016	藤原道長《ふじわらのみちなが》、摂政《せっしょう》となる。藤原《ふじわら》氏全盛。
1051	前九年合戦《ぜんくねんかっせん》始まる（～ 1062）。
1069	延喜《えんぎ》の荘園《しょうえん》整理令。
1083	後三年合戦《ごさんねんかっせん》始まる（～ 1087）。
1086	白河《しらかわ》上皇、院政《いんせい》を始める。
1159	平治《へいじ》の乱。平氏《へいし》影響を強める。
1167	平 清盛《たいらのきよもり》、太政大臣《だいじょうだいじん》となる。平氏《へいし》全盛。

	1180	源《みなもとの》　頼朝《よりとも》ら挙兵。
	1185	平氏《へいし》滅亡。頼朝《よりとも》、守護《しゅご》・地頭《じとう》の任命権を得る。
	1192	源《みなもとの》　頼朝《よりとも》、征夷大将軍《せいいたいしょうぐん》となる。
	1199	頼朝《よりとも》死去、13 人合議制。
	1221	後鳥羽《ごとば》上皇が挙兵（承久《じょうきゅう》の乱）。
	1224	北条泰時《ほうじょうやすとき》、執権《しっけん》となる。
	1232	御成敗式目《ごせいばいしきもく》制定。
4	1274	元《げん》軍、九州に襲来（文永《ぶんえい》の役）。
	1281	元《げん》軍、再度九州に襲来（弘安《こうあん》の役）。
	1297	永仁《えいにん》の徳政令《とくせいれい》発布。
	1317	文保《ぶんぽう》の和談。
	1321	後醍醐《ごだいご》天皇即位。院政《いんせい》が廃止される。
	1324	後醍醐《ごだいご》天皇の倒幕計画もれる（正中《しょうちゅう》の変）。
	1331	後醍醐《ごだいご》天皇の倒幕計画もれる（元弘《げんこう》の変）。
	1333	鎌倉《かまくら》幕府滅亡。
	1335	中先代《なかせんだい》の乱。足利尊氏《あしかがたかうじ》、後醍醐《ごだいご》天皇から離反。
	1336	後醍醐《ごだいご》天皇、吉野《よしの》に移る。室町幕府《むろまちばくふ》創始。
	1338	足利尊氏《あしかがたかうじ》、征夷大将軍《せいいたいしょうぐん》となる。
5	1350	この頃、前期倭寇《わこう》の活動盛ん。琉球《りゅうきゅう》で三山《さんざん》（北山《ほくざん》・中《ちゅう》山《ざん》・南山《なんざん》）分立。
	1352	半済令《はんぜいれい》を定める。
	1392	南北朝《なんぼくちょう》合一。
	1401	足利義満《あしかがよしみつ》、第 1 回遣明船《けんみんせん》を派遣。
	1404	勘合《かんごう》貿易始まる。

	1428	正長《しょうちょう》の土一揆《つちいっき》起こる。
	1429	尚巴志《しょうはし》、琉球王国《りゅうきゅうおうこく》を建国。
	1457	コシャマインの戦い起こる。
	1467	応仁《おうにん》・文明《ぶんめい》の乱始まる（～ 1477)。
	1493	伊勢盛時《いせもりとき》（北条早雲《ほうじょうそううん》)、伊豆《いず》の堀越公方《ほりごえくぼう》を滅ぼす。
	1543	鉄砲伝来。
	1549	キリスト教伝来。
	1568	織田信長《おだのぶなが》、足利義昭《あしかがよしあき》を奉じて入京。
	1571	信長《のぶなが》、比叡山《ひえいざん》を焼き討ち。
	1573	織田信長《おだのぶなが》、足利義昭《あしかがよしあき》を追放。室町幕府《むろまちばくふ》滅亡。
	1582	本能寺《ほんのうじ》の変で信長《のぶなが》死亡。山崎《やまざき》の合戦で羽柴秀吉《はしばひでよし》勝利。 秀吉《ひでよし》、検地《けんち》を始める。
6	1585	秀吉《ひでよし》、関白《かんぱく》となる。
	1586	秀吉《ひでよし》、太政大臣《だいじょうだいじん》となる。
	1587	秀吉《ひでよし》、バテレン追放令を出す。
	1588	秀吉《ひでよし》、刀狩令《かたながりれい》を出す。
	1590	秀吉《ひでよし》、奥州を平定し全国統一完成。
	1592	秀吉《ひでよし》、朝鮮《ちょうせん》へ出兵（文禄《ぶんろく》の役)。
	1597	秀吉《ひでよし》、再度朝鮮《ちょうせん》へ出兵（慶長《けいちょう》の役)。
	1600	関ケ原《せきがはら》の戦い起こる。
	1603	徳川家康《とくがわいえやす》、征夷大将軍《せいいたいしょうぐん》となる。
7	1615	大坂夏の陣起こる。豊臣《とよとみ》氏滅亡。
	1616	ヨーロッパ船の寄港地を平戸《ひらど》、長崎《ながさき》に限定。
	1637	島原《しまばら》の乱起こる（～ 38)。

	1643	田畑永代売買禁止令《でんぱたえいたいばいばいきんしれい》発布。
	1687	生類憐《しょうるいあわれ》みの令（～ 1709）発布。
	1716	享保《きょうほう》の改革（～ 1745)。
	1787	寛政《かんせい》の改革（～ 1793)。
	1825	異国船打払令《いこくせんうちはらいれい》を定める。
	1837	大塩平八郎《おおしおへいはちろう》の乱。
	1841	天保《てんぽう》の改革（～ 1843)。
	1853	ペリー、浦賀《うらが》に来航。
	1858	日米修好通商条約《にちべいしゅうこうつうしょう》調印。安政《あんせい》の大獄。
	1866	薩長《さっちょう》連合成立。
	1867	大政奉還《たいせいほうかん》。王政復古《おうせいふっこ》の大号令。
	1868	戊辰《ぼしん》戦争起こる。
	1871	廃藩置県《はいはんちけん》。
	1873	地租改正《ちそかいせい》。
8	1874	佐賀の乱。
	1876	敬神党《けいしんとう》（神風連《じんぷうれん》）の乱、秋月《あきづき》の乱、萩《はぎ》の乱など士族反乱相次ぐ。
	1877	西南《せいなん》戦争起こる。
	1889	大日本帝国憲法発布。
	1894	日清戦争起こる（～ 1895)。
	1904	日露戦争起こる（～ 1905)。
	1910	韓国併合。
9	1913	第一次護憲運動起こる。
	1914	第一次世界大戦に参戦。

	1915	中国に二十一箇条要求。
	1925	治安維持《ちあんいじ》法、普通選挙法を定める。
	1931	満州事変《まんしゅうじへん》起こる。
	1932	満州国《まんしゅうこく》建国宣言。
	1936	二・二六事件。
	1937	日中戦争起こる（～ 1945）。
	1940	北部フランス領インドシナへ進駐。日独伊三国同盟成立。
	1941	日ソ中立条約調印。南部フランス領インドシナへ進駐。真《しん》珠湾《じゅわん》攻撃、太平洋《たいへいよう》戦争起こる（～ 1945）。
	1945	東京大空襲。アメリカ軍、沖縄占領。広島、長崎に原爆投下。ポツダム宣言受諾。
10	1946	極東国際軍事《きょくとうこくさいぐんじ》裁判（東京裁判）開始。日本国憲法公布。
	1951	サンフランシスコ講和条約、日米安保《にちべいあんぽ》条約調印。
	1956	日ソ共同宣言。日本、国際連合に加盟。水俣病《みなまたびょう》の発生が確認される。
	1968	GNP が資本主義陣営で第 2 位となる。
	1972	沖縄、日本に復帰。
	1985	プラザ合意。
	1987	JR 発足。
	1995	阪神・淡路大震災。
	2002	日本・北朝鮮、初の首脳会議。
	2004	自衛隊、イラクへ派遣。
	2011	東日本大震災。
	2015	TPP（環太平洋連携《かんたいへいようれんけい》協定）大筋合意。

参考文献

『日本史広辞典』（山川出版社）

『詳説日本史B　2012年文部科学省検定済』（山川出版社）

『山川詳説日本史図録　第6版』（山川出版社）

『30の戦いからよむ日本史　上　』小和田哲男監修（日本経済新聞出版社）

『30の戦いからよむ日本史　下　』小和田哲男監修（日本経済新聞出版社）

『一冊でわかる 芸術・美術・建築からわかる日本史』小和田哲男監修（成美堂出版）

『日本史年表・地図（2016年版）』児玉幸多編（吉川弘文館）

『超速！　最新日本近現代史の流れ』竹内睦泰著（ブックマン社）

『超速！　最新日本史の流れ』竹内睦泰著（ブックマン社）

『地政学でよくわかる！　世界の紛争・戦争・経済史』神野正史監修（コスミック出版）

『日本服飾史　男性編』井筒雅風著（光村推古書院）

『日本服飾史　女性編』井筒雅風著（光村推古書院）

『琉球王国』高良倉吉著（岩波書店）

『アフリカで誕生した人類が日本人になるまで』溝口優司著（SBクリエイティブ）

『季刊考古学　012　縄文時代のものと文化の交流』戸沢充則編（雄山閣）

『日本人はどこから来たのか？』海部陽介著（文藝春秋）

『ここまでわかった！　縄文人の植物利用』工藤雄一郎、国立歴史民俗博物館編（新泉社）

『弥生時代の歴史』藤尾慎一郎著（講談社）

『渡来の古代史　国のかたちをつくったのは誰か』上田正昭著（KADOKAWA/角川学芸出版）

『東アジア世界と古代の日本』石井正敏著（山川出版社）

『飛鳥の宮と寺』黒崎直著（山川出版社）

『律令制とはなにか』大津透著（山川出版社）

『平城京　全史解読』大角修著（学研）

『古代都市平城京の世界』舘野和己著（山川出版社）

『地方官人たちの古代史　律令国家を支えた人びと』中村順昭著（吉川弘文館）

『武士と荘園支配』服部英雄著（山川出版社）

『鎌倉幕府と朝廷』近藤成一著（岩波書店）

『日本の歴史〈9〉南北朝の動乱』佐藤進一著（中央公論新社）

『太平記の時代 日本の歴史 11』新田一郎著（講談社）

『室町幕府論』早島大祐著（講談社）

『戦国武将』小和田哲男著（中央公論新社）

『ＮＨＫさかのぼり日本史（７）戦国　富を制する者が天下を制す』小和田哲男著（NHK 出版）

『一目でわかる江戸時代—地図・グラフ・図解でみる』竹内誠監修、市川寛明編（小学館）

『近世の三大改革』藤田覚著（山川出版社）

『明治維新　1858-1881』坂野潤治、大野健一著（講談社）

『幕末・維新—シリーズ日本近現代史〈1〉』井上勝生著（岩波書店）

『大正デモクラシー—シリーズ日本近現代史〈4〉』成田龍一著（岩波書店）

『アジア・太平洋戦争—シリーズ日本近現代史〈6〉』吉田裕著（岩波書店）

『まるごとわかる！　太平洋戦争』歴史群像編集部（学研パブリッシング）

『昭和天皇の研究』山本七平著（祥伝社）

『占領と改革—シリーズ日本近現代史〈7〉』雨宮昭一著（岩波書店）

『昭和史　戦後篇　1945-1989』半藤一利著（平凡社）

STAFF

編集　坂尾昌昭、小芝俊亮、住友光樹、川村将貴（株式会社 G.B.）

本文イラスト　熊アート

カバーイラスト　別府拓（G.B. Design House）

カバー・本文デザイン　別府拓（G.B. Design House）

DTP　出嶋勉

監修 **小和田哲男**（おわだ・てつお）

1944年、静岡市に生まれる。1972年、早稲田大学大学院文学研究科博士課程修了。2009年3月、静岡大学を定年退職。静岡大学名誉教授。主な著書に『日本人は歴史から何を学ぶべきか』（三笠書房、1999年）、『悪人がつくった日本の歴史』（中経の文庫、2009年）、『武将に学ぶ第二の人生』（メディアファクトリー新書、2013年）、『名軍師ありて、名将あり』（NHK出版、2013年）、『黒田官兵衛　智謀の戦国軍師』（平凡社新書、2013年）などがある。

ゼロからやりなおし!
日本史見るだけノート

2016年12月24日　第1刷発行
2024年　7月18日　第7刷発行

監修　小和田哲男

発行人　関川 誠
発行所　株式会社 宝島社
〒102-8388
東京都千代田区一番町25番地
電話　営業:03-3234-4621
　　　編集:03-3239-0928
https://tkj.jp

印刷・製本　サンケイ総合印刷株式会社

ISBN 978-4-8002-6286-8